Peter Pohl und Miriam Fuchs

Wander dich glücklich Harz

30 erholsame Wanderungen

BRUCKMANN

INHALT

TOURENÜBERBLICK

Tour			km		Hm							
1	●	Entdeckertour im Nordharz	9,1	3.00	300							●
2	●	Bergwildnis am Fuß des Brockens	22,6	6.30	500	●				●		●
3	●	Urige Naturerlebnisse bei Wernigerode	11,8	3.40	410	●						●
4	●	Abenteuertour auf des Teufels Spuren	7,1	2.10	150	●						●
5	●	Auf den Spuren der Hexen durchs Felsental	18	5.30	270 (550)	●	●					●
6	●	Sinnesspaziergang entlang der Teufelsmauer	6,6	1.45	70			●	●			●
7	●	Auf der Suche nach dem Burgfräulein	6,6	2.00	240					●		●
8	●	Wanderung mit Weitblick	11,1	3.00	110		●			●		●
9	●	Panoramatour hoch über dem Innerstetal	13,5	3.45	210				●	●		
10	●	Bergbau- und Eisenbahnrelikte im Innerstetal	10,1	3.00	190	●	●	●			●	●
11	●	Ruhige Runde durch die Harzer Bergwildnis	8,0	2.10	100	●		●				●
12	●	Gipfeltour im Nationalpark Harz	9,2	2.40	210					●		
13	●	Die Magie der Bergwelt	9,1	2.45	210	●				●		●
14	●	Schmale Pfade und lichte Höhen	13,7	4.00	320	●			●	●		
15	●	Von Kartoffeln und seltenen Pflanzen	10,3	2.45	100					●		
16	●	Grenzerfahrungen am Grünen Band	8,6	2.30	140	●	●			●		
17	●	Felsen und Fernsicht am Fuß des Brockens	11,4	3.30	380	●	●			●		●

Tour			Länge in km	Gehzeit in Std.	Höhenunterschied in Hm	Einkehr	Sehenswürdigkeiten	kindergeeignet	wintergeeignet	viel Sonne	eher Schatten	öffentliche Verkehrsmittel
18	● mittel	Burgruine, Talsperre und Tagebau	14,8	4.00	200	●	●		●	●		●
19	● schwer	Stille und eindrucksvolle Landschaft	10,8	3.30	350	●						●
20	● mittel	Malerisches, wildromantisches Selketal	8,0	2.15	130	●	●			●		●
21	● leicht	Auf den Spuren des Bergbaus	5,9	1.45	80	●	●	●	●	●		
22	● mittel	Auf den Spuren der Eseltreiber	11,7	3.30	340	●						
23	● schwer	Auf dem Harzer BaudenSteig	15,4	4.45	520	●				●		
24	● mittel	Verwunschene Pfade im Südharz	10,7	3.15	320	●			●			●
25	● mittel	Eindrücke auf dem Karstwanderweg	4,3	1.15	80			●	●	●		●
26	● schwer	Sonnige Höhen und bunte Bergwiesen	12,7	4.00	470					●		●
27	● schwer	Schmale Pfade und malerische Ausblicke	13,4	4.00	260	●				●		●
28	● mittel	Von Burgen, Tälern und märchenhaften Wäldern	10,8	3.15	260	●	●		●	●		●
29	● mittel	Panoramawanderung mit Schlossblick	11,6	3.45	410	●	●		●			●
30	● mittel	Im Biosphärenreservat Südharz	14,2	4.15	340	●	●		●	●		

- ● leicht
- ● mittel
- ● schwer
- Länge in km
- Gehzeit in Std.
- Höhenunterschied in Hm
- Einkehr
- Sehenswürdigkeiten
- kindergeeignet
- wintergeeignet
- viel Sonne
- eher Schatten
- öffentliche Verkehrsmittel

WANDER DICH GLÜCKLICH!

Der Harz ist bekannt für seine Mythen und Sagen, seine Bergbaugeschichte und den Brocken – den höchsten Gipfel der Region. Doch wer wirklich glücklich wandern möchte, der sucht die Wege abseits der Touristenströme. Der Harz hat mit mehr als 8000 Kilometern Wanderwegen, die größtenteils von den Harzklub-Zweigvereinen gepflegt und beschildert werden, reichlich zu bieten. Ganz ohne den Besuchermagneten Brocken haben wir 30 Routen ausgewählt, die nicht unbedingt zu den Standards gehören.
In den letzten Jahren haben Susanne Bremer und Peter Pohl ihre Leidenschaft für das Wandern entdeckt und ihre Heimat mit anderen Augen kennengelernt. Ganz bewusst planen sie ihre Touren auf abwechslungsreichen und eher abgeschiedenen Wegen. Kraftraubende Anstiege stehen möglichst zu Beginn der Wanderung an. Und je mehr Stempelstellen der Harzer Wandernadel auf der Strecke liegen, umso besser. Somit ist die Tourenauswahl in diesem Buch gleichzeitig ein Auszug aus dem ganz persönlichen Wander-Tagebuch der beiden. Die jeweilige Streckenbeschreibung und ihre Erlebnisse hat Miriam Fuchs versucht in Worte zu fassen. Versucht, weil weder Wort noch Bild dem persönlichen Erleben nahekommen können.
Glück bedeutet in unserem Fall, die Natur bewusst mit allen Sinnen zu erleben. Sich auf manch ein Abenteuer oder manche Herausforderung einzulassen. Zwischendrin Aussicht und Gastfreundschaft zu genießen. Und am Ende des Tages stolz, zufrieden und vielleicht auch etwas k.o. heimzukehren. Wer alle Touren absolviert hat, darf sich über rund 330 Kilometer, 7600 Höhenmeter, 70 Wanderstempel und unzählige Glücksmomente freuen.

Wir wünschen unvergessliche Wandererlebnisse,
Susanne Bremer, Peter Pohl und Miriam Fuchs

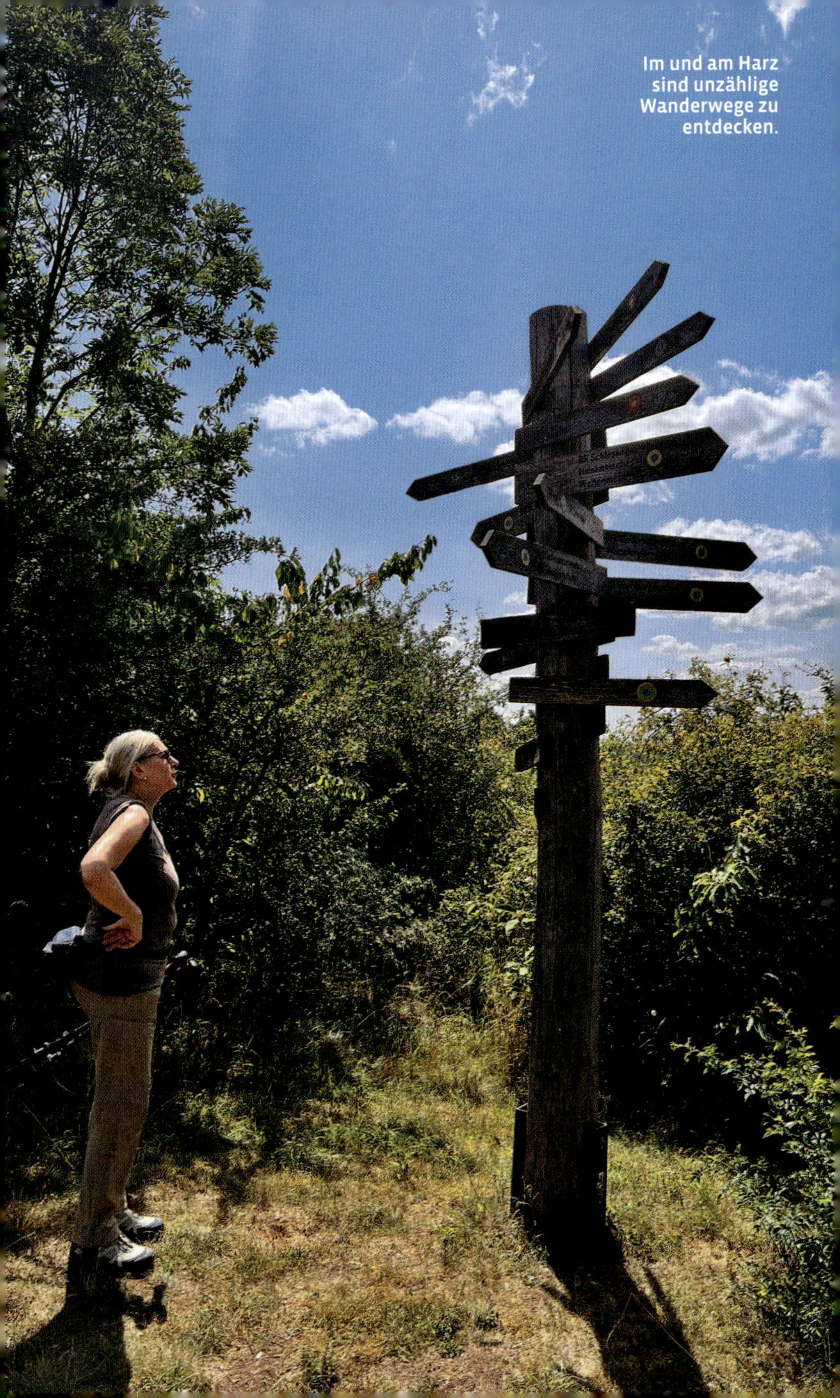

Im und am Harz sind unzählige Wanderwege zu entdecken.

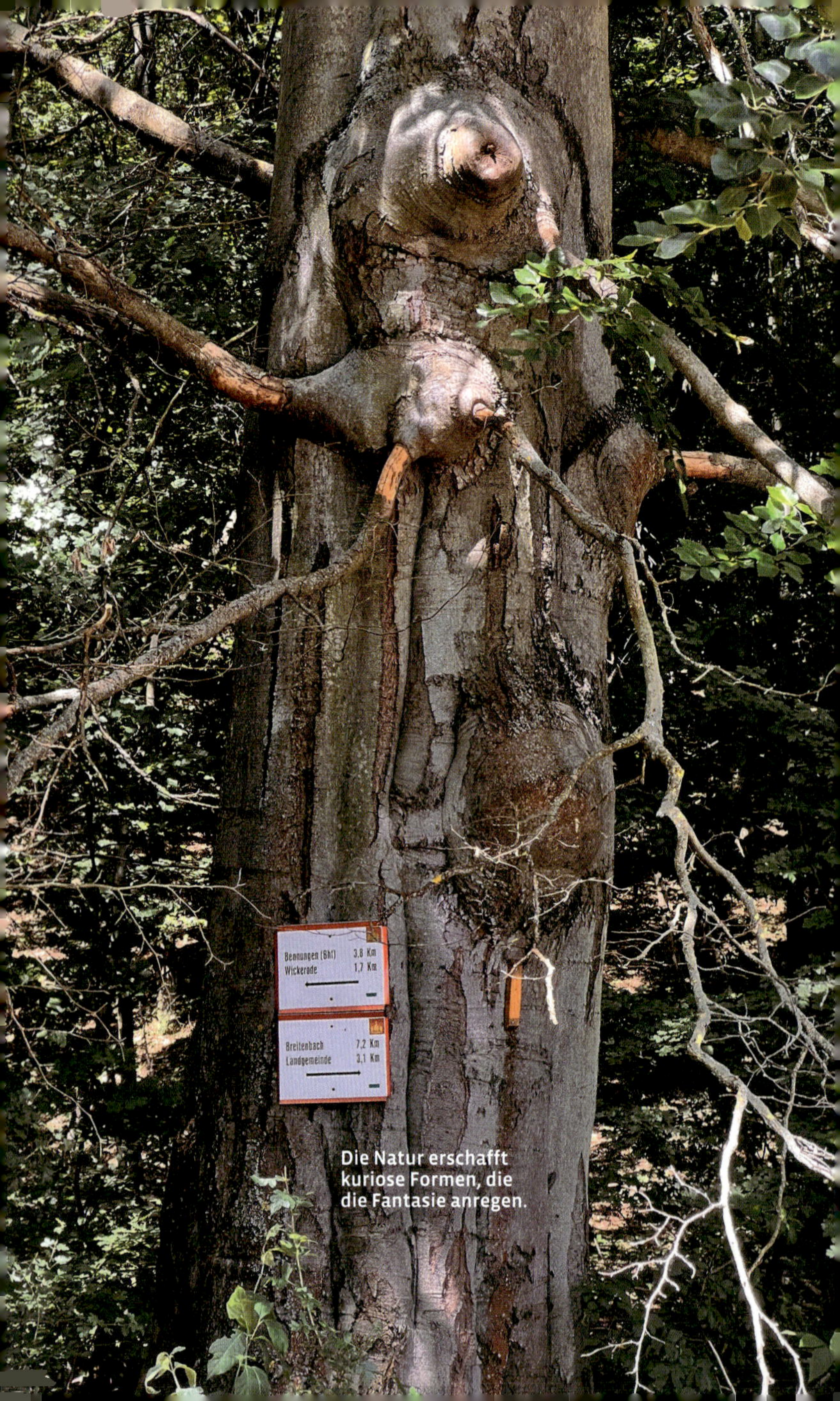

Die Natur erschafft kuriose Formen, die die Fantasie anregen.

ENTSPANNT WANDERN IM HARZ

Als Ausgleich zum Bürojob schnüren Susanne Bremer und Peter Pohl seit mehr als vier Jahren jeden Sonntag ihre Wanderstiefel. Die anfängliche Runde um die Innerstetalsperre wurde schnell zu kurz. Als nächstes ging es entlang der vielen Gräben und Teiche der Oberharzer Wasserwirtschaft – als einzigartiges vorindustrielles Energiesystem gehört sie zum UNESCO-Weltkulturerbe. Wenig Steigung und federnde Waldwege lockten die Sonntagswanderer. Mit wachsender Kondition und Begeisterung für die eigene Heimat wurden die Routen immer länger. Die Hauptwanderwege werden möglichst gemieden, um stattdessen in Abgeschiedenheit und Ruhe sein Glück zu finden. Wenn dann noch mehrere Stempel der Harzer Wandernadel (HWN) auf dem Weg liegen, ist der Tag perfekt.

Dieses Buch bietet Vorschläge für 30 abwechslungsreiche Wanderungen im ganzen Harz – vom kurzen Spaziergang ohne nennenswerte Anstrengung bis zur Ganztagestour mit ordentlich Höhenmetern. Manchmal wird die Geschichte lebendig, ab und an liegen Sehenswürdigkeiten am Wegesrand, und gemütliche Waldgaststätten laden zur Einkehr ein. Auf anderen Touren trifft man auf weiter Strecke niemanden. Und wenn es doch mal zu einer Begegnung unter Wanderern kommt, entsteht sofort ein fröhlich-freundlicher Austausch. Dieses Buch, gutes Schuhwerk, Rucksackverpflegung und etwas Zeit – mehr brauchen Sie nicht zum Glück!

WALD IM WANDEL

In den vergangenen Jahren haben die Klimaveränderungen mit Trockenheit und Borkenkäfer zu einem massiven Fichtenwaldsterben im Harz geführt. Dadurch hat sich die Landschaft enorm verändert. Wo einst dichte Wälder die Berge bedeckten, sind heute große Freiflächen, die den Blick auf Täler und Gipfel freigeben. Insbesondere im Nationalpark säumen die silbernen Stämme abgestorbener Fichten den Weg. Überall entsteht neues Leben. Kräuter, Büsche, Sträucher und junge Bäume sind die Pioniere eines neuen Waldes. Die Fotos in diesem Buch sind überwiegend aus dem Jahr 2023.

Glückskategorien

Die Wanderungen in diesem Buch sind in vier Rubriken unterteilt und entsprechend farblich gekennzeichnet: »Tour für die Sinne«, »Tour der Stille«, »Tour für den Genuss« sowie »Tour ohne Uhr« – je nachdem, welche ganz besonderen Glücksmomente im Vordergrund stehen. Viele unserer Wanderungen erfüllen natürlich sogar mehrere Kriterien; in diesen Fällen wurde das aus Autorensicht wichtigste Merkmal verwendet.

Tour für die Sinne

Diese Touren kann man ganz besonders mit allen Sinnen erleben. Dazu gehören zum Beispiel ein paar Momente des Innehaltens, um die Schönheit, Geräusche und Gerüche einer bunten Blumenwiese zu genießen, das Gefühl von taunassem Gras unter den Füßen zu spüren oder sich an einem Bach oder Teich zu erfrischen, zwitschernden Vögeln zu lauschen, an duftenden Kräutern am Wegrand zu riechen oder den Wald bewusst wahrzunehmen.

Tour der Stille

Wir entdecken einsame, unbekannte Wege abseits des Trubels, uns begegnen nur wenige andere Wanderer und wir können diese Zeit fast ganz allein und bewusst genießen.

Tour für den Genuss

Wandern heißt auch genießen! Dafür muss es nicht immer ein trubeliger Biergarten oder ein überlaufenes Ausflugslokal sein. In den gemütlichen Waldgaststätten am Wegesrand oder in einladenden Restaurants und Cafés am Ausgangsort lässt es sich herrlich Kraft tanken. Zudem gehört auf diesen Routen der besondere Naturgenuss zum Wohlfühlen dazu.

Tour ohne Uhr

Hier kann das Handy gerne mal zu Hause bleiben, beim Wandern stellen wir keine Geschwindigkeitsrekorde auf – im Gegenteil! Wir dürfen ganz bewusst immer wieder stehenbleiben und die Aussicht oder einfach nur den Moment genießen. Dabei nehmen wir die Zeichen der Natur besonders intensiv wahr und auch, wie uns unsere Umgebung die Zeit mitteilt: zum Beispiel über den Sonnenstand oder das Abendläuten entfernter Glocken.

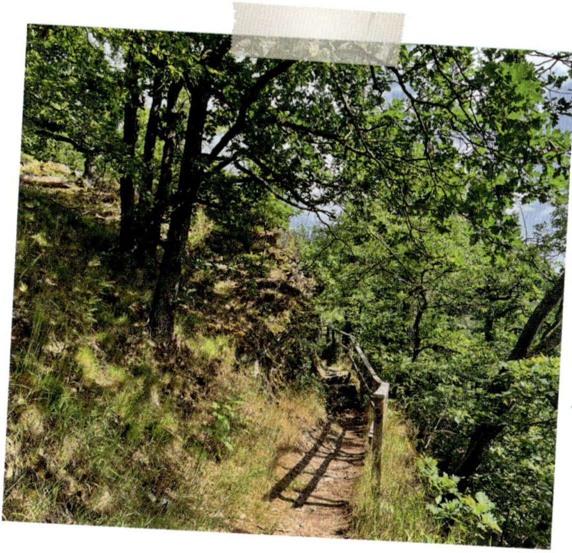

← Naturerlebnis auf verwunschenen Pfaden

Doch schon ein halbes Jahr kann bei der aktuellen Walddynamik das Landschaftsbild verändern. Freuen Sie sich darauf, diesen Prozess vor Ort persönlich miterleben zu können.

HARZER WANDERNADEL

Im Harz können Sie Wanderkaiserin oder -kaiser werden – wenn Sie alle 222 Stempel der Harzer Wandernadel (HWN) nachweisen. Wenn Sie alle Wanderungen aus diesem Buch gemacht haben, haben Sie schon 70 Stempel ergattert. Den dafür notwendigen Wanderpass erhalten Sie bei den Tourist-Informationen, in einigen Hotels oder online.

SICHERHEIT UND AUSRÜSTUNG

Die Touren führen stets über ausgewiesene Wanderwege. Doch gerade um in den Genuss besonderer Erlebnisse zu kommen, geht es häufig über schmale, naturbelassene Pfade, teilweise mit kurzen steilen Anstiegen. Bei feuchter Witterung ist Vorsicht geboten, und festes Schuhwerk darf nie fehlen. Ein geladenes Handy sollte stets mitgeführt werden, allerdings kann es je nach Anbieter und Region Schwierigkeiten mit dem Empfang geben.

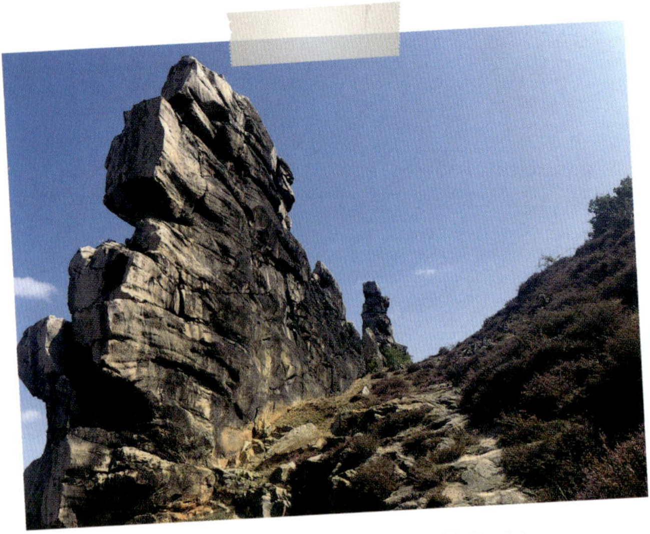

↑ **Die Teufelsmauer – ein Naturschauspiel**

Im Harz sind mehr als 300 Notfall-Rettungspunkte ausgewiesen. Merken Sie sich die entsprechende Ziffer, wenn Sie einen passieren, damit Sie im Ernstfall schnell gefunden werden. Das Wetter im Harz kann insbesondere auf den Gipfeln schnell wechseln. Eine wasserdichte Windjacke sollte immer im Gepäck sein. Zudem ist in den höheren Lagen bis in den April hinein mit Schnee und Eis zu rechnen. Totholz kann bei Sturm zu einer ernsten Gefahr werden, Wetterwarnungen müssen ernst genommen werden.

Je nach Witterung kann ein Zwiebel-Look angebracht sein oder auch ein Shirt zum Wechseln. Auf manchen Routen gibt es unterwegs eine Bademöglichkeit. Die meisten Touren haben sonnige Abschnitte, so sollte für Sonnenschutz und eventuell auch für Insektenabwehr gesorgt werden.

Einkehrmöglichkeiten gibt es nicht auf allen Routen. Bezüglich der Öffnungszeiten informieren Sie sich bitte vor dem Start der Tour aktuell im Internet. Eine Rucksackverpflegung mit ausreichend zu Trinken sollte immer mitgeführt werden. Tolle Picknickplätze sind bei jeder Wanderung zu finden. Und Ihren Müll nehmen Sie bitte wieder mit nach Hause.

DETAILS ZU DEN TOUREN

Bei jeder Wegbeschreibung finden Sie die wichtigsten Stichpunkte zu den Touren auf einen Blick zusammengefasst. Die Schwierigkeitsgrade sind als »leicht«, »mittel« und »schwer« ausgewiesen. Wie viele Kilometer und Höhenmeter sich jeder Einzelne zutraut und entsprechend als leicht oder schwer empfindet ist individuell. Somit kann dies nur als Orientierung dienen. Ebenso die Gehzeiten und Höhenangaben. Die Zeiten sind ohne Pausen angegeben, und die Höhenmeter wurden den GPS-Daten entnommen. Wir haben die Touren möglichst detailliert beschrieben und stets auf starke Steigungen oder anspruchsvolle Wege hingewiesen. So sollten Sie selbst gut einschätzen können, welche Wanderung für Sie die richtige ist.

Einige Startpunkte sind mit öffentlichen Verkehrsmitteln gut erreichbar. Wer im Harz übernachtet, kann mit seiner Gästekarte, dem HATIX, den ÖPNV überwiegend kostenfrei nutzen – bequem und nachhaltig.

HILFREICHE LINKS:

www.harzinfo.de
www.nationalpark-harz.de
www.harzer-wandernadel.de
www.harzklub.de
www.hatix.info

Hinweis: Aufgrund von Waldarbeiten oder Wegeplanungen können sich Routenverläufe ändern. Insbesondere im Nationalpark besteht stets Wegegebot, unabhängig von der Tourenbeschreibung. Alle Wanderungen in diesem Buch beziehen sich auf den Stand von Herbst 2023.

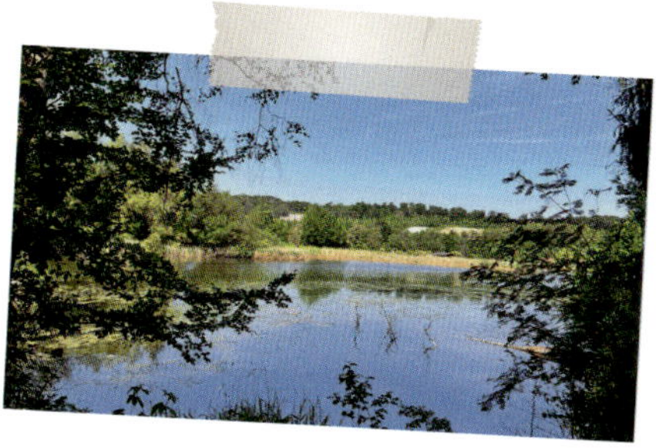

← Idyllische Orte gilt es zu entdecken.

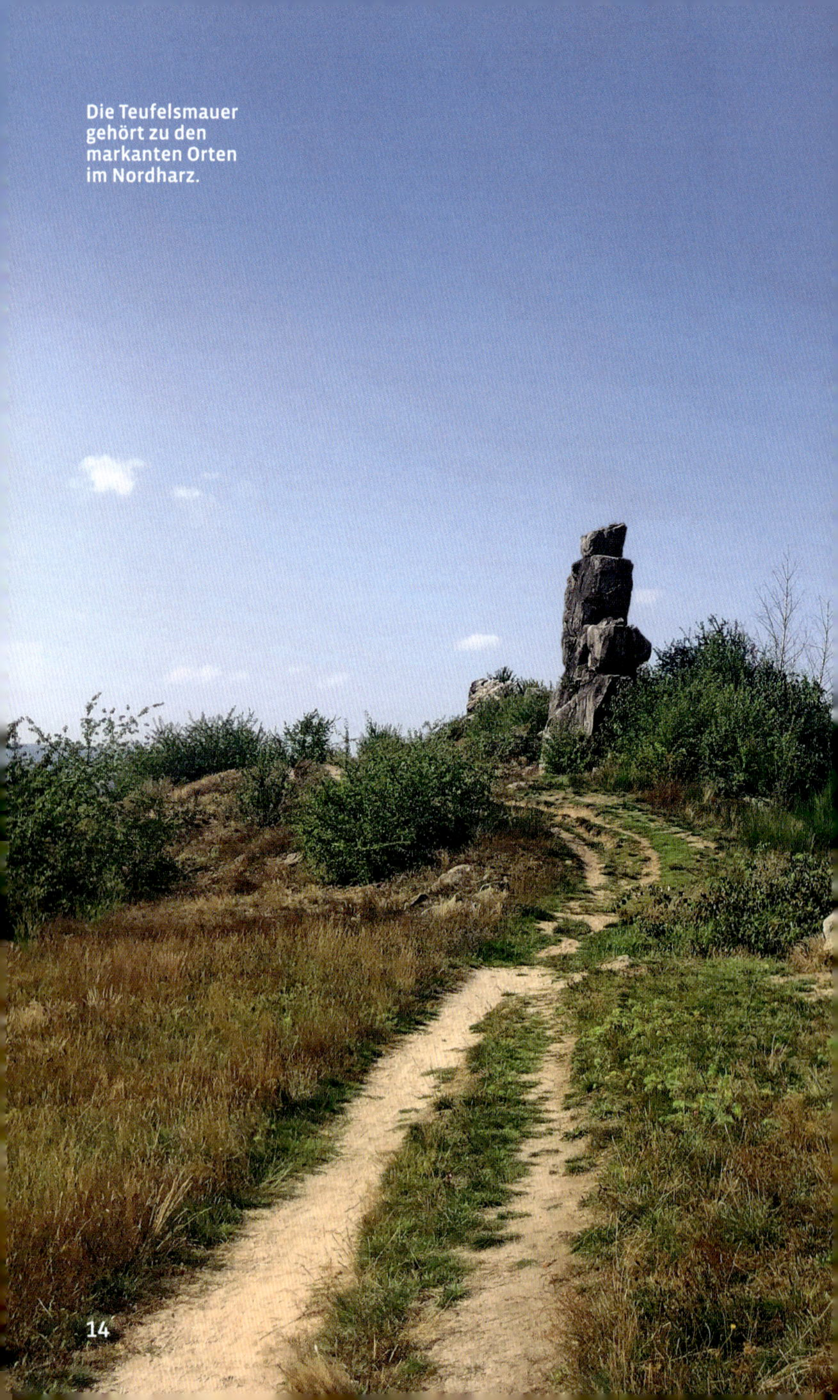

Die Teufelsmauer gehört zu den markanten Orten im Nordharz.

NORDHARZ

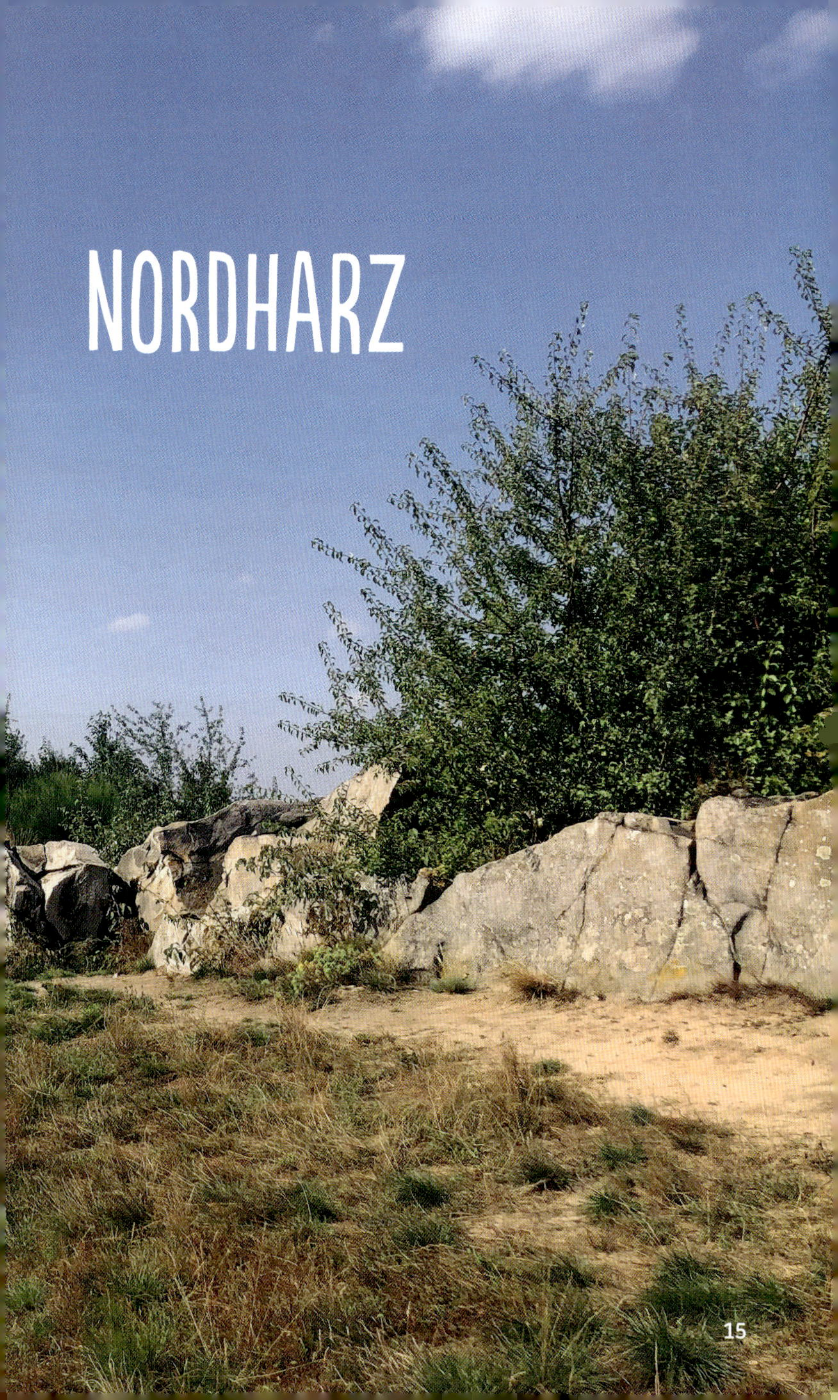

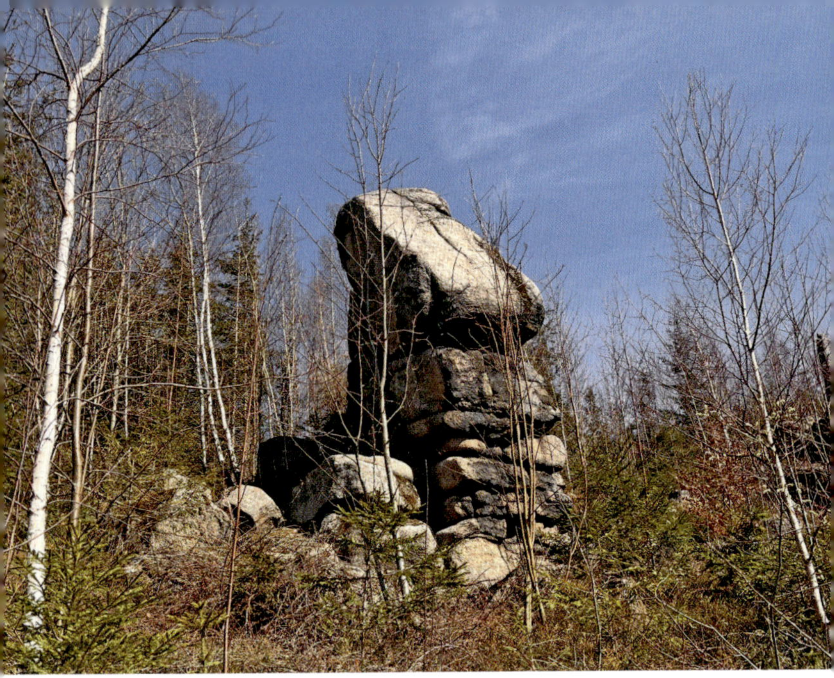

↑ Wollsackverwitterung der Felsen ↓ Neuer Lebensraum auf Freiflächen

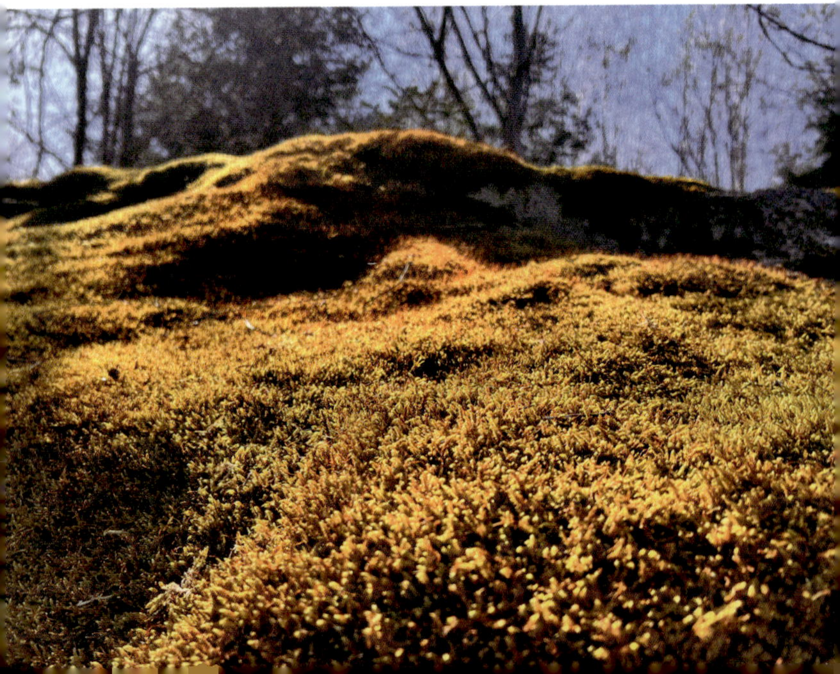

ENTDECKERTOUR IM NORDHARZ

Tour der Stille
TOUR 1

Von Göttingerode zu den Kästeklippen

Diese sonnige Tour führt zu den mystischen Felsen hoch über dem Okertal. Teils gut ausgebaute Wege, teils abenteuerliche Pfade geben immer wieder den Blick frei auf die Harzer Berge. In der Abgeschiedenheit lässt sich die Stille genießen.

Höhenluft Vom Wanderparkplatz nahe des Campingplatzes Göttingerode geht es nach einem kurzen Stück auf der Goldbergstraße geradeaus auf einen schmalen Weg parallel zum Röseckenbach. Auf den ersten zwei Kilometern warten knapp 200 Höhenmeter. Durch lichten Laubwald führen teils schmale, alpine Pfade mit bis zu 18 % Steigung bergauf. Gutes Schuhwerk und Trittsicherheit sind hier Pflicht, besonders bei nasser Witterung. Eventuell sind auch Pfadfinderqualitäten nötig, da der Weg nicht mehr offiziell als Wanderweg ausgewiesen ist. Nach einem guten Kilometer überqueren wir eine Wegkreuzung, von wo aus es bei mäßiger Steigung vorangeht. Wir genießen den weiten Blick ins Harzvorland. Nach insgesamt 2,6 Kilometern biegen wir rechts ab auf die Kästestraße. Gut 400 Meter später geht es links und 400 Meter weiter nochmals links auf einem teils schmalen, steilen Pfad hinauf zu den Kästeklippen. Vor dem zweiten Abzweig sorgt ein Abstecher zum Treppenstein für Stempel Nr. 117.

Felsformationen Wie wahllos hingestreut wirken die Felsbrocken in den Wäldern. Es sind Granitfelsen, die Jahrmillionen der Verwitterung standgehalten haben. Nach etwa 1,5 Stunden Wanderung erreichen wir die Kästeklippen. Die markante Felsformation mit einem fantastischen Blick ins Okertal ist mit Treppen erschlossen. Der »Alte vom Berge« ist eine wie ein Gesicht ausgewaschene Gesteinsformation. Das einst als Waldgaststätte beliebte Kästehaus ist geschlossen, daher eigene Verpflegung mitnehmen!

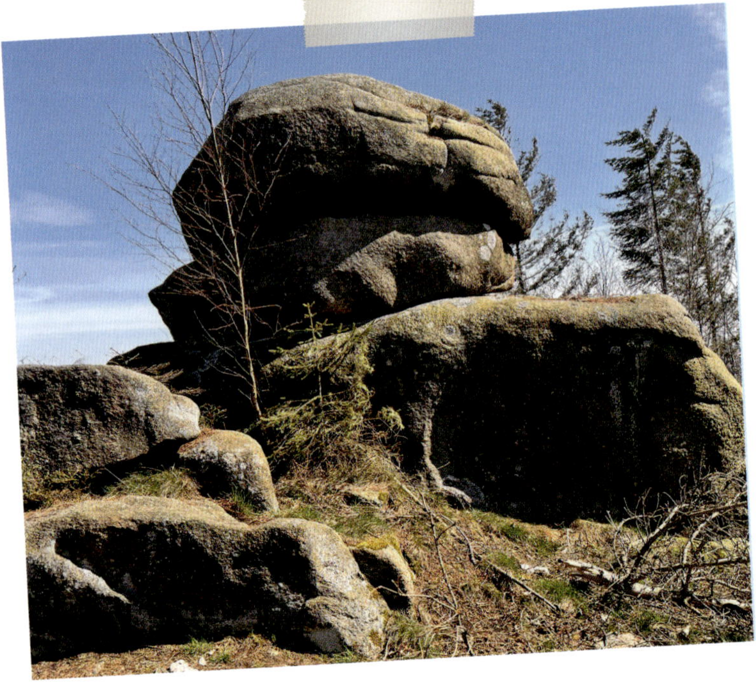

↑ **Auf dieser Wanderung sind urige Felsformationen zu entdecken.**

An der Käste gibt es einen weiteren Stempel der Harzer Wandernadel (118). Für den Rückweg folgen wir zunächst für 1,5 Kilometer der Kästestraße und biegen dann links in die Goldbergstraße ein. An der Schutzhütte Goldberg biegt unser Weg scharf rechts ab. Über gut befestigte Forststraßen erreichen wir 2,5 Kilometer später den Ausgangspunkt.

Tipp

Von der Kästeklippe führt ein Wanderweg hinab ins Okertal zum »kleinsten Königreich« Romkerhall. Parallel zur Oker flussabwärts geht es teils entlang der Straße, teils über abenteuerliche, in Felsen geschlagene Pfade nach Oker. Der Startpunkt kann mit dem Bus erreicht werden.

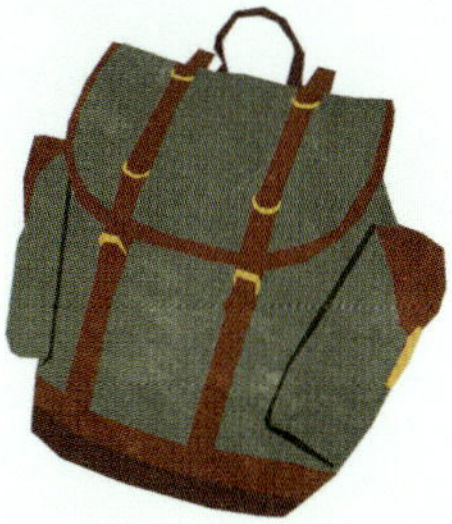

AUF EINEN BLICK

Tour 1: Tour der Stille

Dauer: 3 Std.

Höhenmeter: 300 Hm

Länge: 9,12 km

Schwierigkeit: Mittel

HWN: 117, 118

Tourencharakter: Mittelschwere Rundwanderung zu den Felsen im Okertal. Teilweise starke Steigungen und alpine Pfade. Beste Wanderzeit April–Okt.

Ausgangs-/Endpunkt: Wanderparkplatz am Harz Camp Göttingerode

Anfahrt: **Pkw:** Von Bad Harzburg oder Goslar auf der L 501 der Beschilderung Göttingerode/Campingplatz folgen. Parkmöglichkeiten bestehen am Waldrand hinter dem Campingplatz. **Bahn/Bus:** Von Goslar oder Bad Harzburg mit Bus Linie 810 oder 871 bis Göttingerode Campingplatz

Einkehr: Keine Einkehrmöglichkeiten entlang der Wegstrecke; Café Goldberg (www.cafe-goldberg.de; 500 m vom Startpunkt entfernt)

Information: www.bad-harzburg.de

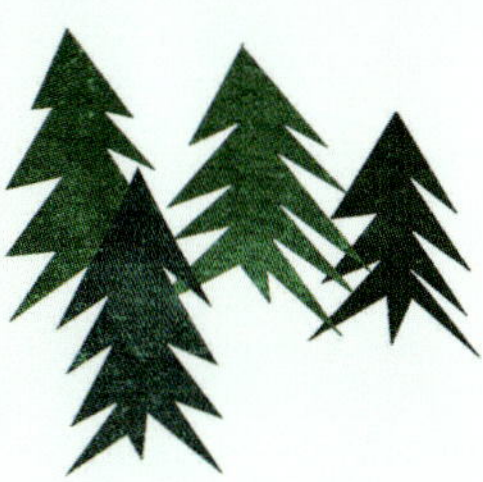

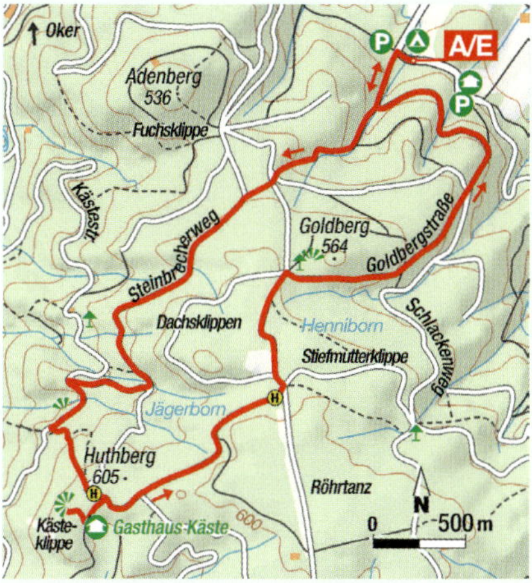

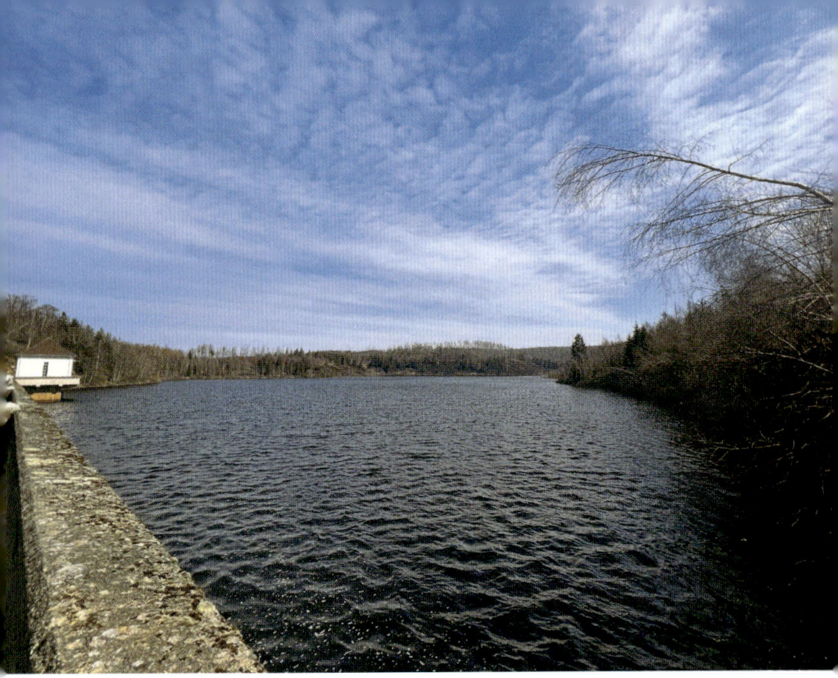

↑ Die Eckertalsperre ↓ Das Kruzifix zwischen Eckertalsperre und Ilsenburg

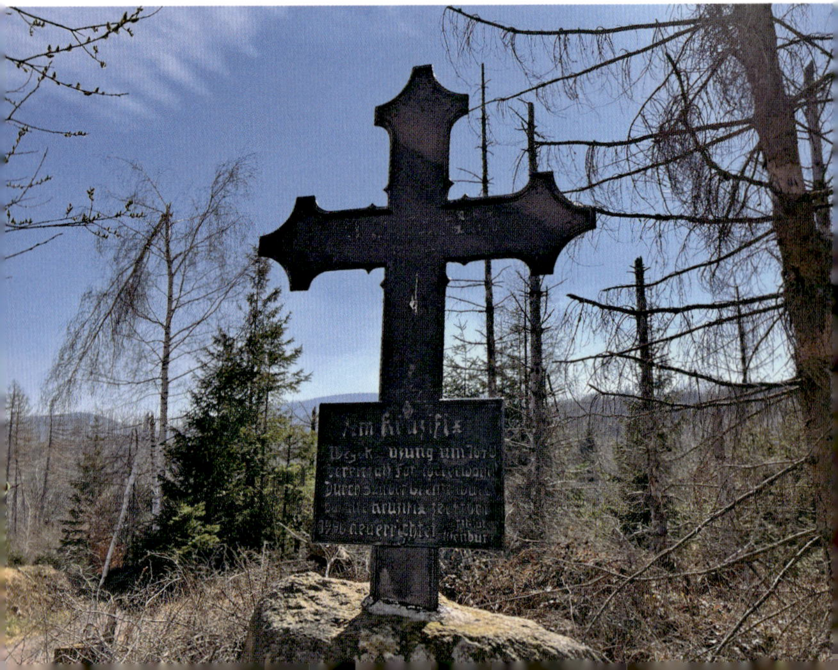

Tour für die Sinne
TOUR 2

BERGWILDNIS AM FUSS DES BROCKENS

Um die Eckertalsperre

Während sich nur wenige Kilometer weiter südöstlich reichlich Wanderer auf dem Weg zum Brocken tummeln, begegnet man auf dieser Tour nur ab und an mal jemandem. Eine anspruchsvolle Tagestour durch die Bergwildnis, die alle Sinne anspricht.

Grenzgänger Von unserem Startpunkt am Großparkplatz am Ortsausgang von Bad Harzburg überqueren wir die B4 und folgen dann rechts dem malerischen Waldweg. Parallel zum Flüsschen Radau geht es talaufwärts, vorbei am Radau-Wasserfall. Dieser wurde 1859 als Touristenattraktion künstlich angelegt. Von hier folgen wir dem Lehnbach hinein in die eigentliche Bergwelt. Die B4 lassen wir hinter uns. Der naturbelassene Wanderpfad begleitet den kleinen, ursprünglichen Fluss bis zu seiner Quelle. Nach gut vier Kilometern und 270 Höhenmetern erreichen wir die Luisenbank und folgen der Straße bis zur 1943 in Betrieb genommenen Eckertalsperre. Hier befinden wir uns auf einem Teilstück des Harzer Grenzwegs, dem wir auch auf dem Rückweg noch weiter begegnen werden. Am Horizont erhebt sich der Brocken, der höchste Gipfel des Harzes. Auf dem Staudamm der Eckertalsperre erinnert der Dreieckige Pfahl an das einstige Grenzgebiet. Durch die Talsperre verlief bis zum Wendejahr 1989 die deutsch-deutsche Grenze. Über das Wasser schweift der Blick bis hin zum Brocken. Ein besonderer Ort, um innezuhalten – und einen Stempel (1) zu ergattern. Auf der gegenüberliegenden Seite geht es ein kurzes Stück über einen wurzeligen Pfad parallel zum Stausee, ehe wir links in den Dielenweg einbiegen. Diesem bequemen Waldweg folgen wir gut 2,5 Kilometer bis zum Kruzifix (Stempel 3). An der Wegkreuzung zwischen Ilsenburg und Eckertalsperre befindet sich bereits seit dem 17. Jahrhundert ein eisernes Kreuz. Für uns ein schöner Platz für eine Rast.

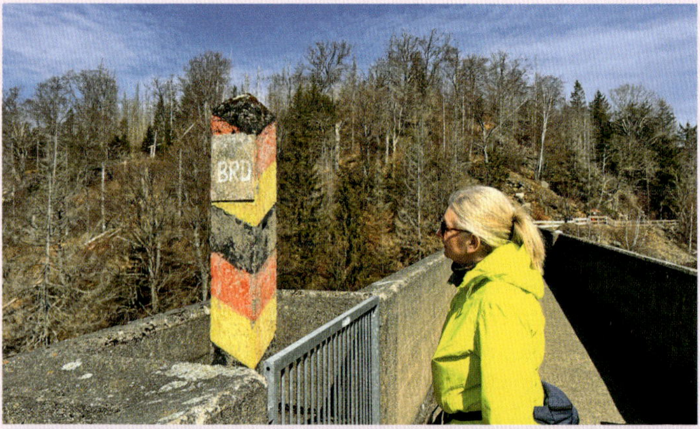

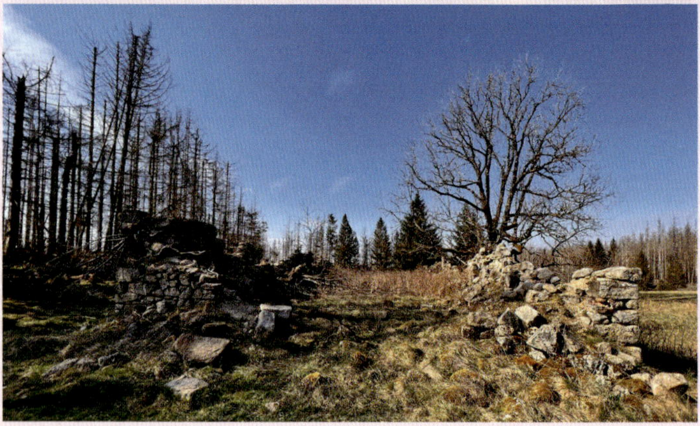

»Alle Menschen werden die Wahrnehmungen machen, dass man auf hohen Bergen, wo die Luft rein und dünn ist, freier atmet und sich körperlich leichter und geistig heiterer fühlt.«

Jean-Jacques Rousseau, 1712–1778

Scharfenstein Von hier aus biegen wir rechts ab in Richtung Scharfenstein. Der Weg führt nahezu auf einer Höhe durch den Nationalpark Harz. Die Dynamik des Waldwandels ist hier besonders gut zu erleben. Neben abgestorbenen Fichtenstämmen entsteht neues Leben. Büsche, Sträucher und junge Fichten wachsen am Wegesrand. An der Rangerstation Scharfenstein haben wir etwa die Hälfte der Strecke zurückgelegt. Neben einem Stempel (2) gibt es hier auch eine kleine Stärkung. Empfehlenswert ist der 1,5 Kilometer lange, abenteuerliche Abstecher zum Scharfenstein selbst. Anmutend wie die wilden Fjordlandschaften Norwegens hat man von hier einen grandiosen Blick zum Brocken und zum Torfhaus.

Eckertal Ein kurzes Stück gehen wir den Weg zurück, den wir gekommen sind, und dann geradeaus bis zur nächsten Querung. Wir halten uns links und wandern auf einem herrlich naturbelassenen Pfad oberhalb der Eckertalsperre mit leichter Steigung talaufwärts. Wir lauschen den Vögeln, lassen den Blick schweifen, spüren den Waldboden unter unseren Füßen. An der Eckerquerung wird die Bergwildnis erlebbar. Über große Felsen überqueren wir die kleine Ecker. Im Anschluss führt der Pionierweg teilweise über verwunschene Bohlenstege durch Moore und Feuchtbiotope. Nach einem knappen Kilometer halten wir uns links und verlassen den Pionierweg, um wenig später das Skidenkmal (Stempel 19) zu erreichen. 1921 errichtete der Skiklub Braunschweig das Denkmal für die im Ersten Weltkrieg gefallenen Sportfreunde. Eine Schutzhütte bietet Platz für eine Rast. Auf einem festen Forstweg geht es oberhalb des Westufers der Eckertalsperre zurück zur Staumauer und zur Luisenbank.

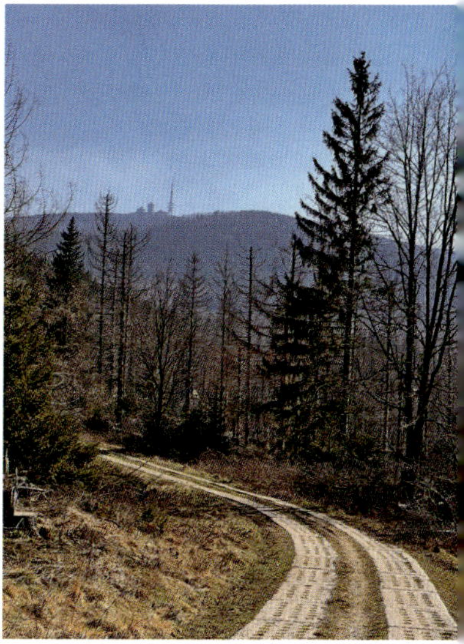

↑ Die frühere innerdeutsche Grenze auf der Staumauer
↓ Überreste des Viehhofs am Scharfenstein
→ Teilweise führt die Route entlang ehemaliger Kolonnenwege.

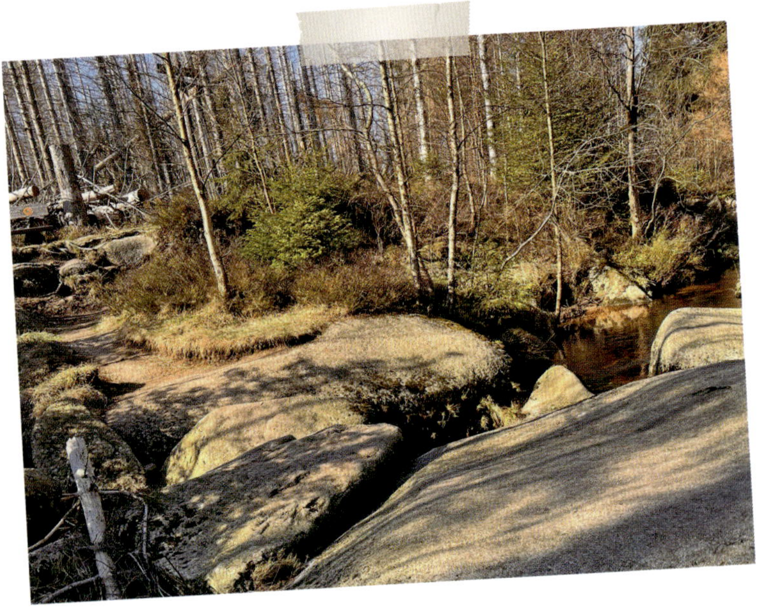

↑ **Kleiner Bachlauf zwischen Felsbrocken am Wegesrand.**

Molkenhaus Um nicht den gleichen Weg zurück zu nehmen und einen weiteren Stempel (169) zu sammeln, biegen wir an der Luisenbank rechts ab. 1,5 Kilometer später erreichen wir das Molkenhaus. Im 17. Jahrhundert erstmals als Unterschlupf für Hirten und ihre Kühe errichtet, führt das heutige Molkenhaus eine mehr als 150 Jahre alte Gastgebertradition fort. In herrlicher Lage inmitten des Nationalparks ist es ein toller Ort zum Verweilen. Von hier aus sind es noch knapp 2,5 Kilometer auf einem stellenweise recht steilen Weg zurück zu unserem Ausgangspunkt.

Tipp

Von Anfang April bis Anfang November fährt die Buslinie 875 Ziele im Nationalpark an, darunter auch die Luisenbank und das Molkenhaus. So lassen sich beispielsweise die ersten vier Kilometer und rund 250 Höhenmeter bequem per Bus überwinden.

AUF EINEN BLICK

Tour 2: Tour für die Sinne

Länge: 22,6 km

Dauer: 6 Std. 30 Min.

Schwierigkeit: Schwer

Höhenmeter: 500 Hm

HWN: 1, 2, 3, 19, 169

Tourencharakter: Anspruchsvolle Tour durch den Nationalpark Harz. Steile Anstiege, naturbelassene Pfade, fantastische Ausblicke. Beste Wanderzeit April–Okt.

Ausgangs-/Endpunkt: Parkplatz an der B 4 am Ortsausgang von Bad Harzburg

Anfahrt: **Pkw:** Von Bad Harzburg auf der B 4 Richtung Torfhaus/Braunlage. Großparkplatz rechts **Bahn/Bus:** Ab Bahnhof Bad Harzburg mit Buslinie 820 Richtung Braunlage, Haltestelle Hotel Seela (Startpunkt) oder Radau-Wasserfall

Einkehr: Rangerstation am Scharfenstein (www.nationalpark-harz.de); Molkenhaus (www.molkenhaus-harzburg.de)

Information: www.bad-harzburg.de, www.nationalpark-harz.de

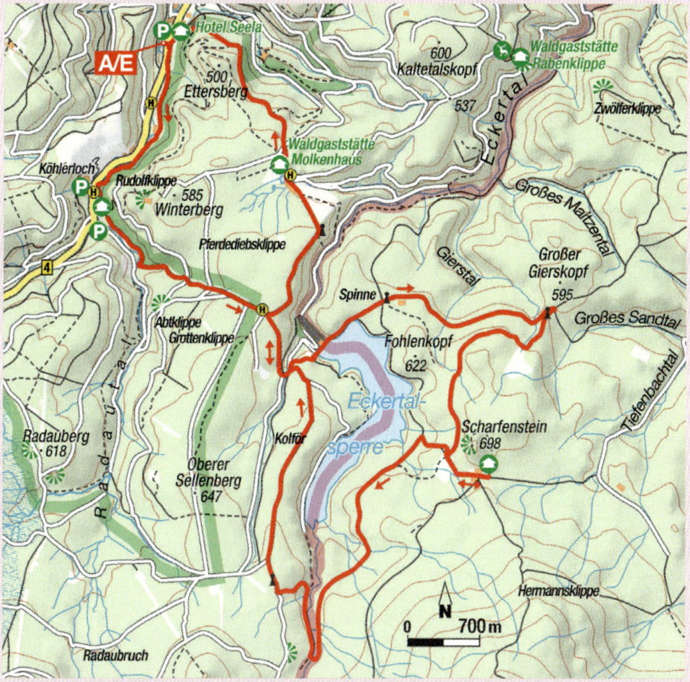

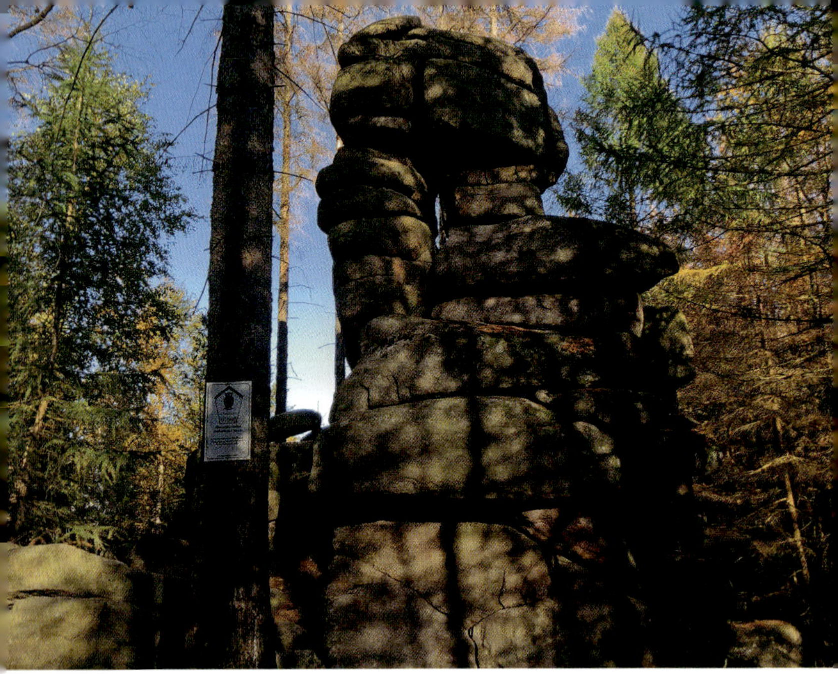

↑ Naturdenkmal Gebohrter Stein ↓ Ausblick Richtung Wernigerode

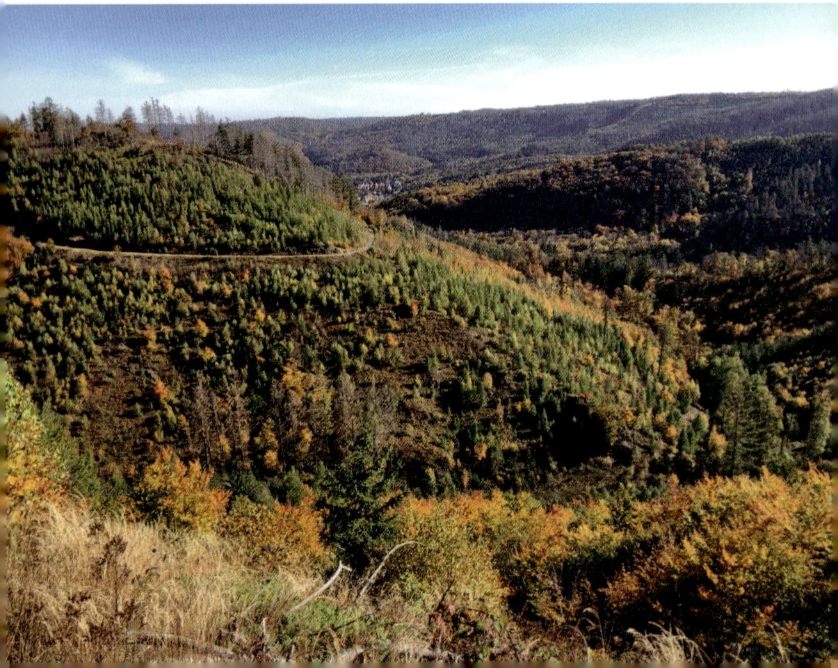

URIGE NATURERLEBNISSE BEI WERNIGERODE

Tour für TOUR 3 den Genuss

Von Hasserode zur Steinernen Renne

Die Steinerne Renne ist eines der schroffen, schluchtartigen Flusstäler im Harz. Bei dieser Wanderung kommen wir in den Genuss ursprünglicher Natur und rustikaler Harzer Gastlichkeit. Eine beliebte, anspruchs- und eindrucksvolle Tour.

Hasserode Startpunkt ist der Wanderparkplatz Steinerne Renne im Wernigeröder Ortsteil Hasserode. Die Brauerei der gleichnamigen Biersorte befindet sich allerdings mittlerweile am Rand der bunten Stadt am Harz. Vom Parkplatz gehen wir kurz talaufwärts und biegen dann rechts ab auf den Weg Goslarsche Gleie – ein Hinweis, dass hier einst Goslarer Bergleute zugange waren. Zunächst geht es sanft bergan. Nach knapp zwei Kilometern wird der Anstieg steil mit bis zu 12 % Gefälle. Der bequeme Panoramaweg gibt immer wieder weite Blicke ins Harzvorland frei. Auch hier ist der Waldwandel hautnah zu erleben. Die einst dicht bewaldeten Hänge sind mittlerweile licht, doch junge Bäume und Sträucher siedeln sich an. Teile der Strecke führen durch Laubwälder, die besonders im Herbst mit ihrer Farbenpracht ein Genuss sind. Nach knapp drei Kilometern und rund 230 Höhenmetern erreichen wir linker Hand die Schutzhütte Mönchsbuche. Mit Sitzgelegenheiten sowohl überdacht als auch im Freien ein idealer Platz für eine Rast nach dem Aufstieg. Hier befindet sich auch der Stempel Nr. 26 der Harzer Wandernadel. Etwa 450 Meter weiter gibt es die Möglichkeit, die Wasservorräte aufzufüllen. Der Wernigeröder Bürgerbrunnen, eine eingefasste Quelle mit Picknickplatz, wurde als Erinnerung an die politische Wende 1989 errichtet und trägt daher diese Jahreszahl.

Renneklippen Auf dem weiteren Weg zum Waldgasthaus Steinerne Renne warten noch zwei ordentliche Anstiege auf uns. Wem das nicht zu viel ist, der sollte den Abstecher zu den weniger bekannten Renneklippen mitnehmen. Hier sind Trittsicherheit, Pfadfinderqualitäten und etwas Abenteuerlust erforderlich. Der kaum sichtbare Pfad – der Weg ist nicht ausgeschildert – beginnt gegenüber der Ausfahrt des Gasthauses. Zunächst geht es über eine Blockhalde, dann halten wir uns rechts. Bald versperren Granitblöcke den Weg. Nach einer kleinen Kletterpartie über die Steine wird ein Plateau erreicht, das am Ende steil abfällt. Von hier eröffnet sich ein toller Blick über das Rennetal, Hasserode und Wernigerode. Auf den Felsen ist eine Sitzbank installiert, die den Moment besonders genießen lässt.

Steinerne Renne Nach gut fünf Kilometern Wegstrecke und einigen Höhenmetern erreichen wir das Gasthaus Steinerne Renne. Namensgeber ist ein 2,5 Kilometer langer, schluchtartiger Taleinschnitt der Holtemme – ein Naturdenkmal, wild und eindrucksvoll. Am Ufer des Flusses wurde bereits Ende des 19. Jahrhunderts ein Gasthaus errichtet. Im imposanten Fachwerkgebäude werden auch heute müde Wanderer täglich von 11 Uhr bis 16 Uhr mit gutbürgerlicher Küche und hausgebackenem Kuchen erfreut. Der Blick von der Terrasse auf das wildromantische Flusstal ist herrlich. Es gilt Selbstbedienung, und an den Wochenenden ist für Gruppen eine Reservierung ratsam. Zu verschiedenen Terminen gibt es Brunch oder oder Feiertagsbuffet. Von Mai bis Oktober ist die Steinerne Renne mit dem Bus erreichbar. Eine Alternative für all jene, die nur einen Teil der Strecke gehen wollen. In dem rustikalen Wirtshaus werden auch Zimmer für Wanderer vermietet. Auch die Stempelstelle 28 erwartet uns.

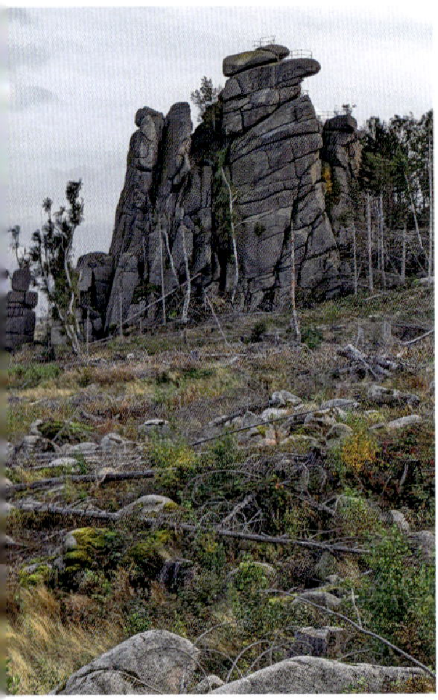

↑ **Wie aufeinander gestapelt wirkt diese Felsformation.**
↓ **Biergarten mit Blick auf die Steinerne Renne**
← **Der 36 Meter hohe Ottofelsen bietet eine grandiose Aussicht.**

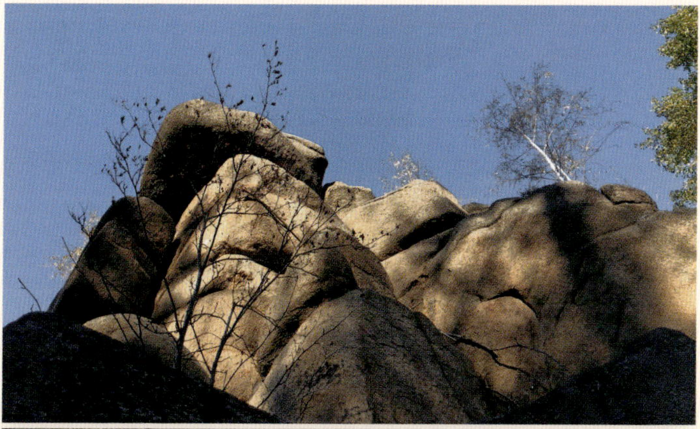

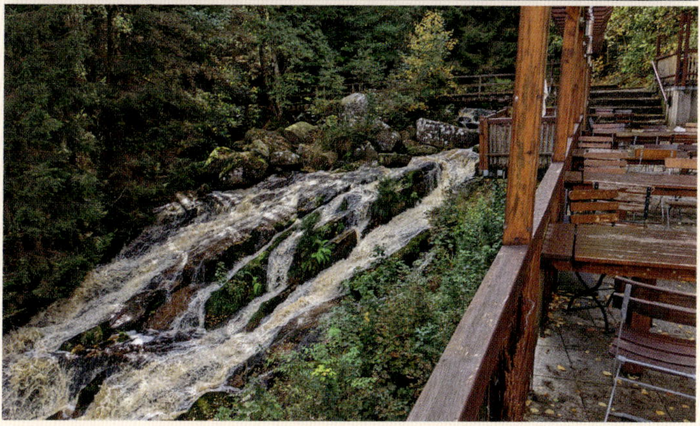

»Wie komme ich am besten den Berg hinan?
Steig nur hinauf und denk nicht dran!«

Friedrich Nietzsche, 1844–1900

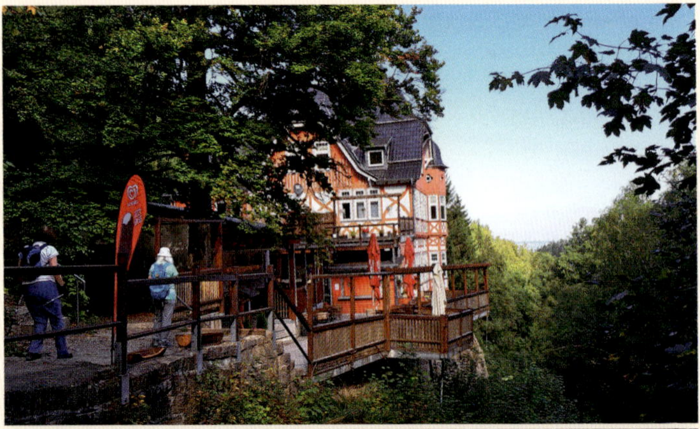

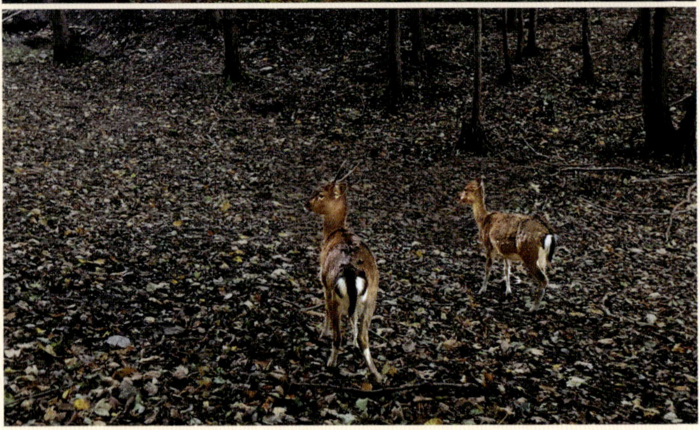

»Das Geheimnis des Vorwärtskommens besteht darin, den ersten Schritt zu tun.«

Mark Twain, 1835–1910

Ottofelsen Von der Steinernen Renne führt der Weg weiter Richtung Südosten. Nach einem kurzen, steilen Anstieg (15 %) geht es gemäßigter hinauf, bis wir etwa einen Kilometer hinter dem Gasthaus den höchsten Punkt der Route erreichen. Zuvor überqueren wir den Kohlstieg und halten uns rechts. An einer weiteren Wegkreuzung folgen wir dem Weg links etwa einen Kilometer zum Ottofelsen. Die rund 36 Meter hohe Granitfelsformation ist schon seit 1892 über Eisenleitern zu erklimmen. Benannt nach Fürst Otto zu Stolberg-Wernigerode ist dieses Naturdenkmal auch bei Kletterern beliebt. Auf dem Gipfel erreichen wir eine Höhe von etwa 620 Metern und genießen den erstaunlichen Ausblick über die Harzer Berge, zum Brocken und zum Schloss Wernigerode. Hier befindet sich die Stempelstelle 27. Nur wenige hundert Meter entfernt liegt inmitten des Naturparks Harz das Carlshaus. Einst im 19. Jahrhundert als Jagdhaus der Fürsten zu Stolberg-Wernigerode errichtet, diente es zu DDR-Zeiten als Jugendherberge. Heute wird es als idyllisches und komfortables Ferienhaus vermietet.

Wasserkunst Vom Ottofelsen geht es stetig bergab zurück nach Hasserode. Auf dem befestigten Forstweg läuft es sich bequem. Nach knapp zwei Kilometern erreichen wir die Bahntrasse der Harzer Schmalspurbahnen (HSB). Um noch einen vierten Stempel (85) zu ergattern und vor allem eine originalgetreue Wasserkunst zu entdecken, überqueren wir die Bahnschienen und wandern ins Thumkuhlental. Die Wasserkunst bestehend aus Wasserrad, Feldgestänge und Pumpenturm erinnert an den Bergbau. Sie sorgte für die Energieversorgung der Gruben. Nach knapp einem Kilometer führt uns ein schmaler Pfad links wieder hinauf zum Bahnparallelweg. Hier

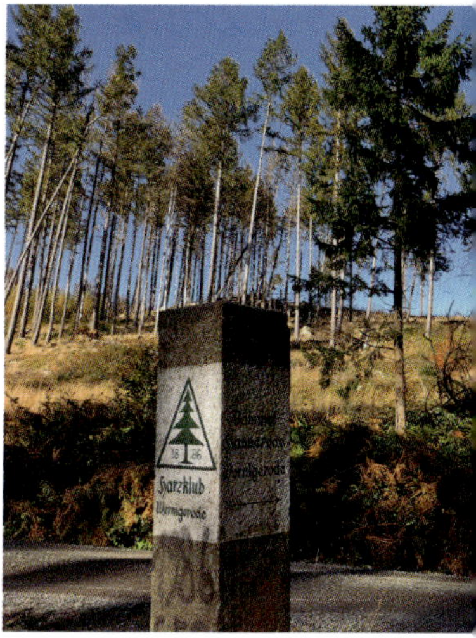

↑ **Das Waldgasthaus Steinerne Renne ist ideal für eine Rast.**
↓ **Putzige Gesellen in einem Gehege entlang des Weges.**
→ **Der Harzklub weist den richtigen Weg.**

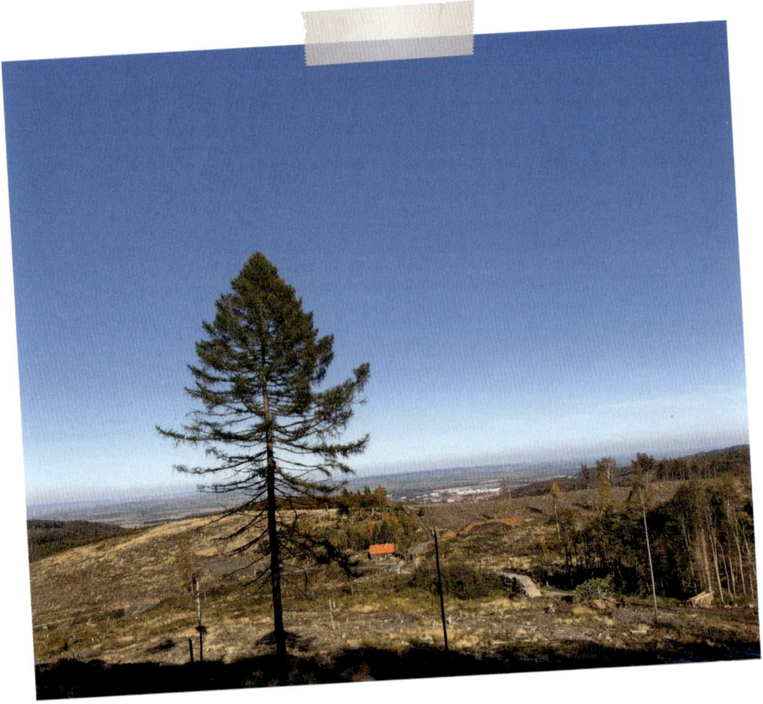

↑ **Wo der Wald weicht, entsteht Raum für eine vielfältige Flora.**

verkehrt die Brockenbahn, die überwiegend von eindrucksvollen, dampfbetriebenen historischen Lokomotiven gezogen wird. Die Bahn fährt vergleichsweise häufig. Die Wandertour kann jedoch auch anhand des Fahrplans der HSB geplant werden. Parallel zu den Bahnschienen geht es zurück zum Ausgangspunkt.

Tipp

Wer es abenteuerlicher mag und gut zu Fuß ist, wählt den kürzeren, steilen und steinigen Weg parallel zur Holtemme. Ein eindrucksvolles Naturerlebnis. Entlang der Kleinen Renne führt der Weg serpentinartig mit in Granit gehauenen Stufen hinauf. Nach gut 2,8 Kilometern ist das Gasthaus erreicht.

AUF EINEN BLICK

Tour 3: Tour für den Genuss

Dauer: 3 Std. 40 Min.

Höhenmeter: 410 Hm

Länge: 11,8 km

Schwierigkeit: Schwer

HWN: 26, 27, 28, 85

Tourencharakter: Anspruchsvolle Tour mit wunderschönen Ausblicken und abenteuerlichen Wegvarianten. Beste Wanderzeit April–Okt.

Ausgangs-/Endpunkt: Parkplatz Bahnhof Steinerne Renne, Wernigerode

Anfahrt: **Pkw:** Über die A 36, Abfahrt Wernigerode Nord, Ausschilderung Richtung Schierke folgen. Im Ortsteil Hasserode über die Straße Freiheit Richtung Bahnhof Steinerne Renne **Bahn/Bus:** Der Bahnhof Hasserode der HSB und eine Bushaltestelle sind etwa einen Kilometer vom Startpunkt entfernt.

Einkehr: Gasthaus Steinerne Renne (www.steinerne-renne.de); Café Argenta, Wernigerode-Hasserode (Gebäude der ehemaligen Schokoladenfabrik, www.cafe-genuss-momente.de)

Information:
www.wernigerode.de

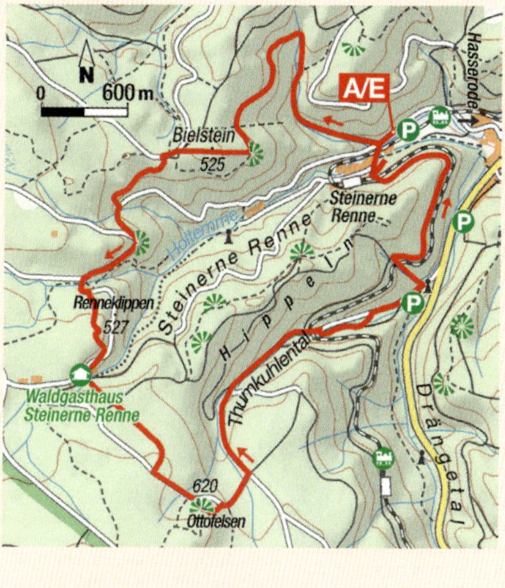

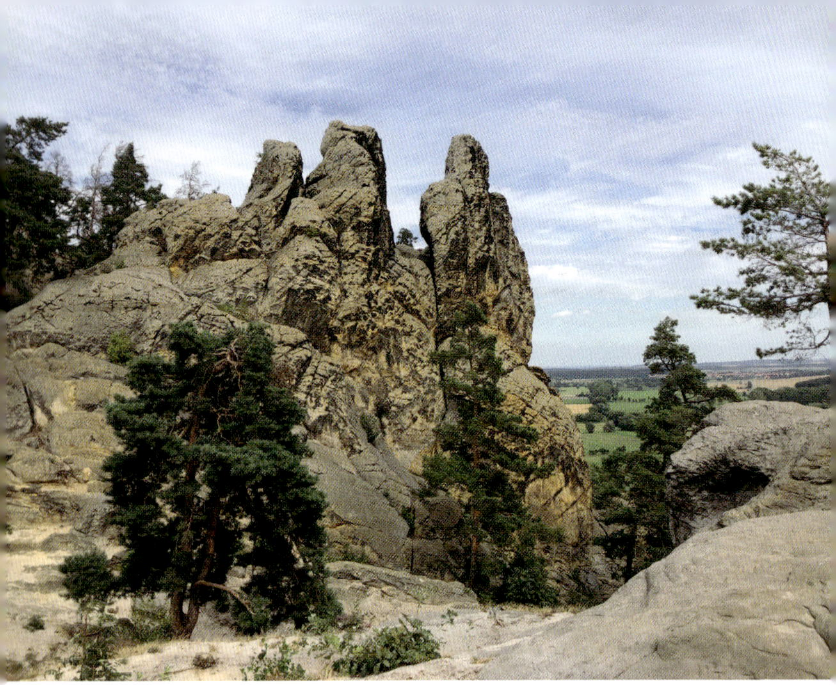

↑ Hamburger Wappen ↓ Kuhstall – beide markante Bereiche der Teufelsmauer

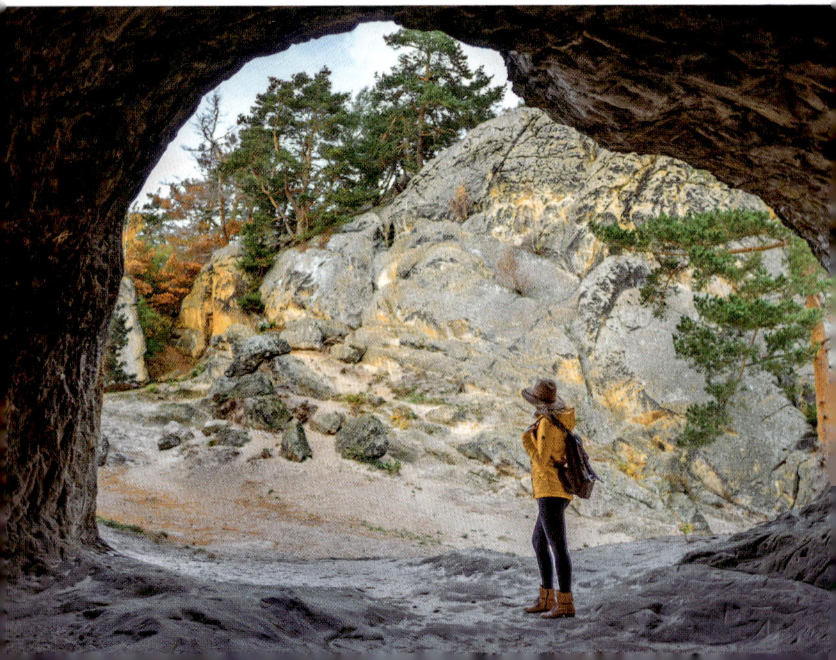

ABENTEUERTOUR AUF DES TEUFELS SPUREN

Tour für TOUR 4 den Genuss

Von Blankenburg zum Hamburger Wappen

Als kurz und kernig kann diese abenteuerliche Tour entlang der Teufelsmauer bezeichnet werden. Vorbei an bizarren Felsformationen geht es über schmale Pfade mit kleinen Kletterpartien und schönen Ausblicken durch die sagenumwobene Landschaft.

Großvater Der auffällige Großvaterfelsen am Ortsrand von Blankenburg markiert das westliche Ende der rund 20 Kilometer langen Teufelsmauer. An drei Stellen prägen die bizarren Felsformationen die Landschaft mit unterschiedlichen Wandererlebnissen. Unsere erste Teufelsmauer-Tour beginnt am Kleinen Schloss, in dem sich die Tourist-Information befindet. Die barocken Gärten, das Teehaus und auch das Große Schloss sind einen Abstecher wert. Doch zunächst geht es über den Panoramaweg hinauf zum Großvaterfelsen. Der erste Anstieg ist kurz und steil, dafür werden wir auf der 371 Meter hohen Felsformation mit einem tollen Ausblick auf die Stadt, die barocken Gärten und auf das Kleine und Große Schloss belohnt. Über Felsstufen und Eisentreppen ist der Gipfel zu erreichen – ein erster Test der Trittsicherheit. Seinen Namen soll der Großvaterfelsen in der Zeit der Germanen erhalten haben, als diese im Harz einige Kultstätten angelegt hatten. Vielleicht wurde hier dem »großen Vater« Wodan gehuldigt. Freunde der Harzer Wandernadel können hier Stempel Nr. 76 ergattern. Am Fuß des Felsens befindet sich die gleichnamige Gaststätte, die zur gemütlichen Einkehr vor oder nach der Tour einlädt.

Kammweg Am Großvaterfelsen beginnt der schmale Löbbeckestieg, benannt nach dem einstigen Blankenburger Bürgermeister Carl Löbbecke. Er ließ diesen abenteuerlichen, bei Wanderern beliebten Pfad 1853 anlegen. Auch Familien mit größeren Kindern haben hier ihren Spaß, denn der

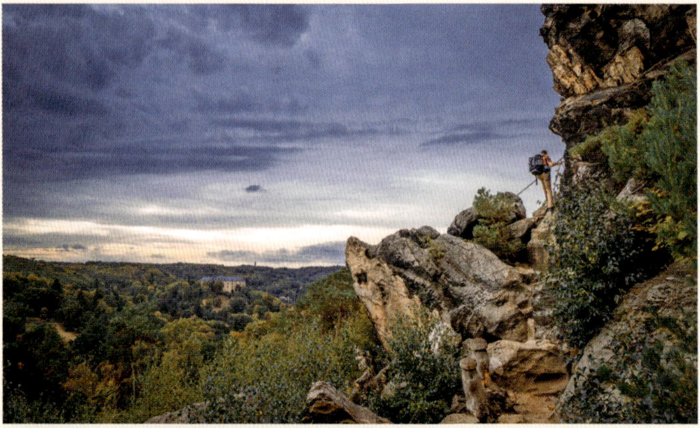

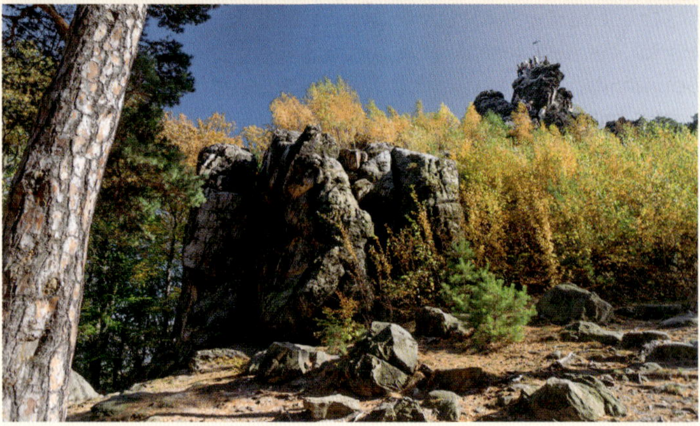

»Der Weg ist immer besser
als die schönste Herberge.«

Miguel de Cervantes, 1547–1616

schmale Weg wurde teilweise in den Felsen geschlagen. Geschick, Trittsicherheit und eine gute Koordination sind hier erforderlich. Bei nasser Witterung können die Felsen rutschig werden, festes Schuhwerk darf daher nicht fehlen. Einmal den Kammweg erklommen, führt dieser über sanfte Ab- und Anstiege. Nach rund 250 Metern ist bereits die nächste markante Gesteinsformation erreicht, der Löbbeckefelsen. An seiner Westseite wurde eine gusseiserne Gedenktafel angebracht. Dem Kammweg weiter folgend erregt bald der Teufelssessel Aufmerksamkeit. Hier wurden zwei Sitznischen in den Felsen gehauen, die ihm seinen Namen gaben. Von hier aus erstreckt sich ein weiter Blick über das Harzvorland – ein Genuss für die Sinne. Nach insgesamt gut zwei Kilometern Wanderstrecke wird die Heidelbergwarte erreicht. Diese Felswarte wurde im 13. Jahrhundert errichtet, um die unterhalb im Tal verlaufende Handelsstraße im Auge zu behalten. Die Überreste sind heute noch zu entdecken. Anschließend geht es hinab ins Tal, auf dem sogenannten Sautrog. Hier befindet sich eine kleine Schutzhütte, die für ein Picknick durchaus geeignet ist. Nur bitte den Müll wieder mitnehmen, damit sich auch die nächsten Wanderer an diesem idyllischen Platz erfreuen können. Zur Einkehr lädt der Helsunger Krug, der über einen Abstecher von rund 600 Metern pro Strecke erreichbar ist.

Hamburger Wappen Nach gut einem weiteren Kilometer und insgesamt rund 3,5 Kilometern Wegstrecke ist das östliche Ziel unserer Tour erreicht, das Hamburger Wappen. Aus dem Sandsteinfelsen ragen drei Zinnen heraus, die an die Türme im Hamburger Wappen erinnern und die erklommen werden können. In der Nähe von Timmenrode gelegen, gehört diese Felsformation zu den Wahrzeichen der Teufelsmauer. Hier befindet sich Stempel Nr. 74 der Harzer

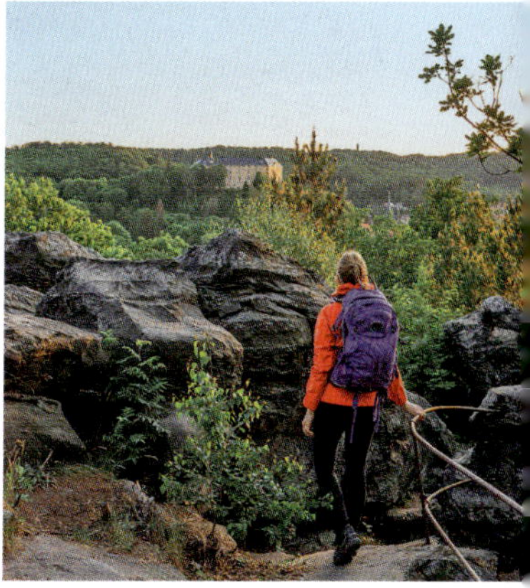

↑ **Teile der Route werden zur Kletterpartie.**
↓ **Herbststimmung am Großvaterfelsen**
→ **Blick vom Kammweg zum Großen Schloss Ballenstedt**

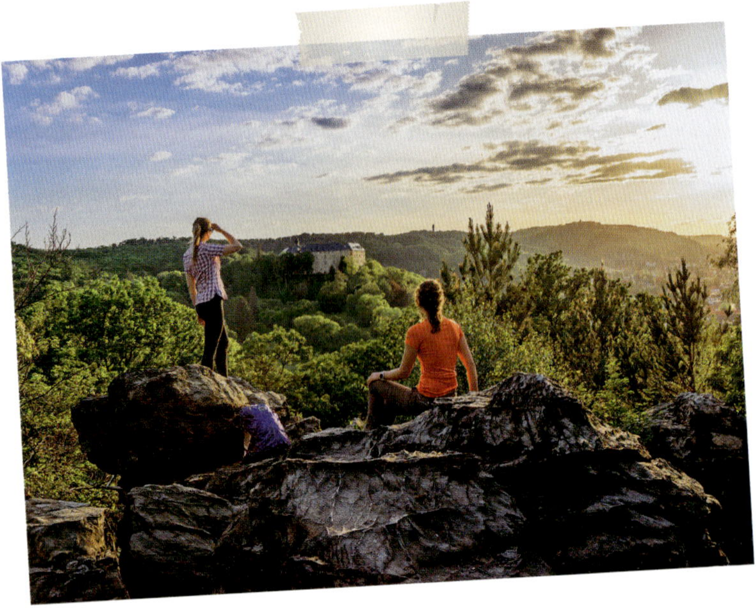

↑ **Bei einer Tour auf dem Kammweg lässt sich die Aussicht genießen.**

Wandernadel. Der Blick auf Teufelsloch und Kuhställe macht neugierig für einen kleinen Abstecher. Als Kuhstall werden zwei Höhlen bezeichnet, die früher vielleicht als solche genutzt wurden und heute noch zugänglich sind. Für eine Stärkung vor dem Rückweg bietet sich ein Besuch in der Gaststätte Zur Teufelsmauer in Timmenrode an, etwa 10 Minuten zu Fuß von hier. Für den Rückweg folgen wir dem südlichen Hangweg unterhalb der Teufelsmauer etwa 3,5 Kilometer zurück bis zum Ausgangspunkt.

Tipp

Für richtigen Kletterspaß empfiehlt sich ein Abstecher zum nahe gelegenen Kletterwald Blankenburg. Kinder ab fünf Jahren und einer Greifhöhe von 1,50 Meter können sich hier wunderbar austoben. Sechs verschiedene Parcours mit herausfordernden Kletterelementen auf bis zu 10,5 Metern Höhe begeistern Groß und Klein.

AUF EINEN BLICK

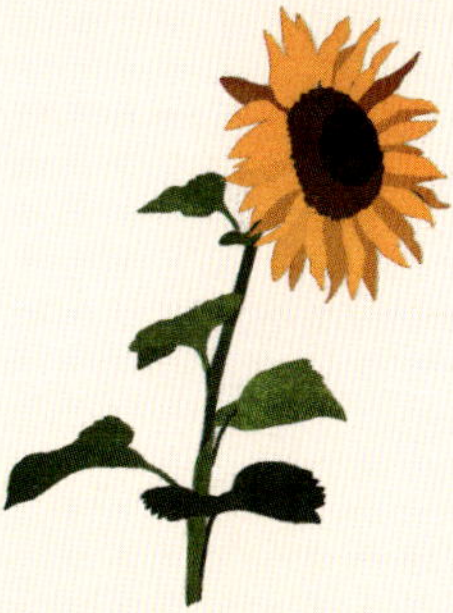

Tour 4: Tour für den Genuss

Dauer: 2 Std. 10 Min.

Höhenmeter: 150 Hm

Länge: 7,13 km

Schwierigkeit: Schwer

HWN: 74, 76

Tourencharakter: Abenteuerliche Route auf schmalen, teils in den Felsen geschlagenen Pfaden, Trittsicherheit ist erforderlich. Beste Wanderzeit April–Okt.

Ausgangs-/Endpunkt: Parkplatz Am Schnappelberg (Kleines Schloss), Blankenburg

Anfahrt: **Pkw:** Über die A 36 der Ausschilderung Blankenburg Zentrum/Barocke Gärten/Tourist-Information folgen **Bahn/Bus:** Blankenburg verfügt über einen Bahnhof, von dort einen Kilometer bis zum Startpunkt. Mit dem Bus ist Blankenburg aus zahlreichen Harzorten erreichbar.

Einkehr: Gaststätte Zum Großvater, Großvaterweg 15, Blankenburg; Gaststätte Zur Teufelsmauer, Timmenrode, zehn Minuten Fußweg vom Hamburger Wappen (www.zurteufelsmauer.de); Helsunger Krug, Helsungen, zwischen Schutzhütte Sautrog und Hamburger Wappen, Abstecher von ca. 600 Metern (www.helsunger-krug.de)

Information: www.blankenburg.de

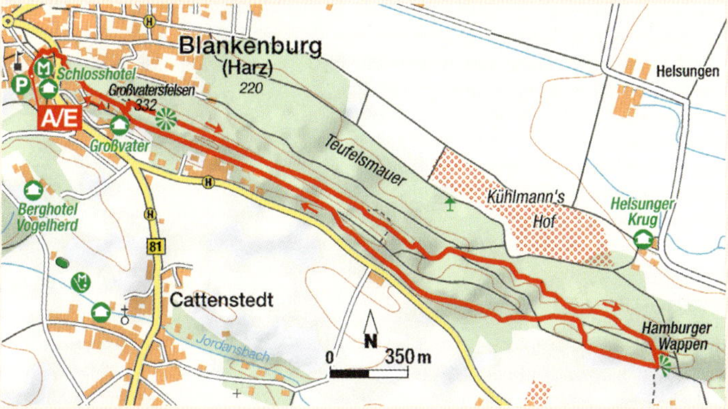

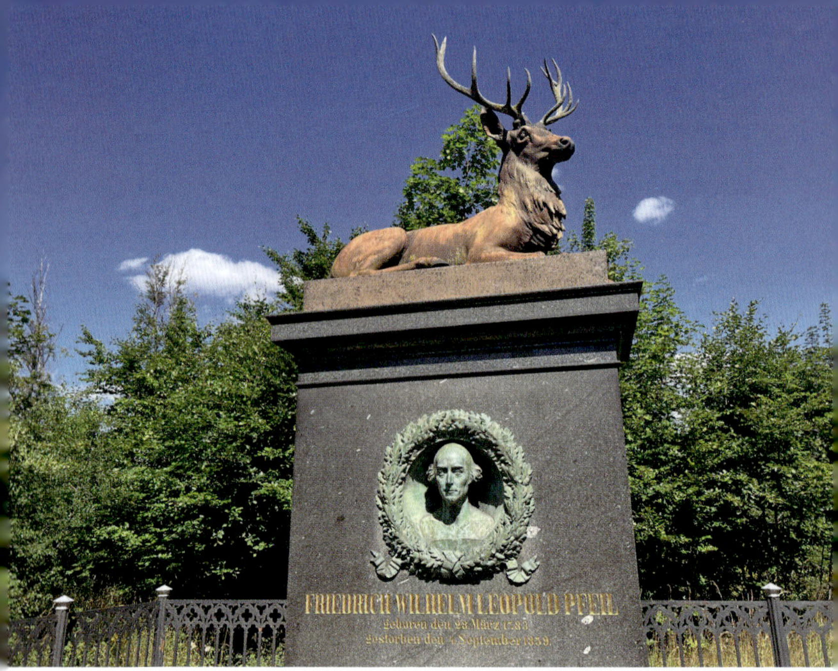

↑ Das »Pfeil-Denkmal« – Stempelstelle 68 ↓ Eindrucksvoller Blick ins Bodetal

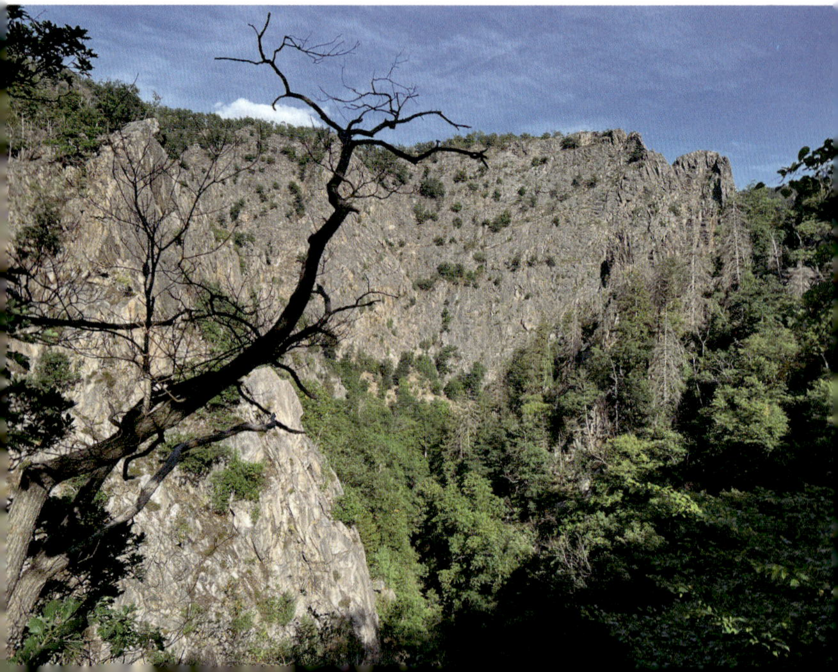

AUF DEN SPUREN DER HEXEN DURCHS FELSENTAL

Tour
TOUR 5
ohne Uhr

Hexentanzplatz, Treseburg, Bodetal

Das schroffste Felsental nördlich der Alpen, das sagenumwobene Bodetal, gehört zu den eindrucksvollsten Wanderstrecken im Harz. Dank der Seilbahn lässt sich diese längere Tour durchaus bequem gestalten. Eindrücke, die Sie nicht verpassen sollten.

Hexentanzplatz Den Start dieser langen Wandertour machen wir uns denkbar einfach. Mit der Seilbahn in Thale schweben wir hinauf zum Hexentanzplatz und überwinden dadurch rund 250 Höhenmeter. Der Blick während der Fahrt hinab ins Bodetal ist beeindruckend. Mutige nehmen die Gondel mit Glasboden für einen besonderen Tiefblick. Die Seilbahn ist der einzige Grund, an diesem Tag auf die Uhr zu gucken. Dem Flusslauf der Bode folgend bedarf es nur wenig Orientierungspunkte. Auf dem Hexentanzplatz sind Hexenbegegnungen üblich. Zur Walpurgisnacht am 30. April steigt hier die größte Party im Harz, und in den Sommermonaten lockt eines der ältesten Naturtheater Deutschlands, das Bergtheater Thale, mit einem abwechslungsreichen Programm. Von den Aussichtspunkten blicken wir in die Tiefe des Tals und hinüber zur Roßtrappe. Der Sage nach soll Prinzessin Brunhilde einst mit ihrem Pferd auf der Flucht vor Ritter Bodo den Sprung über das Tal gewagt haben. Beweis ist der Hufabdruck auf dem gegenüberliegenden Felsen. Goethe besuchte das Bodetal dreimal und bezeichnete es als »gewaltigstes Felsental Deutschlands nördlich der Alpen«. Uns zieht es talaufwärts Richtung Treseburg. Auf den teils schmalen Pfaden wird die Magie des Harzes besonders spürbar. Eine Begegnung mit Fabelwesen käme kaum überraschend.

Eindrücke sammeln Gut einen Kilometer hinter dem Hexentanzplatz erreichen wir die La Viershöhe (Stempel 72). Sie wurde nach einem Förster des 19. Jahrhunderts benannt, der sich damals schon für Wanderwege eingesetzt hatte, um die reizvolle Landschaft zu erschließen. Hier erwartet uns ein weiterer herausragender Blick ins Bodetal – zumindest in den vegetationsarmen Monaten mit wenig Laub an den Bäumen. Die schroffen, mit knorrigen Eichen und Eiben bewachsenen Hänge erinnern fast an südländische Olivenhaine. Etwa 600 Meter weiter geht es rechts ab zur Prinzensicht (Stempel 70), ein lohnender Abstecher von etwa einem Kilometer. Von den zwei Aussichtspunkten eröffnet sich ein faszinierender Blick in das 200 Meter tiefer liegende Tal und auf die gegenüberliegenden Felsen. Von hier aus verlassen wir für eine Weile den Rand des Bodetals und erreichen nach knapp drei Kilometern an einem Wegekreuz eine Pausenbank. Um den Stamm einer Kastanie errichtet, lädt die Holzbank zum Verweilen ein. Nach einer kurzen Rast folgen wir dem Weg rechter Hand weiter Richtung Treseburg. Am Pfeil-Denkmal befindet sich die nächste Stempelstelle (Nr. 68). Das Bauwerk wurde 1865 zu Ehren von Friedrich Wilhelm Leopold Pfeil errichtet, einem forstlichen Praktiker, Forstwissenschaftler und Schriftsteller. Seine Jägerlehre absolvierte er in Königshütte und Thale. Weitere 2,3 Kilometer führt uns der Weg durch die Harzer Landschaft, ehe sich am Aussichtspunkt Weißer Hirsch (Stempel 67) nochmals ein Blick 150 Meter tief ins Bodetal eröffnet. Anschließend erfolgt der recht steile Abstieg hinab ans Bodeufer und zum kleinen Örtchen Treseburg.

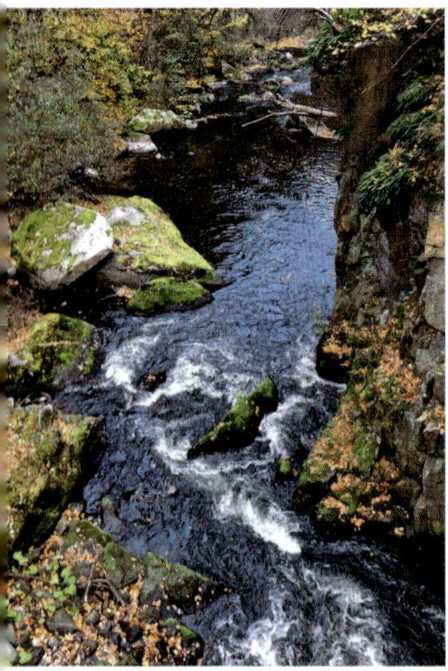

Liebliches Bodetal In Treseburg angekommen sucht man vergebens die schroffen Felsen des Bodetals. Hier windet sich der Fluss durch ein breites Tal und wirkt eher lieblich als wild. Fliegenfischer nutzen das seichte Gewässer zur

↑ In Treseburg bietet sich eine Rast am Bodeufer an.
↓ Purer Genuss: die Ausblicke ins Bodetal der ersten Hälfte der Tour
← Die Bode hat über Jahrmillionen das faszinierende Felsental erschaffen.

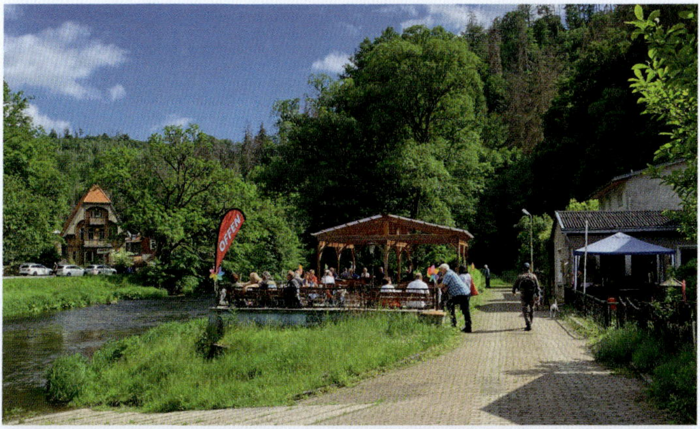

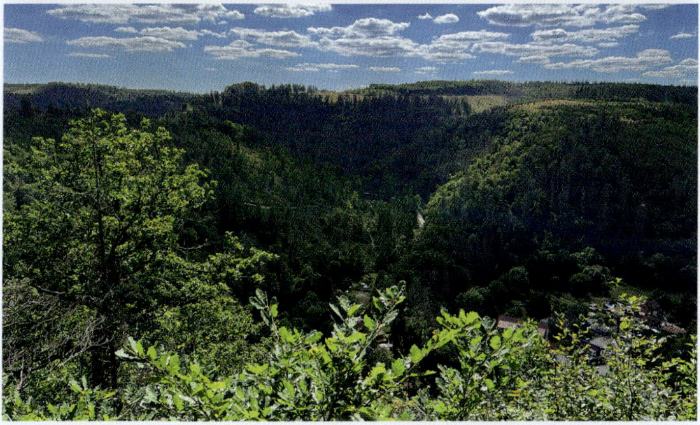

»Ihr Antlitz leuchtete mir entgegen in sonniger Pracht, aus allen Zügen hauchte eine kolossale Zärtlichkeit, und aus der bezwungenen Felsenbrust drang es hervor wie Sehnsuchtsseufzer und schmelzende Laute der Wehmut ...«

Heinrich Heine (1797–1856) über die Bode in seiner »Harzreise«

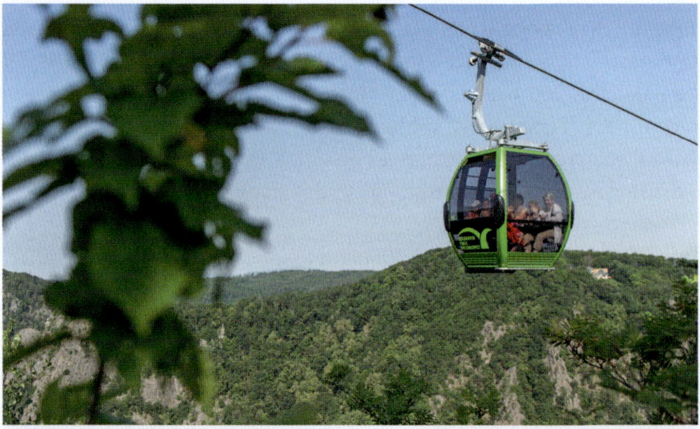

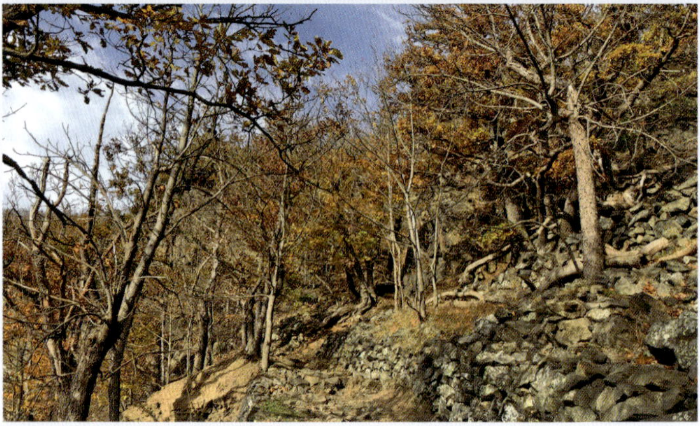

»Des Wanderns Lust ist, daß man die Zwecklosigkeit genießt.«

Liezi, 440–370 v. Chr.

Jagd auf Regenbogen- oder Bachforellen. In Treseburg laden einige Cafés und Restaurants zur Einkehr ein. Ein idyllischer Biergarten am Bodeufer befindet sich 700 Meter flussaufwärts. Unser Weg führt uns jedoch am rechten Ufer flussabwärts Richtung Thale. Im leichten auf und ab folgen wir auf einem schönen Wanderweg der Bode. Unterwegs passieren wir die Sonnenklippe, einen Felsvorsprung mit der Stempelstelle Nr. 69.

Imposante Felsen Etwa zwei Kilometer hinter Treseburg wird deutlich, warum genau diese Rundtour die richtige Wahl für das Bodetal-Erlebnis ist. Nach einer Flussbiegung recken sich steile, schroffe Felsen empor. Bereits von oben waren sie eindrucksvoll, beim Wandern mit Blick auf diese gigantischen Zeugnisse der Natur beschleicht uns Ehrfurcht. Der kleine Fluss Bode, nur wenige Kilometer zuvor sanft dahinfließend, hat hier über Jahrmillionen eine tiefe Schneise in die verschiedenen Gesteinsschichten geschnitten. So entstand ein Felsental, das nördlich der Alpen seinesgleichen sucht. Die nächsten Kilometer folgen wir dem mäandernden Flusslauf durch das imposante Tal. Immer wieder schweift der Blick staunend in die Höhe. Nach etwa 3,5 Kilometern führt der Weg über Serpentinen an das Ufer hinunter, wo eine Brücke die Bode überquert. Etwas oberhalb befindet sich der Bodekessel, eine sagenumwobene Stromschnelle. Entstanden ist der Kessel durch einen Wasserfall, der 1784 gesprengt wurde, um auf der Bode das Flößen von Holz möglich zu machen. Der Sage nach hingegen entstanden das Bodetal und der Strudeltopf durch den Germanengott Wasur, der die Felswand zwischen Hexentanzplatz und Roßtrappe durchbrach. Auf der anderen Flussseite

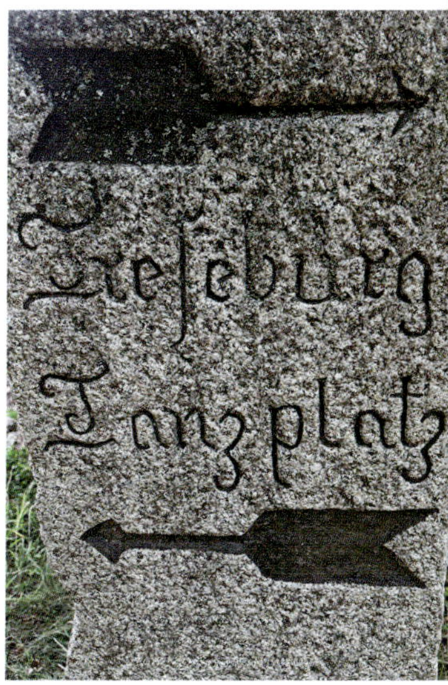

↑ **Mit der Seilbahn wird ganz bequem der Aufstieg zum Hexentanzplatz bewältigt.**
↓ **Die »Schurre« führt als abenteuerlicher Kletterstieg hinauf zur Roßtrappe.**
→ **Unterwegs auf historischen Pfaden**

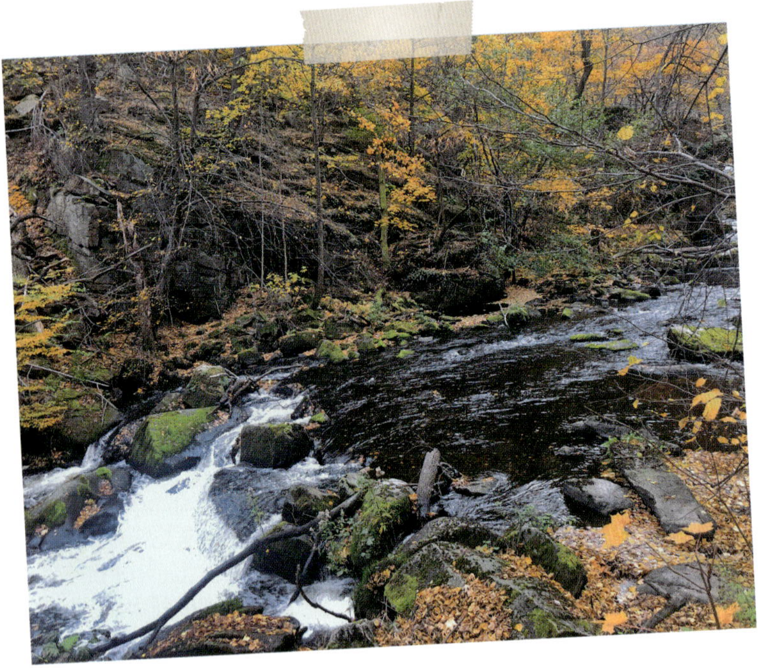

↑ **Mal schmal und reißend, mal weit und lieblich zeigt sich der Verlauf der Bode**

erreichen wir nach nur wenigen Minuten das Gasthaus Königsruhe (Stempel 178). Ein malerischer Ort für eine Einkehr inmitten des Bodetals. Abenteuerlustige können sich einige hundert Meter vor dem Gasthaus links an der Schurre, einem felsigen, steilen Klettersteig hinauf zur Roßtrappe, versuchen. Hinab zum Ausgangspunkt geht es bequem per Sessellift.

Tipp

Bei geführten Touren und Wanderungen durchs Bodetal werden spannende Informationen rund um seine Entstehung, die Pflanzen- und Tierwelt, oder auch zu Hexe Watelinde oder Teufel Urian vermittelt. Termine und Buchung über die Bodetal-Information. Auf dem Mythenweg ist mittels verschiedener Skulpturen die germanische Mythologie erlebbar.

AUF EINEN BLICK

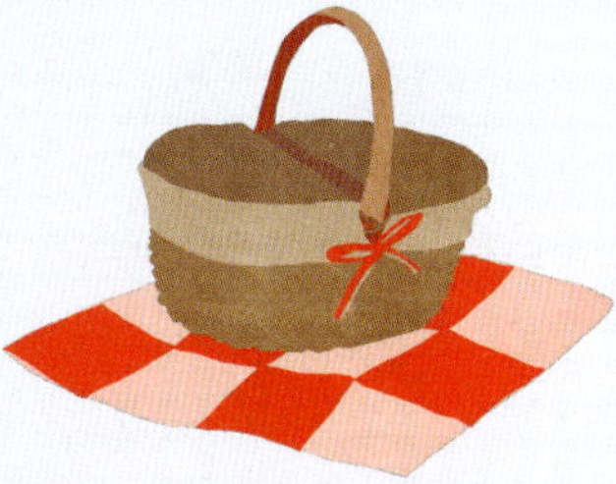

Tour 5: Tour ohne Uhr

Dauer: 5 Std. 30 Min.

Höhenmeter: 270 Hm bergauf, 550 Hm bergab

Länge: 18 km

Schwierigkeit: Schwer

HWN: 67, 68, 69, 70, 72, 178

Tourencharakter: Anspruchsvolle Tour, festes Schuhwerk und Trittsicherheit erforderlich. Beste Wanderzeit April–Okt. Im Winter teilweise gesperrt

Ausgangs-/Endpunkt: Parkplatz der Seilbahnen Thale

Anfahrt: Pkw: Über die A 36, Abfahrt Thale/Bodetal, Ausschilderung Bodetal/ Seilbahnen Thale folgen **Bahn/Bus:** Haltestellen am Eingang des Bodetals

Einkehr: Pension Sternschnuppe mit Biergarten in Treseburg (www.pension-sternschnuppe.de); Gasthaus Königsruhe im Bodetal, Thale (www.koenigsruhe.de)

Information: www.bodetal.de

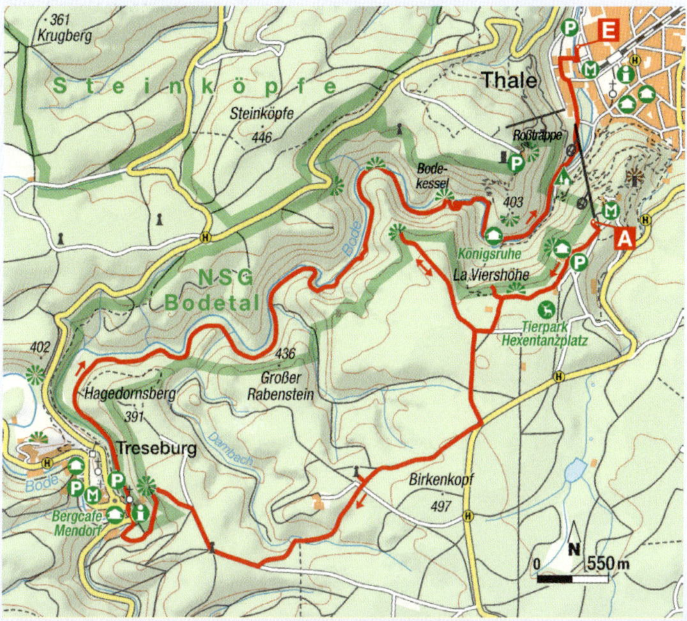

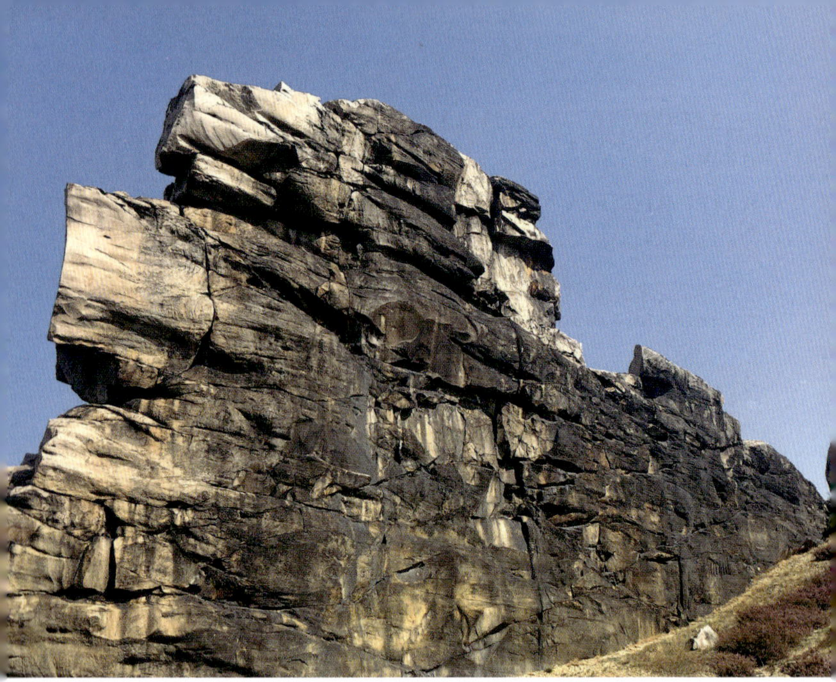

↑ Eindrucksvolle Teufelsmauer ↓ Ein altes Naturschutzgebiet Deutschlands

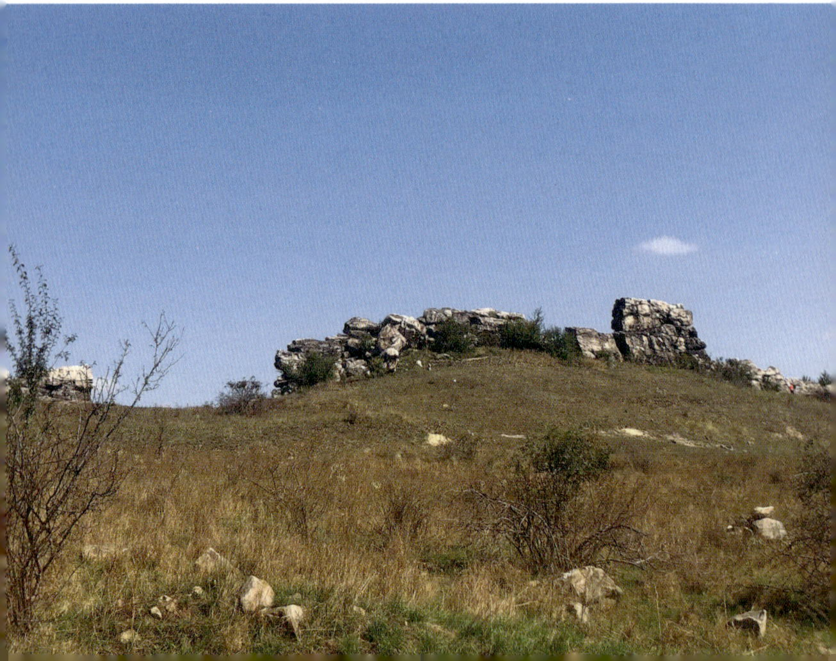

SINNESSPAZIERGANG ENTLANG DER TEUFELSMAUER

Tour für
TOUR 6
die Sinne

Zwischen Weddersleben und Neinstedt

Felder, Wiesen, Licht und Schatten sowie die fantasievollen Gesteinsformationen der Teufelsmauer machen diese kurze Wanderung zu einer Tour für die Sinne. Auf überwiegend naturbelassenen Wegen lässt es sich herrlich entspannen und durchatmen.

Bode-Aue Startpunkt dieser Tour ist der Parkplatz nahe der Bode zwischen Neinstedt und Weddersleben. Dem Lauf der Bode flussaufwärts folgend geht es zunächst durch die malerischen Bode-Auen. Während der Fluss etwas weiter südwestlich über Jahrmillionen das schroffste Felsental nördlich der Alpen erschaffen hat (siehe Tour 5), zeigt er sich hier im breiten Flussbett eher gemächlich. Licht und Schatten durch das Laub der Bäume sorgen für einen lustigen Tanz der Sonnenstrahlen auf dem Wasser. An heißen Tagen ist dieser Abschnitt der Route sehr angenehm. Das Ufer der Bode gehört zum 18 Hektar großen Naturschutzgebiet Teufelsmauer nördlich Thale. Besonders schützenswert ist der sich am Nordufer entwickelnde Auwald, Heimat für Wasseramsel, Eisvogel und verschiedenen Fledermausarten. Auch die Felsformationen aus Sandstein, die Streuobstwiesen, der Sandmagerrasen und Halbtrockenrasen mit der dort beheimateten besonderen Tier- und Pflanzenwelt gehören zum Schutzgebiet. Nach etwa 1,3 Kilometern halten wir uns rechts und verlassen die Bode-Auen. Der Weg führt nördlich des kleinen Mühlenberges entlang und gibt den Blick frei auf die Felsformationen der Teufelsmauer am nördlichen Horizont. Es handelt sich um eines der ältesten Naturschutzgebiete Deutschlands.

Teufelsmauerstieg Nach etwa drei Kilometern geht es rechts ab, und wiederum knapp 500 Meter weiter stoßen wir rechter Hand auf den Teufelsmauerstieg. Der Wanderweg verbindet die gesamte Teufelsmauer zwi-

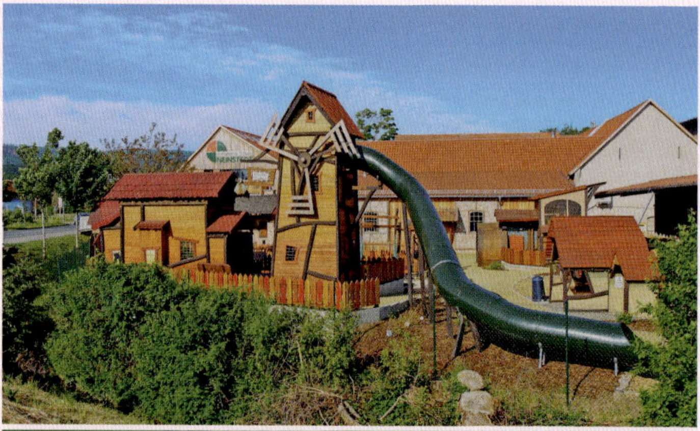

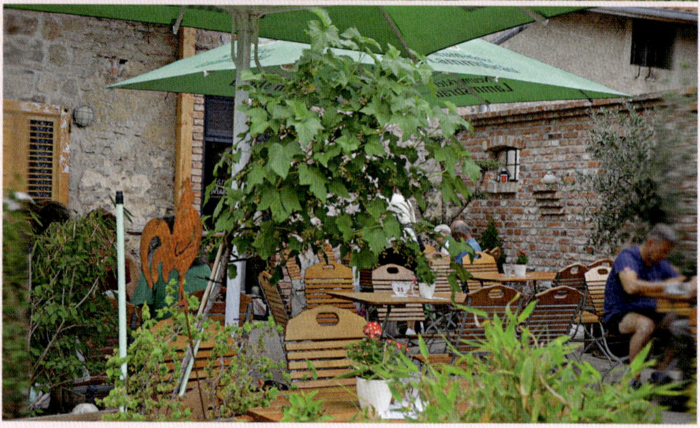

»Wandern ist eine Tätigkeit der Beine –
und ein Zustand der Seele.«

Josef Hofmiller, 1872–1933

schen Blankenburg und Ballenstedt auf einer 35 Kilometer langen Route. Während die Strecke bisher auf Feldwegen verlief, wird der Weg nun wieder zu einem schmalen Pfad. Im Gegensatz zum westlichen Teil der Teufelsmauer (siehe Tour 4) ist der Stieg hier einfach zu erwandern. Nahezu auf einer Höhenlage geht es vorbei an den urigen Felsen, die teils wie ein erhobener Finger in die Höhe ragen, teils wie gestapelt wirken. Beim Betrachten der Gesteine ist Fantasie gefragt, dann werden allerlei Figuren erkennbar. Nach gut fünf Kilometern Wanderstrecke erreichen wir die Mittelsteine. Hier befindet sich auch der sogenannte Altarstein, ein rund drei mal vier Meter großer Steinblock. Auf seiner »Tischplatte« befinden sich allerlei Mulden, die gern als Opfermulden gedeutet werden. Eine weitere Theorie betrachtet das Gebilde als Kalenderstein, mit dem in frühgeschichtlicher Zeit die Sonnenstände beobachtet wurden. Die genaue Entstehung und Bedeutung des Altarsteins sind nicht sicher belegt, wobei die geologische Verwitterung vielleicht auch eine wichtige Rolle spielt.

Königstein Weithin sichtbar ist der Königstein, den wir nach knapp sechs Kilometern erreichen. Er besteht aus mehreren Felsen und ist nicht zu verwechseln mit dem Königstein bei Westerhausen mit dem markanten Kamelfelsen. Teufel oder Westturm, Adler oder Mönch und Großmutter sind die illustren Namen für dieses kuriose Naturwunder. Sicherlich wird jeder Wanderer seine eigene Interpretation darin erkennen. Bereits vor rund 85 Millionen Jahren – als Ablagerungen des Meeres entstanden, die durch die Hebung des Harzes steil aufgerichtet und über Jahrmillionen ausgewaschen wurden – hat sich diese einzigartige Schichtrippenlandschaft gebildet. So lautet zumindest eine vereinfachte geologische Erklärung. Glaubt man hingegen der

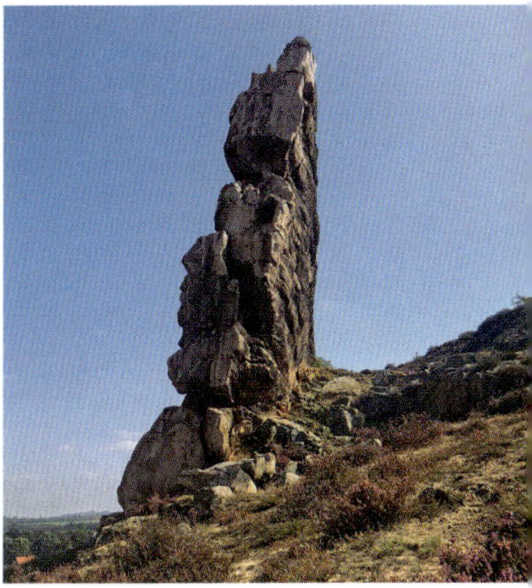

↑ **Auf dem Marienhof in Neinstedt können sich Kinder austoben.**
↓ **Der idyllische Cafégarten lockt zur Einkehr nach der Wanderung.**
→ **Der Westturm gehört zu den Felsformationen des Königsteins.**

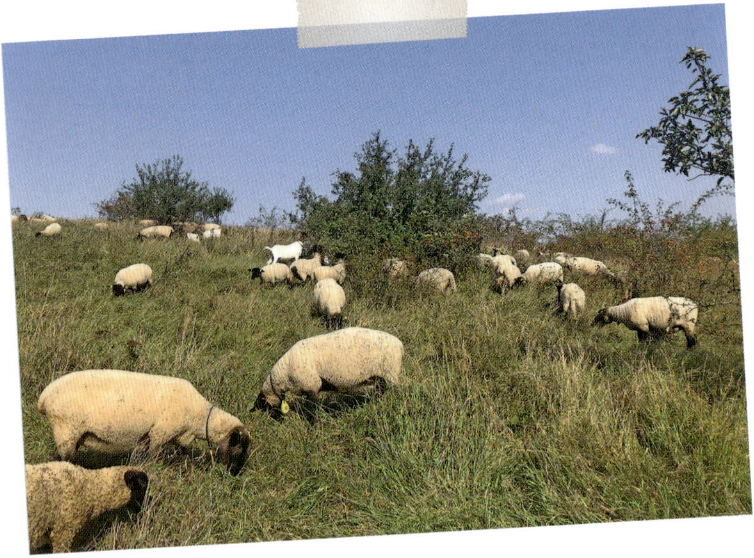

↑ **Vierbeinige Landschaftspfleger sind auch an der Teufelsmauer aktiv.**

Sage, so entstand die Teufelsmauer durch einen Streit zwischen Gott und dem Teufel. Der Teufel wollte in einer Nacht bis zum ersten Hahnenschrei eine Mauer errichten, um das Land aufzuteilen. Doch eine Magd war noch vor Sonnenaufgang mit ihrem Hahn auf dem Weg zum Markt. Sein verfrühter Schrei sorgte dafür, dass der Teufel sein Werk wutentbrannt zerschlug. Die Reste der Teufelsmauer sind heute noch zu sehen. Vom Königstein aus sind es nur noch ein paar Hundert Meter bis zum Ausgangspunkt. Unterwegs passieren wir die Stempelstelle 188 der Harzer Wandernadel.

Tipp

Ein besonderes Erlebnis für die Sinne ist der Besuch der Teufelsmauer zum Sonnenauf- oder Sonnenuntergang. In stimmungsvolles Licht getaucht, ist die magische Anziehungskraft dieses Ortes erst richtig so spürbar. Die verschiedenen Felsen und Perspektiven erweisen sich als ein wahres Paradies für Naturfotografen.

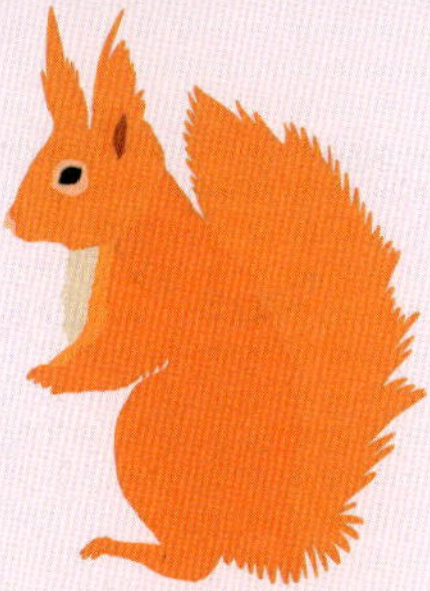

AUF EINEN BLICK

Tour 6: Tour für die Sinne

Dauer: 1 Std. 45 Min.

Höhenmeter: 70 Hm

Länge: 6,56 km

Schwierigkeit: Leicht

HWN: 188

Tourencharakter: Einfache Route über Feldwege und schmale, naturbelassene Pfade, überwiegend sonnig. Beste Wanderzeit April–Oktober.

Ausgangs-/Endpunkt: Parkplatz Quedlinburger Straße, Neinstedt

Anfahrt: **Pkw:** Über die A 36 Abfahrt Thale/Bodetal, dann über Warnstedt und Weddersleben Richtung Neinstedt **Bahn/Bus:** Die Bushaltestelle Neinstedt Hauptstraße ist einen Kilometer vom Startpunkt entfernt.

Einkehr: Keine entlang der Route; Marienhof Neinstedt, Hofladen und Café, 500 Meter bis Startpunkt (www.neinstedt.de)

Information: www.bodetal.de

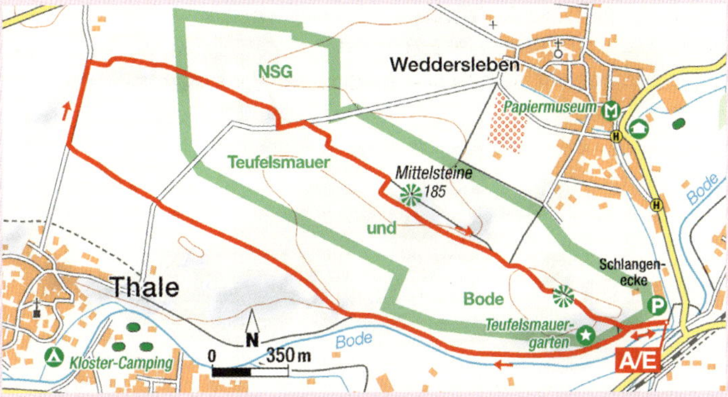

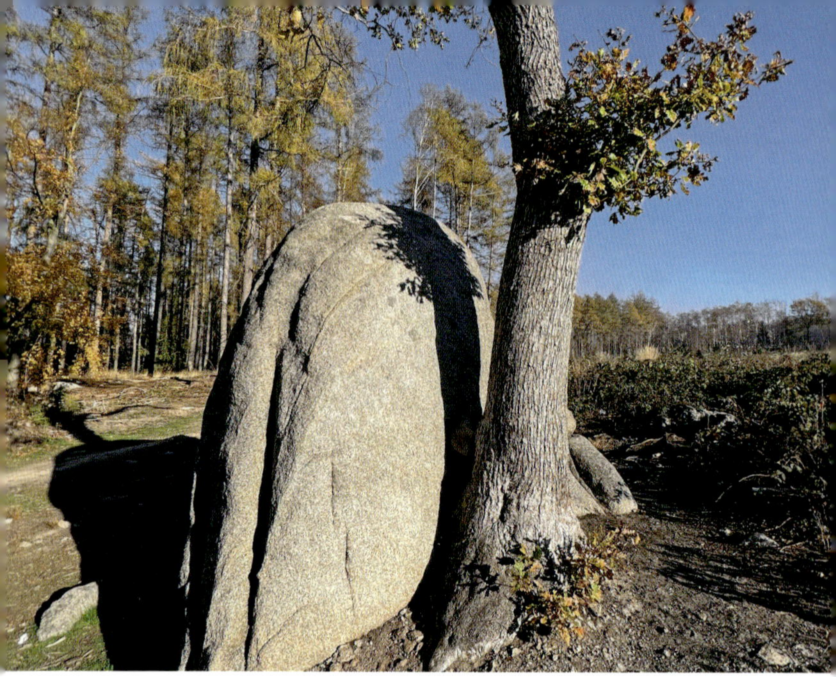

↑ Der sagenumwobene Glockenstein ↓ Ruinen der imposanten Lauenburg

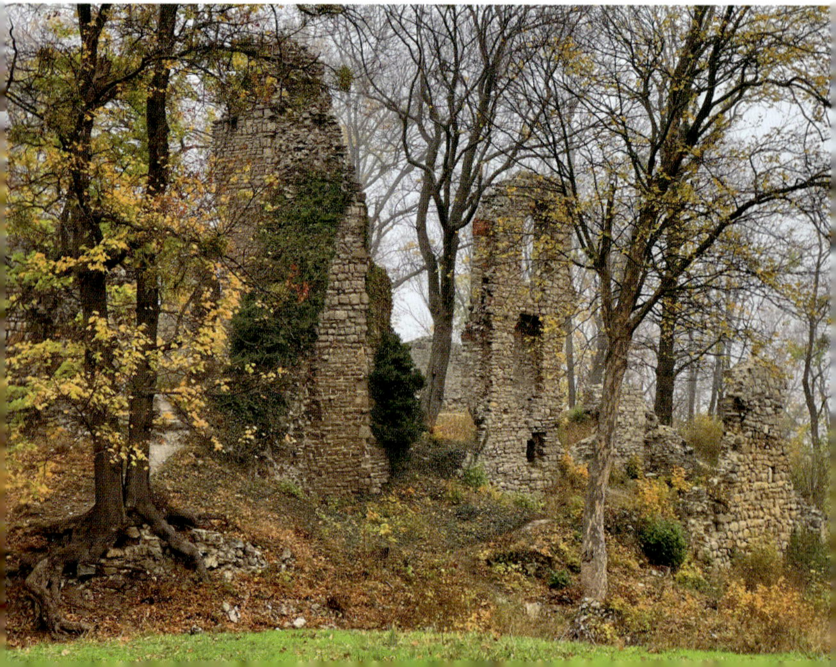

AUF DER SUCHE NACH DEM BURGFRÄULEIN

Tour
TOUR 7
ohne Uhr

Von Stecklenberg zur Lauenburg

Die Ruine der Lauenburg bei Stecklenberg hat eine mystische Anziehungskraft, ihre Entstehung reicht zurück bis in die Romanik. Über oft schmale, naturbelassene Pfade geht es ohne Uhr durch die magische Bergwelt des Harzes.

Über Stock und Stein Start ist am Naturfreundehaus in Stecklenberg. Der Weg führt zunächst talaufwärts parallel zum Kleinen Wurmbach. Trittsicherheit ist gefragt, denn auf den ersten 1,8 Kilometern erwarten uns steile Anstiege mit bis zu 21 %. Auf teilweise naturbelassenen Pfaden geht es über Stock und Stein. Der lichte Laubwald sorgt für ein buntes Farbenspiel, und kleine Bachläufe bahnen sich den Weg ins Tal. Wir verlassen nach etwa 1,3 Kilometern das Wurmbachtal und biegen rechts ein in den Bergmannsstieg, wo wir auch einen Stolleneingang passieren. An der nächsten Wegkreuzung geht es geradeaus weiter den Berg hinauf. Nach gut 40 Minuten ist der größte Anstieg der Tour geschafft. Kurz danach halten wir uns links und folgen einem gut ausgebauten Forstweg auf rund 500 Metern, ehe wir rechts auf einem naturbelassenen Weg den Glockenstein (Stempel 73) erreichen. Auf der mittlerweile recht kahlen Hochebene ragt der Stein magisch hervor. Dabei soll es sich um eine altgermanische Kultstätte gehandelt haben. In der Walpurgisnacht, so eine Sage, soll der Stein wie eine Glocke klingen und die Hexen Richtung Brocken lotsen.

Lauenburg Dem Wanderweg am Glockenstein folgend gelangen wir nach 500 Metern wieder auf unseren Hinweg. Diesem folgen wir einen knappen Kilometer hinab ins Tal und biegen dann rechts ab zur Lauenburg. Nach etwa 900 Metern treffen wir auf die Überreste dieser Burg (Stempel 187). Obwohl die Lauenburg 1164 erstmals urkundlich erwähnt wird, wird ihre

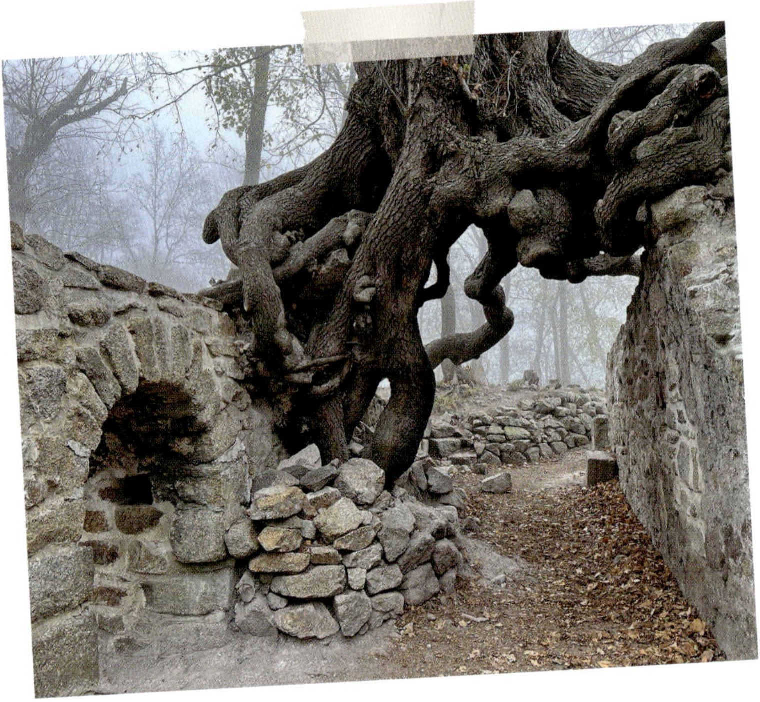

↑ **Die kuriose Linde wurde 1903 bei Ausgrabungen freigelegt.**

Erbauung bereits Kaiser Heinrich IV. zugeschrieben. Sie war nach der Harzburg bei Bad Harzburg die zweitgrößte Festung im Harz. Heute bietet ein Aussichtsturm an der Stelle der Vorburg einen tollen Blick auf die Teufelsmauer (siehe Kapitel 6) und das Harzvorland. Ein kleiner Abstecher führt uns zur Burgkapelle, ehe es wieder – teils auf steilen Wegen – hinab ins Tal geht.

Tipp

Im Kurpark von Stecklenberg ist ein Modell der Burg Lauenburg zu sehen. Bei dessen Anblick wird die ehemalige Dimension dieser mittelalterlichen Burganlage erst deutlich, die anhand der Ruinen kaum noch zu erfassen ist. Kinder haben zudem Spaß auf der 100 Meter langen Rutsche.

AUF EINEN BLICK

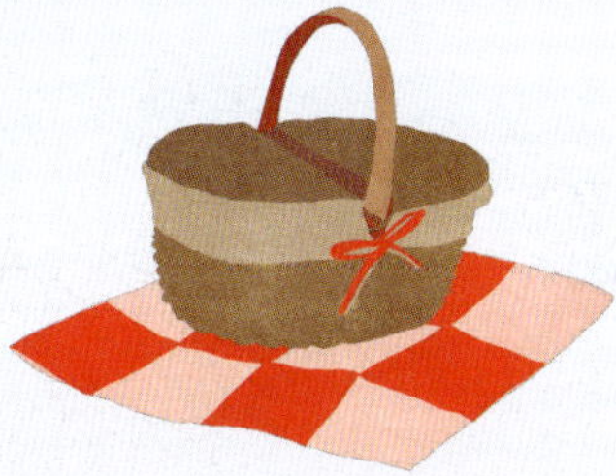

Tour 7: Tour ohne Uhr

Dauer: 2 Std. 5 Min.

Höhenmeter: 240 Hm

Länge: 6,62 km

Schwierigkeit: Mittel

HWN: 73, 187

Tourencharakter: Mittelschwere, mystische Wanderung zu einer altgermanischen Kultstätte und einer Burgruine. Teilweise steile Auf- und Abstiege. Beste Wanderzeit April–Okt.

Ausgangs-/Endpunkt: Naturfreundehaus Stecklenberg

Anfahrt: **Pkw:** Über die A 36, Abfahrt Thale/Bodetal. Von Thale über die L 992 nach Neinstedt und die Neinstedter Chaussee nach Stecklenberg. Das Naturfreundehaus befindet sich am Ende des Ortes. **Bahn/Bus:** Von Quedlinburg oder Gernrode mit Bus 253, von Thale mit Bus 245 oder 253 bis Stecklenberg Ortsmitte

Einkehr: Keine Einkehrmöglichkeiten entlang der Wegstrecke

Information: www.bodetal.de

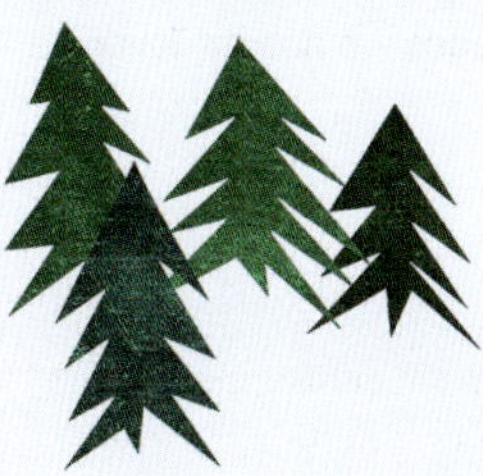

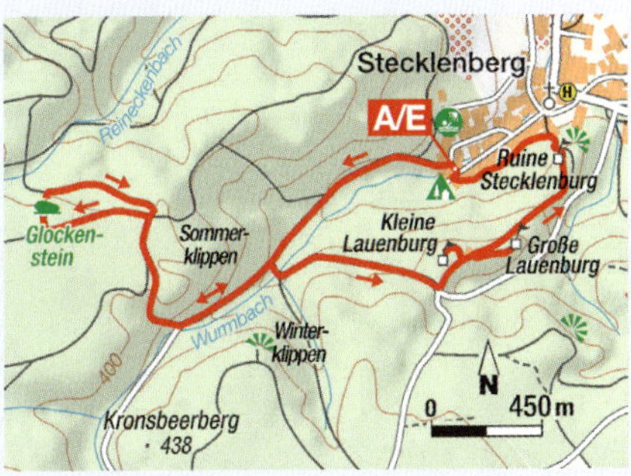

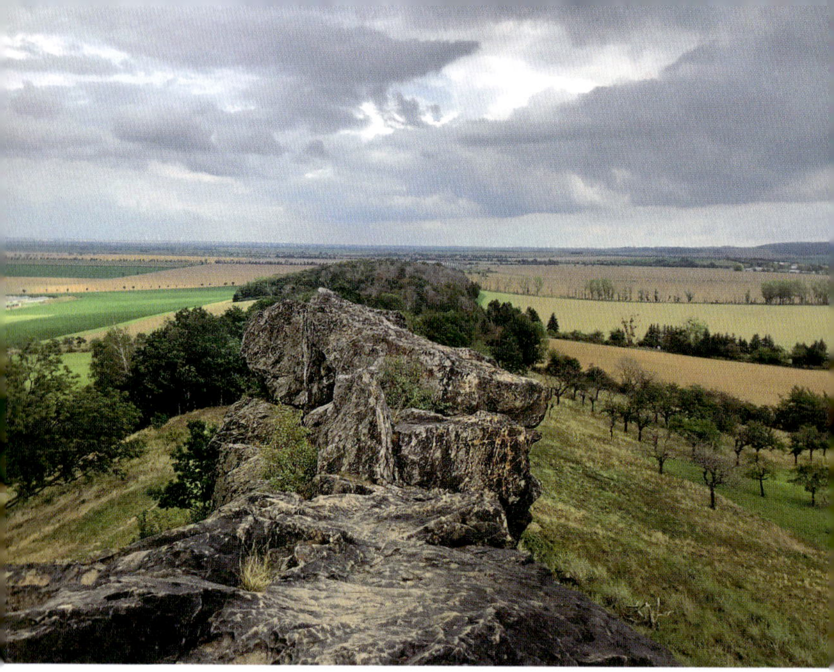

↑ Blick vom Großen Gegenstein ↓ Die Tafel erinnert an das erste Gipfelkreuz.

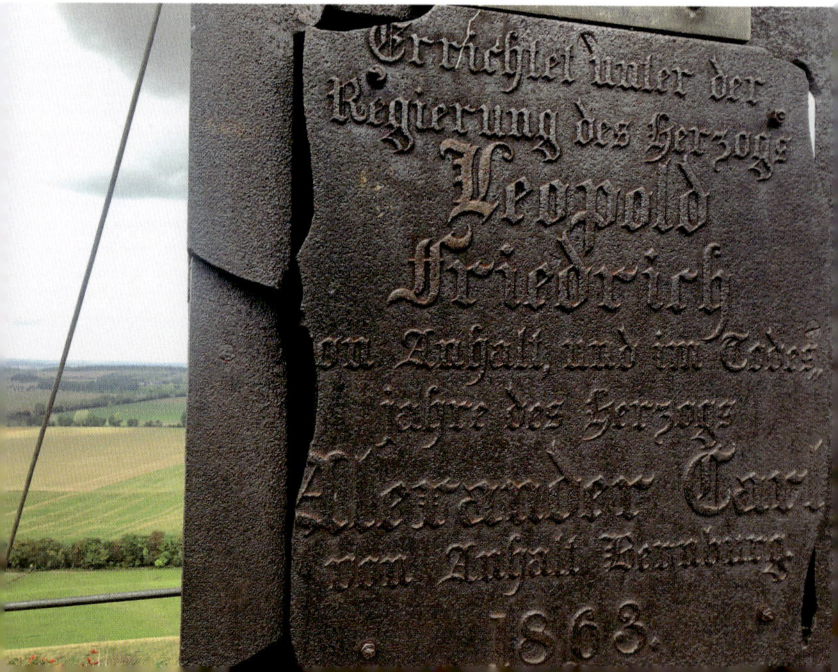

WANDERUNG MIT WEITBLICK

Tour
TOUR 8
der Stille

Zur Teufelsmauer bei Ballenstedt

Wer Ruhe und Abgeschiedenheit sucht, doch auf eine attraktive Route mit malerischen Ausblicken, Stille und mystischen Momenten nicht verzichten möchte, der sollte diese Wanderung wählen. Der östliche Teil der Teufelsmauer liegt abseits der Hauptrouten.

Schlossromantik Für den Einstieg in diese Wanderung bietet sich der Parkplatz am Schloss Ballenstedt an. Unterwegs gibt es zwar weitere Parkmöglichkeiten an den Straßen, doch das Residenzschloss, größtenteils Mitte des 18. Jahrhunderts errichtet, ist einen Blick wert. Eine Ausstellung zeigt die Lebens- und Wohnsituation um 1900, und das angeschlossene Filmmuseum macht über 100 Jahre Filmgeschichte lebendig. Der weitläufige Schlosspark aus dem 18. und 19. Jahrhundert gehört zur Initiative »Gartenträume – Historische Parks in Sachsen-Anhalt«. Von hier aus geht es über die Straße Am Schlosspark und den Felsenkellerweg hinaus in die Landschaft. Vorbei an Streuobstwiesen mit Apfel-, Kirsch- und Pflaumenbäumen biegen wir nach etwa 2,2 Kilometern links ab auf den Teufelsmauer-Stieg, einem schmalen Pfad zum Großen Gegenstein. An einer kleinen Weggabelung halten wir uns rechts und erreichen nach wenigen Hundert Metern die markante Felsformation.

Gegensteine Etwa 500 Meter voneinander entfernt sind der Große, 244 Meter hohe und der Kleine, 230 Meter hohe Gegenstein die weit sichtbaren Landmarken zwischen Ballenstedt und Rieder. Wie auch die anderen Felsformationen der Teufelsmauer (siehe Route 4 und 6) sind diese faszinierenden Gebilde über Jahrmillionen entstanden. Verwitterung hat weichere Gesteinsschichten abgetragen und zu dem heute bizarr anmutenden Anblick geführt. Der Große Gegenstein ragt etwa 50 Meter aus der

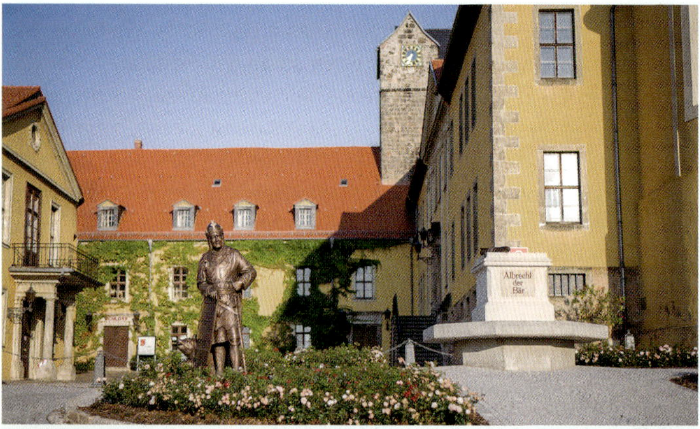

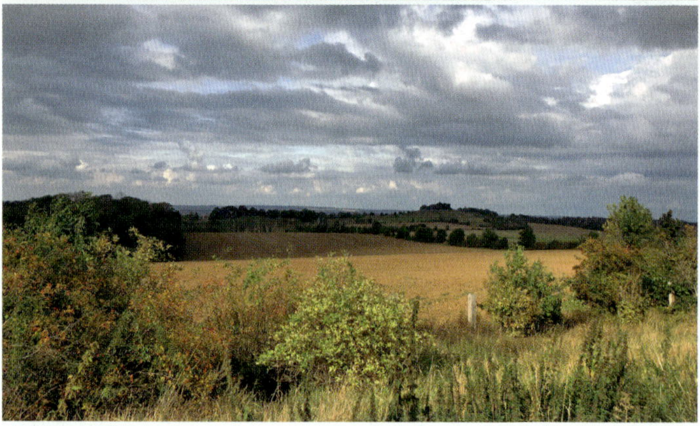

»Ferne Berge seh ich glühen!
Unruhvoller Wandersinn!
Morgen will ich weiter ziehen,
Weiß der Teufel, wohin!«

Wilhelm Busch, 1832–1908

Landschaft hervor und ermöglicht so einen erstaunlichen Weitblick. Eine Esskastanie an seinem Fuße bietet einen schattigen Rastplatz. Über eine 1817 in den Felsen geschlagene Treppe geht es hinauf zur Aussichtsplattform, die einen weiten Blick über die Stadt Ballenstedt mit ihrem Schloss und das Harzvorland bis hin zum Brocken gewährt. Das erste Kreuz auf dem Gegenstein wurde 1863 unter der Regierung von Herzog Leopold Friedrich errichtet, woran eine gusseiserne Tafel erinnert. Hier oben lässt sich die Stille trotz der Nähe zum Verkehrslandeplatz Ballenstedt genießen, unterbrochen nur von Wind oder etwas Vogelgezwitscher. Doch die Ruhe ist nicht der Grund, warum der Felsen landläufig auch als der »Stumme« bezeichnet wird. Sein Gegenüber, der Kleine Gegenstein ist der »Laute«. Ein deutliches Echo ertönt, wenn man gegen seine Südseite, die Mittagsseite spricht. Doch Obacht! Einer Sage nach soll in ihm der Teufel leben und allzu aktive Echosucher mit Steinen bewerfen. Ob laut, stumm, groß oder klein, die urigen Gegensteine begeistern. Beim Aufstieg zum Großen Gegenstein ist etwas Trittsicherheit erforderlich. Der schmale Wanderpfad ist naturbelassen und mit festem Schuhwerk auch bei widriger Wetterlage gut zu begehen. Etwas lauter wird es allerdings am ersten Juliwochenende, wenn der Flugplatz zum Gelände für das Rockharz-Festival wird.

Naturschutz Unsere Wanderroute führt uns weiter gen Westen. Nach etwa 3,6 Kilometern halten wir uns rechts. Die gesamte Tour verläuft durch das rund 102 Hektar große Naturschutzgebiet Gegensteine-Schierberg. Entsprechend ist an den Gegensteinen das Klettern untersagt. Schützenswerte Pflanzen, wie die Orchideenart Herbstdrehwurz, und heimische Vogelarten, etwa der Rotmilan oder der

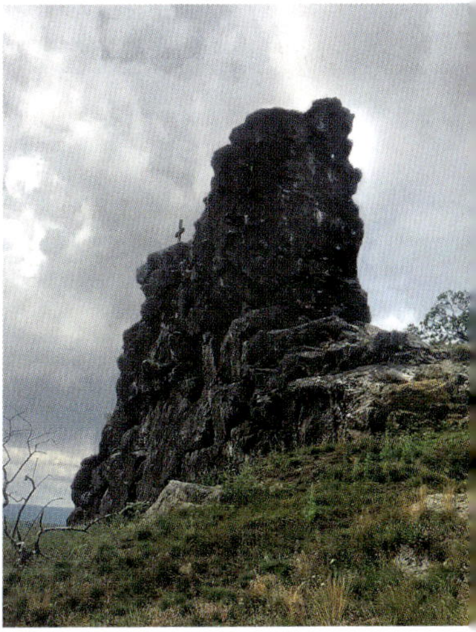

↑ Das barocke Märchenschloss Ballenstedts aus dem 18. Jahrhundert
↓ Weitblick: Am Horizont zeigt sich unser Ziel, die Gegensteine.
→ Bizarr und mystisch wirken die Felsen im Gegenlicht.

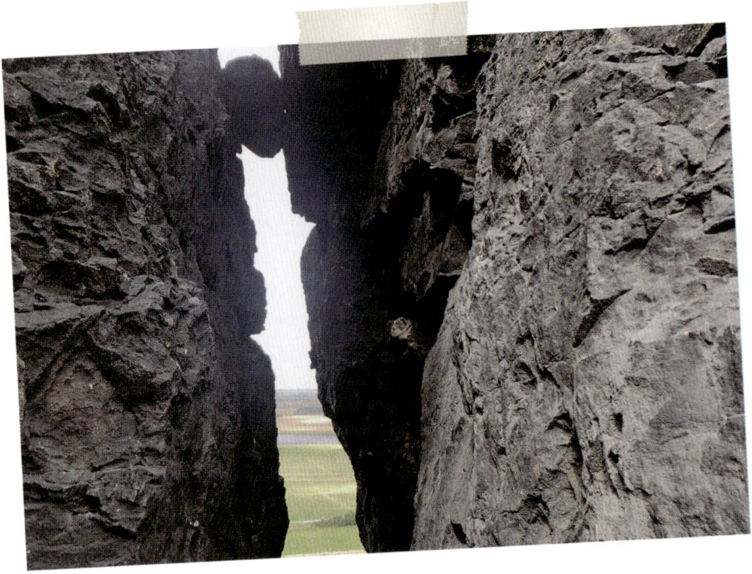

↑ **Zahlreiche Mythen ranken sich um den festgeklemmten Felsbrocken.**

Wespenbussard, haben hier ihre Heimat. Der Wanderweg führt vorbei an Feldern und Streuobstwiesen, stets mit einem schönen Blick auf Harz und Harzvorland. Nach etwa sechs Kilometern biegen wir zweimal links ab, um den Rückweg anzutreten. Weitere zwei Kilometer später erreichen wir die Anhöhe der Schierberge. Am Horizont sind immer wieder die Gegensteine zu sehen, besonders schön auch zum Sonnenuntergang. Die Wanderroute gehört zu den Natura-Tipps im Harz. Die ausgewählten Strecken führen durch Natura-2000-Gebiete – quasi europäische Premiumschutzgebiete.

Tipp

Im März und April lohnt sich ein Abstecher in ein kleines Wäldchen etwa 400 Meter hinter dem Kleinen Gegenstein. Linker Hand einem kleinen Bachlauf folgend, erreichen wir die malerische Märzenbecher Aue. Wie ein großer Blütenteppich erstreckt sich hier im Frühjahr das größte Vorkommen dieses Frühblühers im Harz.

AUF EINEN BLICK

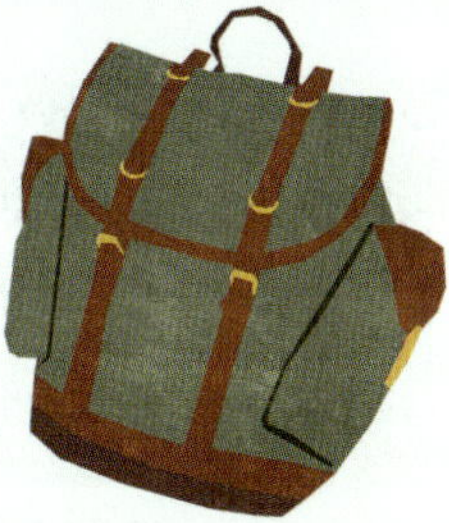

Tour 8: Tour der Stille

Dauer: 3 Std.

Höhenmeter: 110 Hm

Länge: 11,1 km

Schwierigkeit: Mittel

HWN: –

Tourencharakter: Erholsame Tour auf wenig frequentierten Wegen; schmale Pfade und Feldwege gesäumt von Streuobstwiesen. Trittsicherheit ist zum Aufstieg auf den Gegenstein erforderlich. Beste Wanderzeit März–Okt.

Ausgangs-/Endpunkt: Parkplatz Schlossplatz, Ballenstedt

Anfahrt: **Pkw:** Über die A 36, Abfahrt Ballenstedt, dann der Ausschilderung zum Schloss folgen **Bahn/Bus:** Bushaltestellen befinden sich am Schlossplatz oder am Westbahnhof in der Nähe der Wegstrecke.

Einkehr: Keine entlang der Wegstrecke; Cafeteria Marstall, Schlossplatz Ballenstedt (https://cafes-cafeteria.9gg.de); Klosterstuben Schloss Ballenstedt (www.klosterstuben-ballenstedt.de)

Information: www.ballenstedt.de

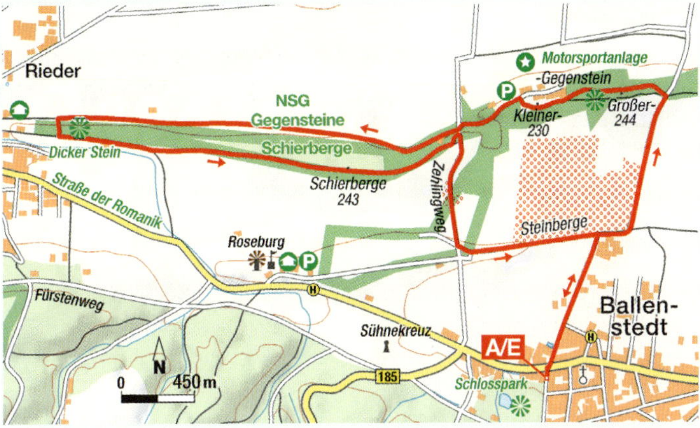

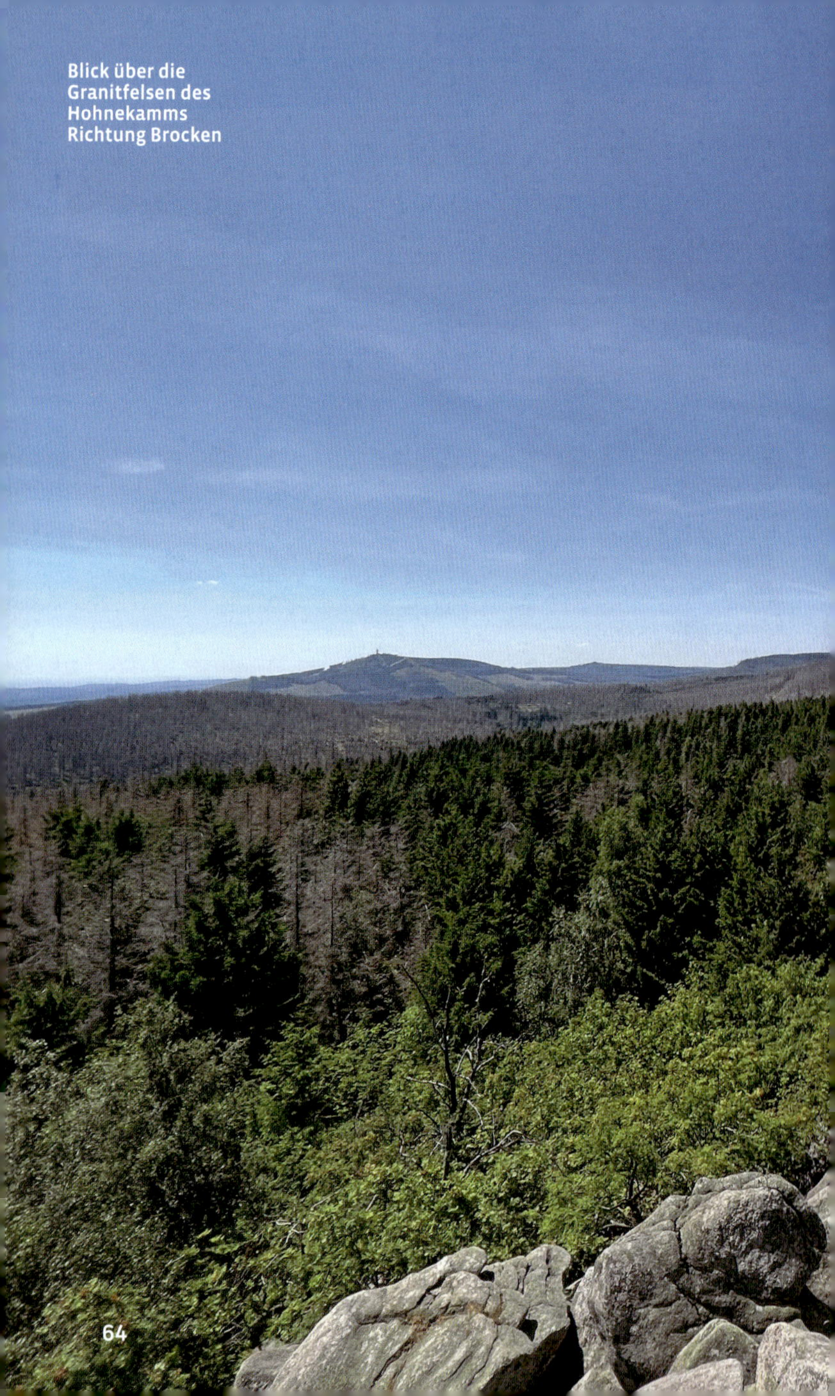

Blick über die Granitfelsen des Hohnekamms Richtung Brocken

IN DEN BERGEN

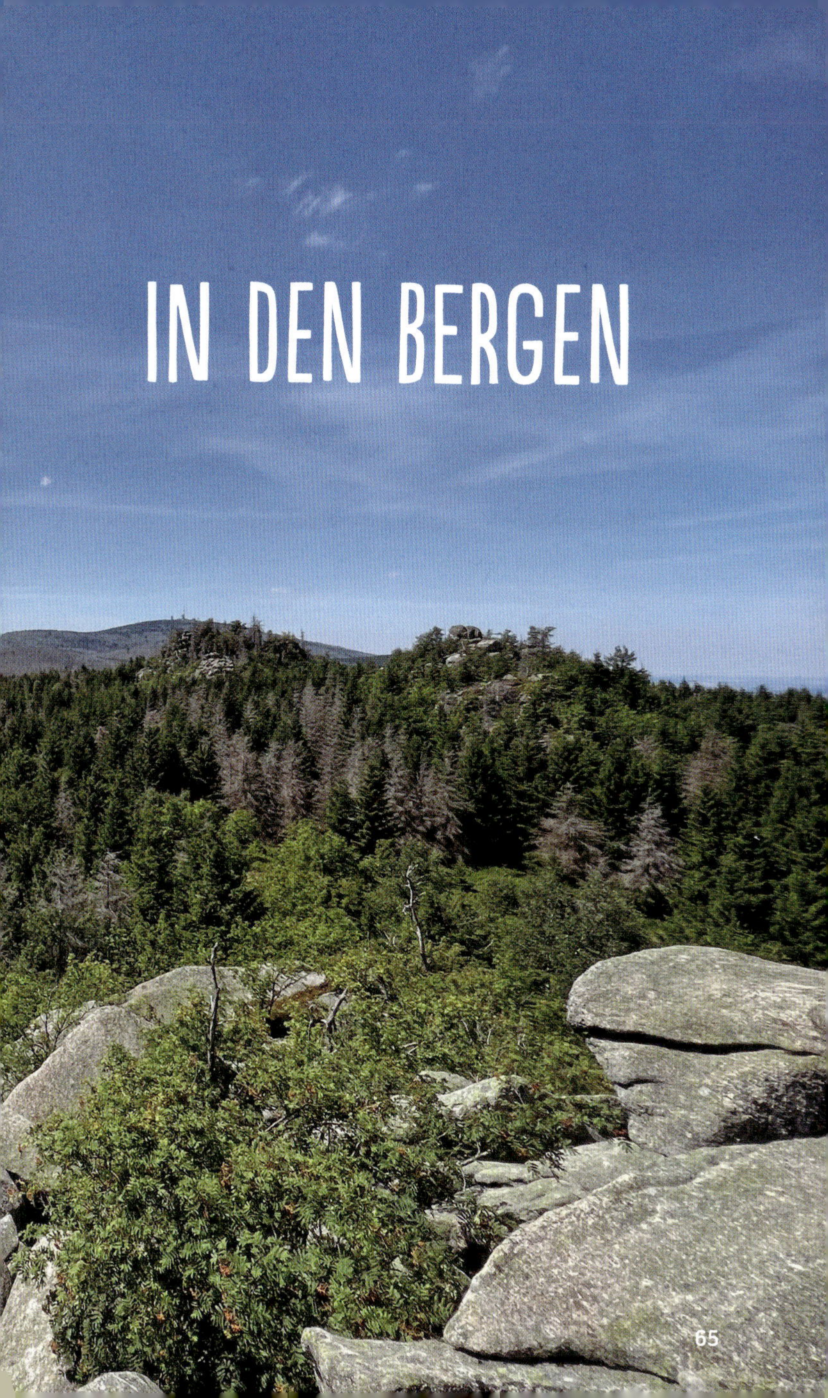

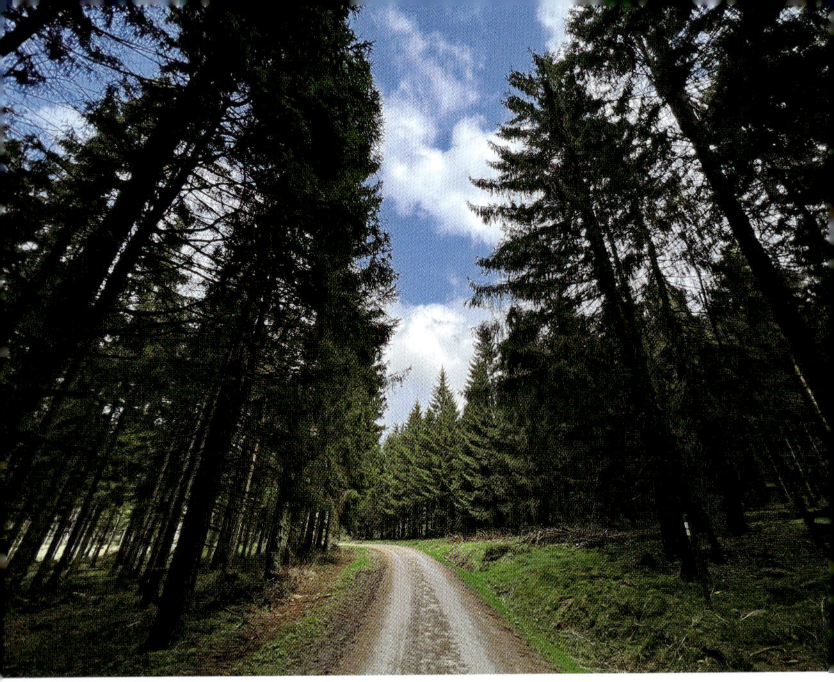

↑ Durch den Hochwald ↓ Tränkebachhütte, eine Schutzhütte des Harzklubs

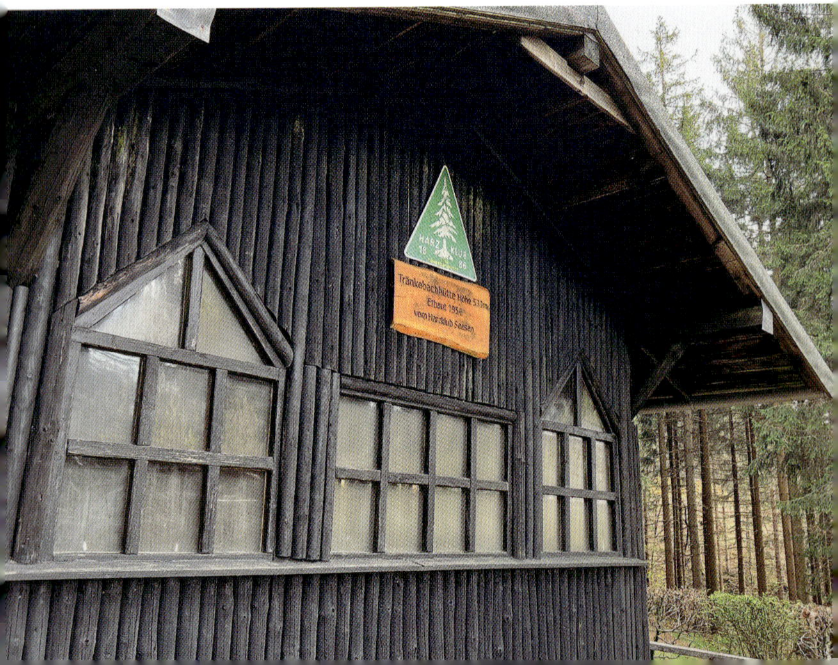

Tour
TOUR 9
ohne Uhr

PANORAMATOUR HOCH ÜBER DEM INNERSTETAL

Vom Sternplatz auf den Försterstieg

Bequeme Wege, weite Ausblicke, Ruhe und Einsamkeit sowie die Erinnerung an den einst letzten Luchs im Harz: Die Tour oberhalb des Innerstetals ist ideal, um auszuspannen und vielleicht auch nach Feierabend den Alltagsstress abzulegen.

Der letzte Luchs Am Sternplatz zwischen Lautenthal und Seesen beginnt diese Wanderung ohne Uhr. Zunächst führt der Weg Richtung Norden, ehe wir am Schnepfenplatz links abbiegen. Die Route hat verschiedene Namen: Innerste-Rennstieg, Försterstieg oder einfach Schnepfenweg. Der Harzer Försterstieg führt über 60 Kilometer von Goslar nach Riefensbeek-Kamschlacken bei Osterode durch den Naturpark Harz. Als Innerste-Rennstieg wird seit 1922 der Weg entlang der Innerste von Buntenbock bis zur Innerstetalsperre bezeichnet. Nach etwa 1,2 Kilometern erreichen wir den Luchsstein (Stempel 103). Der Gedenkstein erinnert an den letzten frei lebenden Luchs seiner Zeit, der 1818 ganz in der Nähe erlegt wurde. Seit Anfang 2000 sind die Luchse nach erfolgreicher Auswilderung im Harz wieder heimisch. Nach weiteren 1,5 Kilometern erreichen wir die Tränkebachhütte (Stempel 104), eine Schutzhütte des Harzklubs und ein schöner Rastplatz.

Talsperrenblick Nach kurzer Pause geht es weiter durch die lichten Wälder zum Schnapsplatz. Geradeaus auf dem Kalte-Birke-Weg eröffnet sich ein Blick auf die rund 200 Meter tiefer gelegene Innerstetalsperre. Sie ist vor allem im Sommer bei Seglern, Surfern, Stand-Up-Paddlern und Schwimmern beliebt. Doch hier oben herrscht erholsame Stille. An der Wegkreuzung Kalte Birke nach 5,5 Kilometer Gesamtstrecke befindet sich ebenfalls eine Schutzhütte. Hier halten wir uns halb links und nehmen den Weg hinauf zur Lageswarte, wo wir einen weiteren Wanderstempel (Nr. 102)

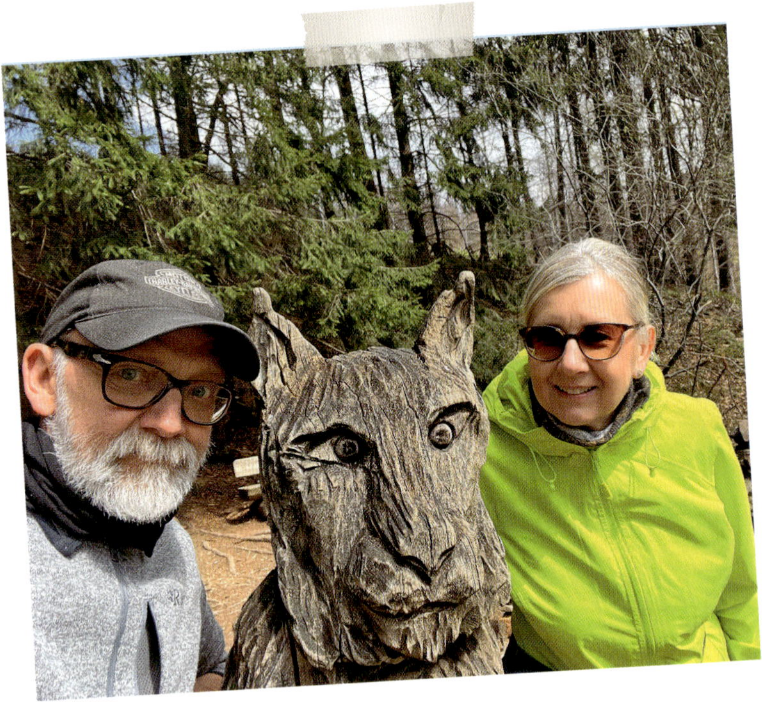

↑ **Pause am Luchsdenkmal**

ergattern. Von dem rund 571 Meter hohen Gipfel erstreckt sich ein herrlicher Blick über die Talsperre bis hin zum Brocken. Nach einem kurzen steilen Abstieg erreichen wir den Vereinsplatz und biegen rechts ab zurück zur Kalten Birke und zum Schnapsplatz. Dort halten wir uns links und wandern nördlich des Großen Trogtaler Berges zurück zum Sternplatz.

Tipp

Zwischen Tränkebachhütte und Schnapsplatz verläuft der Steinway-Trail, eine empfehlenswerte Route. Über 14,2 Kilometer führt sie in Erinnerung an Heinrich Engelhard Steinweg von Wolfshagen nach Seesen. Infotafeln vermitteln die Geschichte der bekannten Klavierbauerfamilie.

AUF EINEN BLICK

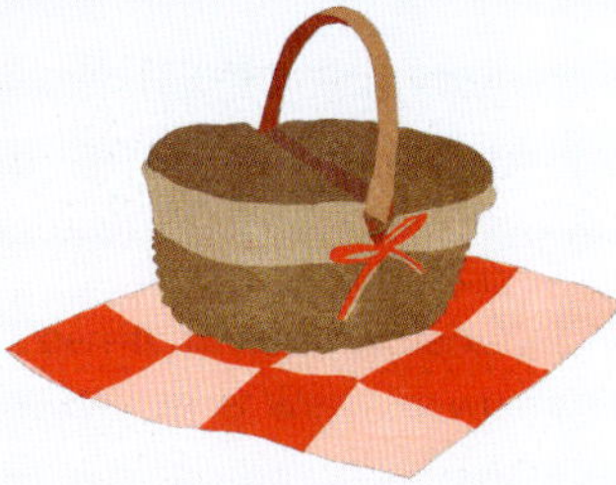

Tour 9: Tour ohne Uhr

Dauer: 3 Std. 45 Min.

Höhenmeter: 210 Hm

Länge: 13,5 km

Schwierigkeit: Mittel

HWN: 102, 103, 104

Tourencharakter: Mittelschwere Wanderung mit Panoramablick über die Innerstetalsperre und zum Brocken. Beste Wanderzeit April–Okt.

Ausgangs-/Endpunkt: Sternplatz an der L 516 zwischen Lautenthal und Seesen

Anfahrt: **Pkw:** Von Seesen auf der L 516 Richtung Lautenthal. Auf der Kuppe links befindet sich der Parkplatz. **Bahn/Bus:** Keine Erreichbarkeit mit ÖPNV

Einkehr: Keine Einkehrmöglichkeit entlang der Wegstrecke

Information:
www.försterstieg.de

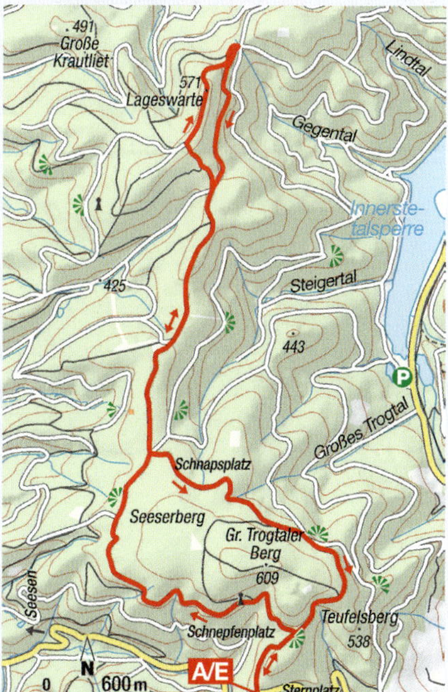

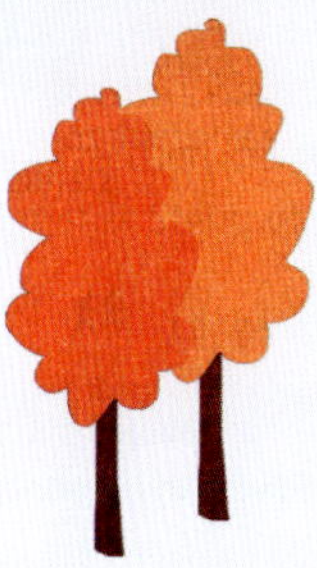

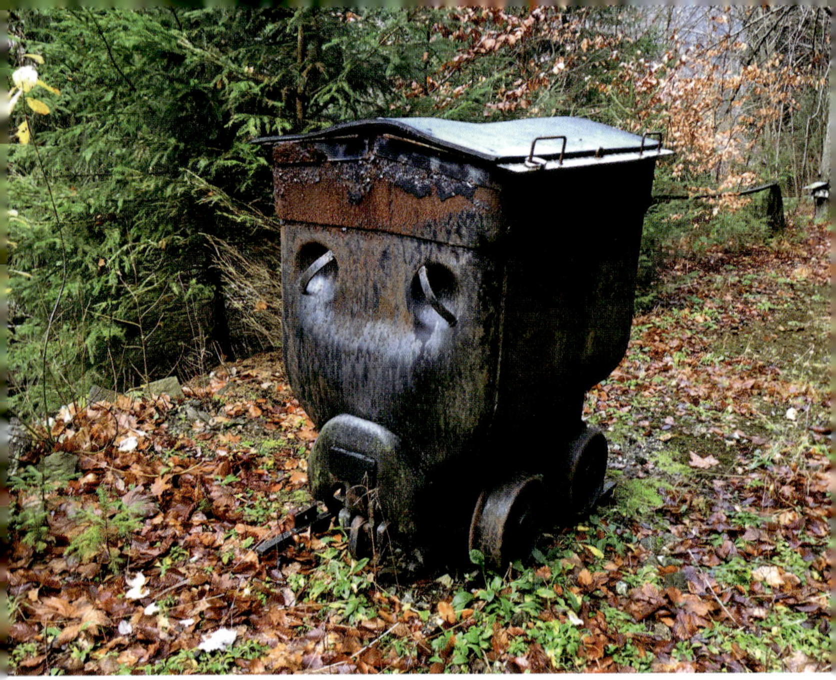

↑ Bergbaurelikte am Weg: ein Hunt … ↓ und ein ehemaliger Stolleneingang

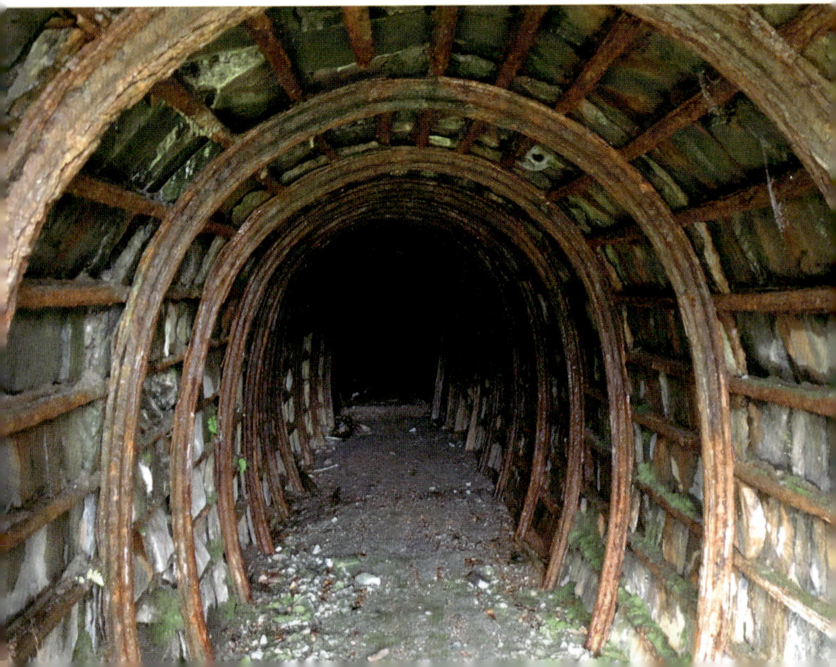

BERGBAU- UND EISENBAHN-RELIKTE IM INNERSTETAL

Tour für TOUR 10 den Genuss

Zwischen Wildemann und Lautenthal

Das Innerstetal gehört zu den weniger frequentierten Regionen des Harzes. Auf schmalen Pfaden geht es vorbei an Relikten der Vergangenheit. Für den Genuss sorgen Abstecher zu lokalen Restaurants. Auch der Besuch historischer Bergwerksanlagen lohnt sich.

Aussichtsreich Wir starten am Schützenplatz im Ort Wildemann. Der gegenüberliegende Bergbauernhof hat sich der Züchtung des Harzer Roten Höhenviehs verschrieben. Auf einer Teerstraße geht es hinauf Richtung Friedhof und nach ungefähr 700 Metern rechts auf einen schmalen Pfad. Oberhalb des Innerstetals schlängelt sich der Weg im leichten Auf und Ab flussabwärts. Der Waldboden unter den Füßen, der Fichtennadelduft in der Nase und die Vogelstimmen lassen uns die Harzer Landschaft genießen. Die mittlerweile lichten Wälder geben den Blick auf das Innerstetal frei. Hier fuhr bis Mitte der 1970er-Jahre die Eisenbahn. Die Bahntrasse ist jetzt zum Radweg umfunktioniert worden. Nach etwa 4,5 Kilometern geht es ein kurzes Stück über einen Forstweg, ehe am Sandersloch ein schmaler Pfad weiter Richtung Lautenthal führt. Etwa 300 Meter später biegen wir rechts ab nach Hüttschenthal. Nach einem kurzen Stück entlang der Innerste queren wir die L515 und nehmen den Weg hinter der Siedlung.

Bergbaurelikte Wir folgen dem Sägemühlenweg, einer breiten Forststraße. Dann geht es rechts auf einen schmalen Wanderpfad parallel zum Lautenthaler Kunstgraben. Auf insgesamt 9,5 Kilometern verbindet der ab 1570 angelegte künstliche Graben die Bergstadt Wildemann mit den ehemaligen Bergwerken in Lautenthal. Durch diese Gräben und Wasserläufe wurde das Wasser im Oberharz für die Bergwerke nutzbar gemacht und diente zur Energieversorgung – unter anderem für die Grube Lautenthals

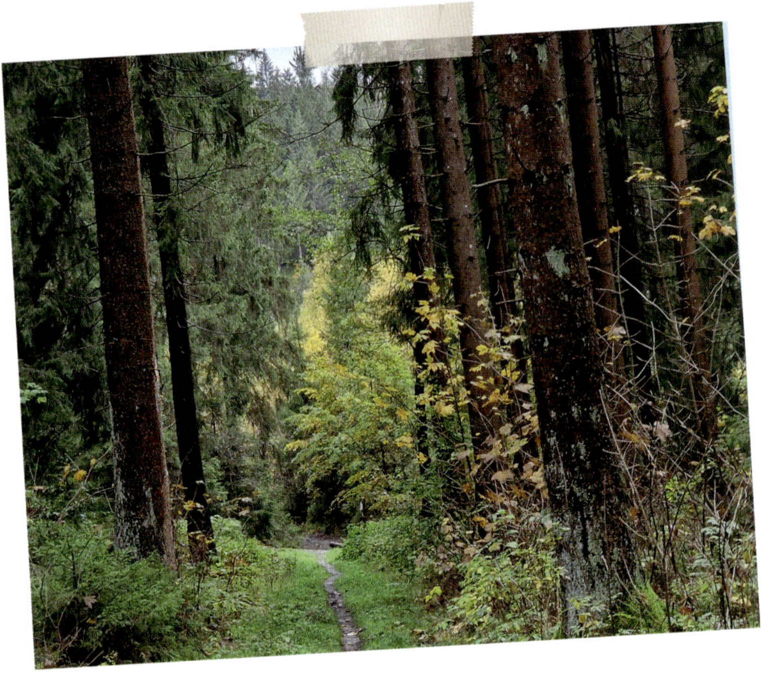

↑ **Überwiegend auf schmalen Pfaden geht es durch das Innerstetal.**

Glück, die heute ein Bergwerksmuseum beherbergt. Der Lautenthaler Kunstgraben ist Teil des Welterbes Oberharzer Wasserwirtschaft. Entlang des Weges wird die Bergbauhistorie sichtbar. Leuchtend gelbe Dennert-Tannen informieren über die Geschichte. Mundlöcher und ein alter Hunt, frühere Bezeichnung der Loren, sind zu entdecken. Dem Kunstgraben folgend erreichen wir wieder unseren Ausgangsort.

Tipp

Für den kulinarischen Genuss sorgen Besuche im XXL-Restaurant Harzer Schnitzelkönig Lautenthal, am Maaßener Gaipel Lautenthal (Pizzeria mit tollem Ausblick) oder im Hotel und Restaurant Rathaus in Wildemann. Letzteres wurde sogar von Gault-Millau und Michelin ausgezeichnet.

AUF EINEN BLICK

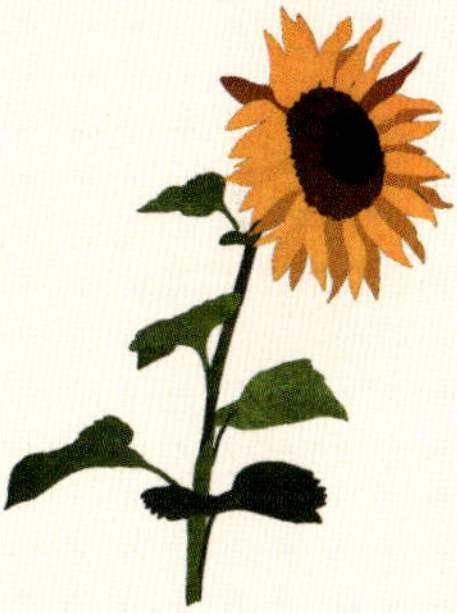

Tour 10: Tour für den Genuss

Dauer: 3 Std.

Höhenmeter: 190 Hm

Länge: 10,1 km

Schwierigkeit: Mittel

HWN: –

Tourencharakter: Ruhige Route auf überwiegend schmalen Pfaden. Beste Wanderzeit April–Okt.

Ausgangs-/Endpunkt: Parkplatz Schützenplatz in Wildemann

Anfahrt: **Pkw:** Auf der L515 aus Richtung Langelsheim oder Clausthal-Zellerfeld nach Wildemann. Startpunkt am Ortsausgang Richtung Lautenthal **Bahn/Bus:** Linie 832 (Goslar–Clausthal-Zellerfeld), Haltestelle Hindenburgstraße (ca. 300 Meter bis zum Startpunkt)

Einkehr: Keine direkt an der Wanderroute. In Lautenthal: Harzer Schnitzelkönig (www.harzer-schnitzelkoenig.de), Pizzeria Maaßener Gaipel. In Wildemann: Hotel Restaurant Rathaus (www.hotel-rathaus-wildemann.de)

Information: www.oberharz.de

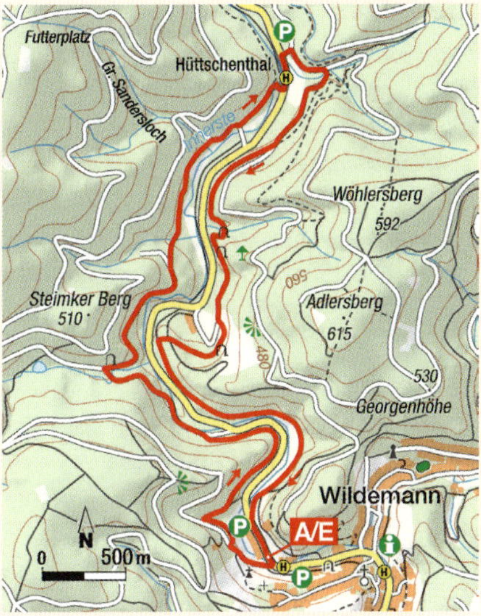

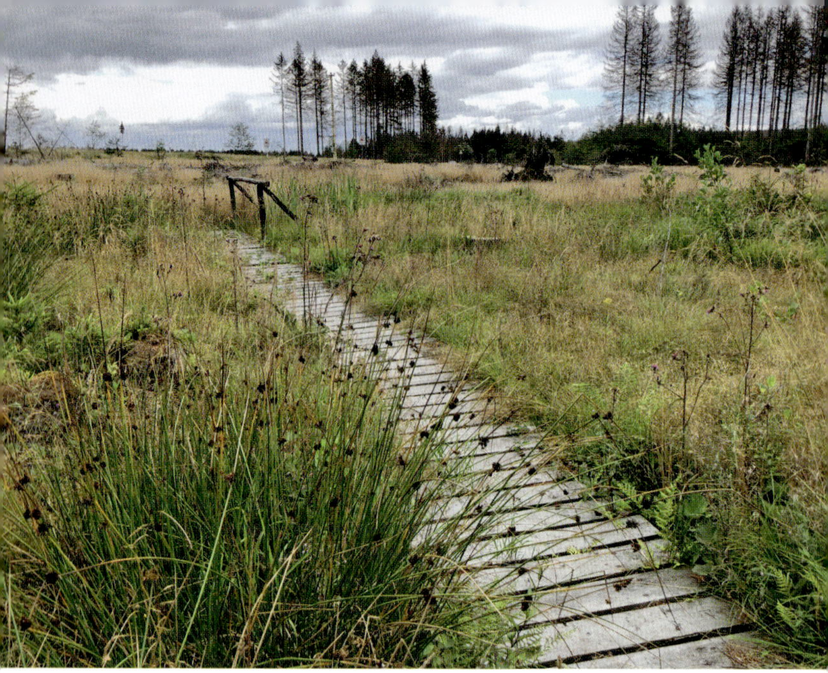

↑ Trockenen Fußes durch das Feuchtgebiet ↓ Verwitterter Wegweiser

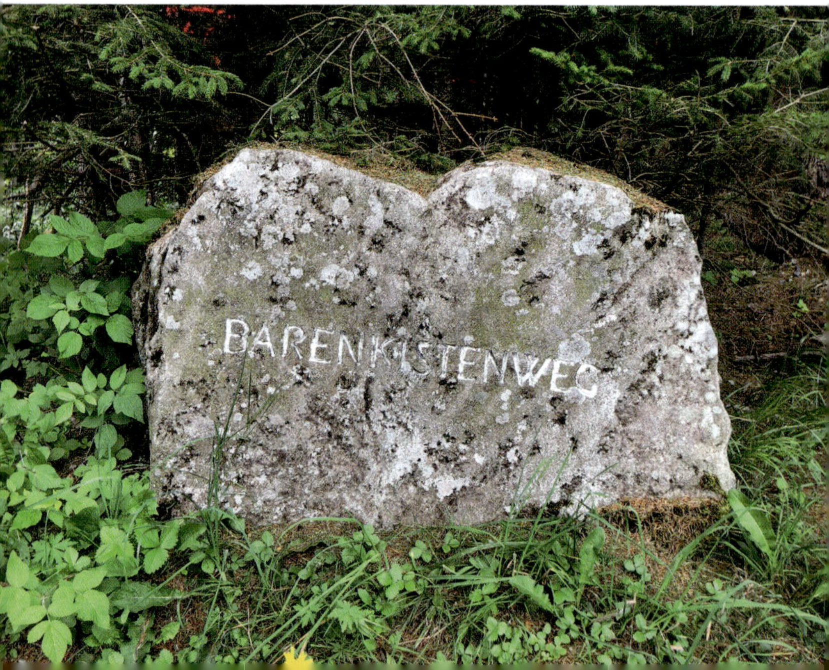

Tour
TOUR 11
ohne Uhr

RUHIGE RUNDE DURCH DIE HARZER BERGWILDNIS

Zum Marienteich im Nationalpark Harz

Über Bohlenwege, schmale Pfade und bequeme Wanderwege führt diese Route durch einen wenig frequentierten Bereich, unter anderem im Nationalpark Harz. Mit schönen Blicken zum Brocken und einer Rast am idyllischen Marienteich lässt sich die Zeit vergessen.

Im Nationalpark Unsere Tour startet am Wanderparkplatz an der B4 gegenüber der Marienteichbaude. Zunächst folgen wir dem Verlauf der B4 für etwa 1,3 Kilometer Richtung Süden. Ein schmaler Pfad führt durch das Gebiet, das bereits zum Nationalpark Harz gehört. In dieser Gegend hat sich die Natur in den vergangenen Jahren extrem gewandelt. Dichter Fichtenhochwald wich großen Freiflächen, die nun von jungen Bäumen und Sträuchern erobert werden. Teilweise sumpfige Stellen wurden mit Bohlenstegen überbrückt. An der Basteisiedlung biegen wir links ab und folgen gut 2,5 Kilometer dem gut befestigten Grenzweg. Nachdem wir den kleinen Bach Baste überquert haben, geht es links auf den Basteweg. Immer wieder eröffnet sich ein herrlicher Blick zum Brocken, den höchsten Gipfel des Harzes. Je nach Jahreszeit blühen bunte Pflanzen am Wegesrand, wie das Weidenröschen oder die Schafgarbe. Mit dem Überqueren der Baste verlassen wir den Nationalpark und wandern durch ein Areal der Niedersächsischen Landesforsten – Abwechslung zwischen Bergwildnis und Waldwirtschaft. Am Bastebornplatz befindet sich auch die Bastebornquelle. Eine schöne Stelle für eine Rast, ehe wir rechter Hand dem Luchsweg folgen.

Marienteich Nach 2,3 Kilometern auf dem Luchsweg geht es links auf den Bärenkistenweg. Seinen Namen trägt er angeblich, weil in der Vergangenheit an einer Klippe rechter Hand Bären in einer Kiste gefangen wurden. Nach insgesamt 7,6 Kilometern erreichen wir den Marienteich.

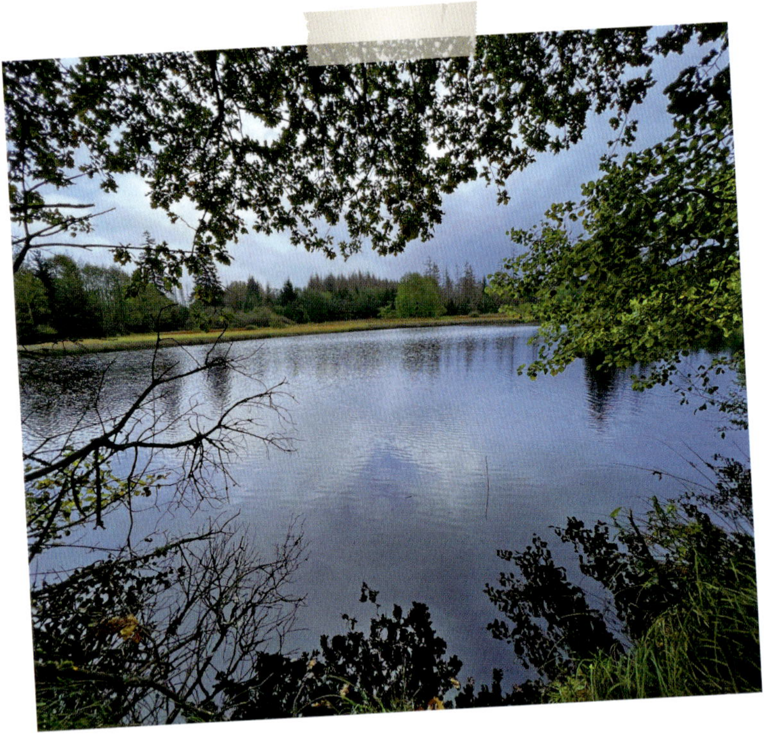

↑ **Der idyllische Marienteich im Nationalpark Harz**

Dieses künstlich angelegte idyllische Gewässer diente dem Flößereiwesen. Im 16. Jahrhundert wurde der 130 Meter lange Damm angelegt, über den wir wieder zum Ausgangsort gelangen. Zuvor genießen wir allerdings noch den Blick von der Schauplattform auf den Teich.

Tipp

Gegenüber des Parkplatzes lädt an der Marienteichbaude das Wildkatzengehege zu einem Besuch ein. Von der Aussichtsplattform können die sonst scheuen, im Harz heimischen Waldbewohner gut beobachtet werden. Eine neue Dauerausstellung des NABU informiert über das Leben dieser Tiere.

AUF EINEN BLICK

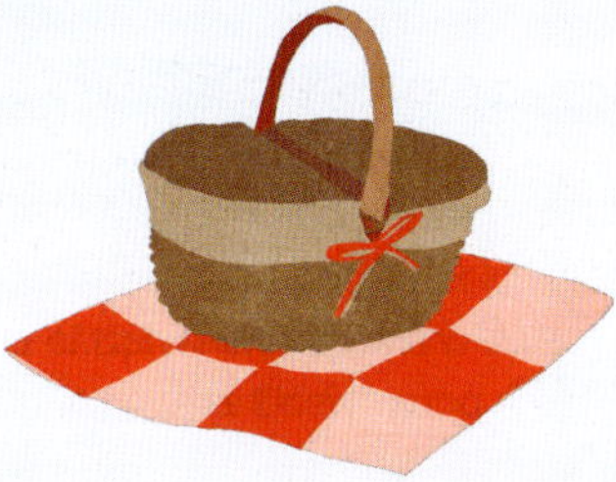

Tour 11: Tour ohne Uhr

Dauer: 2 Std. 10 Min.

Höhenmeter: 100 Hm

Länge: 8,0 km

Schwierigkeit: Mittel

HWN: –

Tourencharakter: Mittelschwere Rundwanderung durch den Nationalpark Harz, teils über Bohlenwege. Beste Wanderzeit April–Nov.

Ausgangs-/Endpunkt: Parkplatz an der B 4 zwischen Bad Harzburg und Torfhaus

Anfahrt: **Pkw:** Von Bad Harzburg auf der B 4 Richtung Torfhaus/Braunlage. Nach ca. vier Kilometern liegt der Parkplatz auf der linken Seite. **Bahn/Bus:** Ab Bahnhof Bad Harzburg mit Buslinie 820 Richtung Braunlage, Haltestelle Marienteichbaude

Einkehr: Keine Einkehrmöglichkeit entlang der Wegstrecke; Freitag bis Sonntag Imbiss an der Marienteichbaude gegenüber dem Parkplatz (www.marienteichbaude.de)

Information:
www.bad-harzburg.de

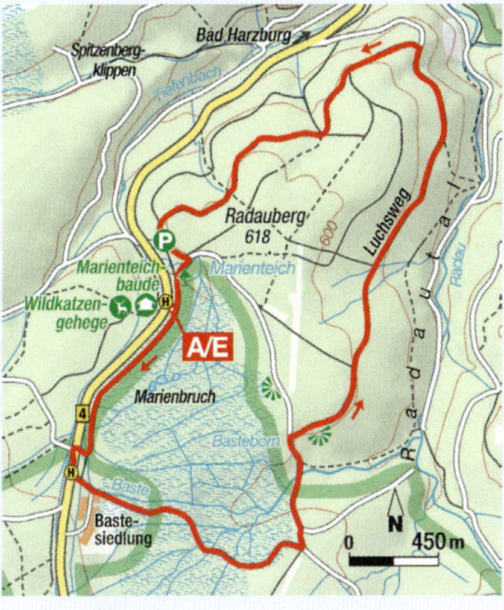

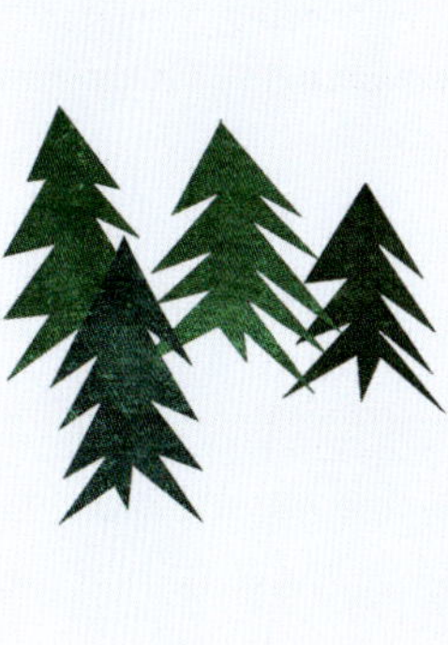

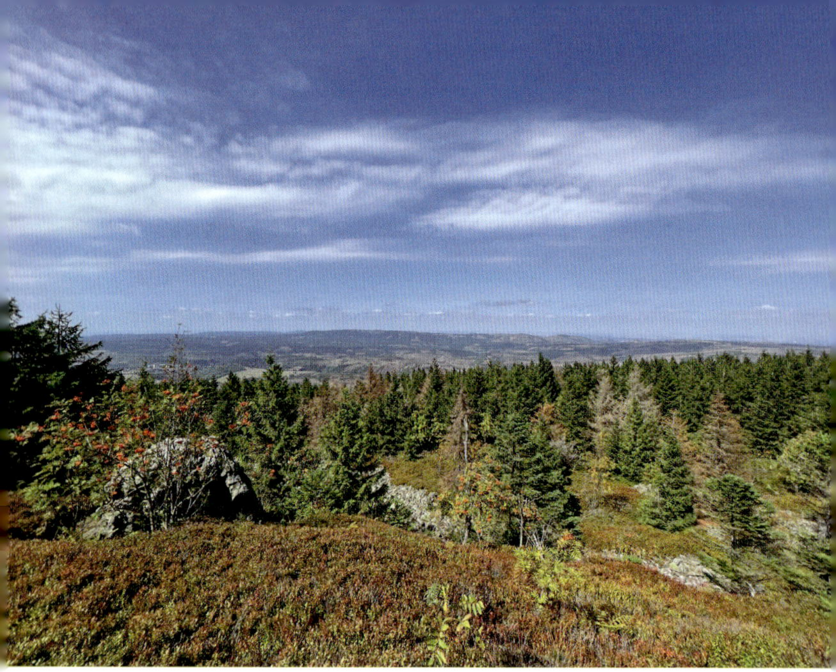

↑ Der Harz liegt uns zu Füßen. ↓ Bequemes Wandern am Clausthaler Flutgraben

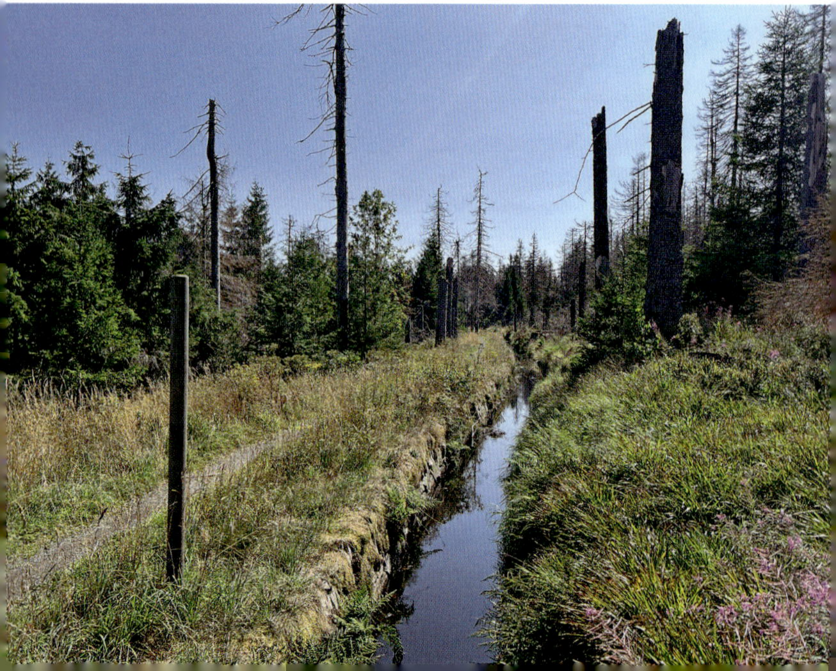

GIPFELTOUR IM NATIONALPARK HARZ

Tour für die Sinne
TOUR 12

Vom Torfhaus zur Wolfswarte

Urige Pfade, mystische Felsen und faszinierende Ausblicke begeistern auf dieser Wanderung durch den Nationalpark Harz. Häufig den Brocken im Blick, besticht die Tour eher durch Abgeschiedenheit. Genau das Richtige fürs Erleben mit allen Sinnen.

Welterbe Mit dem Startpunkt ab Torfhaus haben wir im Vergleich zu den sonst üblichen Touren ab Altenau ordentlich Höhenmeter gespart. Und doch ist der erste Anstieg zur Wolfswarte kernig. Zunächst führt ein schmaler Wanderweg parallel zur L504 talwärts. Nach der Überquerung zweier Gräben halten wir uns rechts. Der Abbe- und der Flörichshaier Graben gehören zum ausgeklügelten vorindustriellen Energiesystem der Oberharzer Wasserwirtschaft. 2010 wurden die 107 Teiche und 340 Kilometer Wassergräben und -läufe zum UNESCO-Weltkulturerbe ernannt. In Kombination mit dem Erzbergwerk Rammelsberg und der Altstadt von Goslar sind sie bedeutende Relikte der Bergbaugeschichte. Die Bergleute nutzten die durch Teiche und Gräben gelenkte Wasserkraft zur Energieversorgung der Gruben. Nach einem guten Kilometer überqueren wir die L504 und einen weiteren Graben, ehe es geradeaus weiter zur Wolfswarte geht.

Wolfswarte Der Aufstieg hat zeitweise eine ordentliche Steigung von bis zu 13 %. Die Wegbeschaffenheit wechselt von gut befestigt über losen Untergrund bis hin zu einem steinigen Pfad. Hier ist Trittsicherheit gefordert. Das konzentrierte Gehen schärft die Sinne für das Wesentliche. Wiederum einen guten Kilometer weiter ist es geschafft, und die 918 Meter hohe Wolfswarte (Stempel 135) ist erreicht. Die waldlose, felsige Kuppe ist auch von Altenau oder Torfhaus als markante Landmarke des Bruchberg-Massivs zu erkennen. Sie besteht aus verwittertem Acker-Bruchberg-

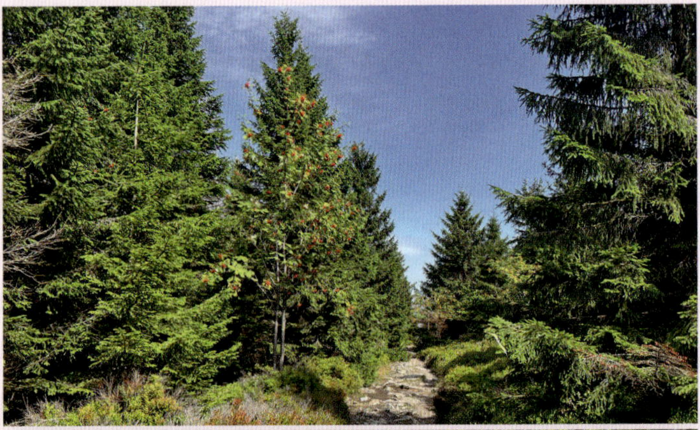

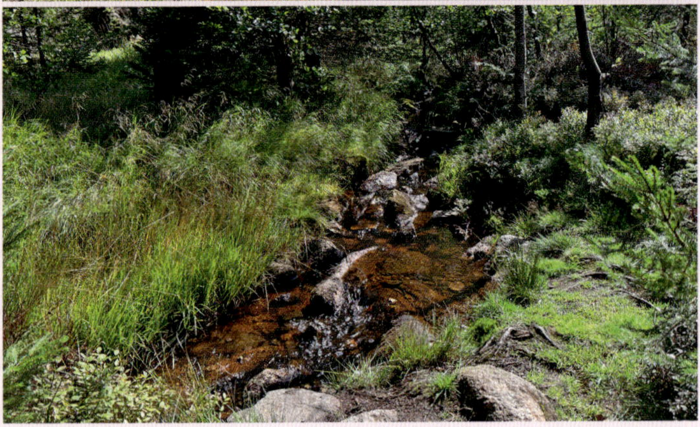

»Kein Genuss ist vorübergehend; denn der Eindruck, den er zurücklässt, ist bleibend.«

Johann Wolfgang Goethe, 1749-1832

Quarzit. Bei guter Sicht ist der Ausblick magisch und entlohnt für die erbrachte Anstrengung. Der Brocken ist gut zu sehen, und die weiteren Gipfel des Harzes liegen zu unseren Füßen. Nach einem Moment des Verweilens und Innehaltens geht es den Bergwanderweg wieder hinab.

Wasserwandern Kurz vor der Landstraße erreichen wir den Clausthaler Flutgraben und biegen rechts ab. Auf dem schmalen Weg folgen wir dem Grabenverlauf. Im Harz bekommt »Wasserwandern« eine neue Bedeutung. Gemeint sind hier die bequemen Wanderwege entlang der Gräben und Teiche. Mit nur leichtem Gefälle lässt sich so der Harz entspannt erkunden. Insgesamt 22 WasserWanderWege wurden im Oberharz ausgewiesen, an deren Verlauf auch die Bedeutung des Wassers für den Bergbau mittels Infotafeln vermittelt wird. Der Clausthaler Flutgraben wurde 1827 vollendet und gehört zu dem insgesamt 50 Kilometer umfassenden Dammgrabensystem, das die Gruben in Clausthal-Zellerfeld mit Wasserenergie versorgte. Nach etwa 1,2 Kilometern biegen wir links ab und folgen dem Bach Sonnenkappe Richtung Oderteich. Am Ende des Weges kurz vor dem Oderteich gibt es den Stempel 217. Wer mag, geht noch gut 500 Meter weiter, um einen Blick auf eine der ältesten Talsperren Deutschlands zu werfen. Bis zum Damm und einer Badestelle sind es 1,8 Kilometer.

Märchenweg Von der Stempelstelle aus gehen wir wenige Hundert Meter den Weg zurück und biegen dann rechts in den Märchenweg Richtung Torfhaus ein. Mit einer moderaten Steigung führt der naturbelassene Wanderpfad durch die Bergwildnis. Der Weg wird seinem Namen gerecht, geleitet er doch durch die Naturdynamikzone oder auch Kernzone

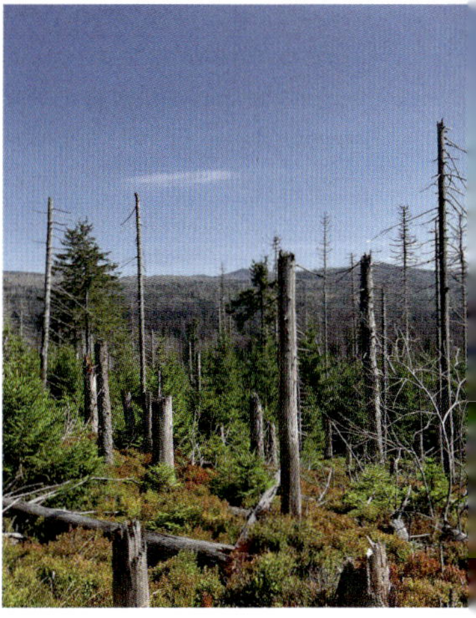

↑ Der Aufstieg zur Wolfswarte ist teils abenteuerlich.
↓ Der Rotenbeek entspringt im Gebiet unterhalb der Wolfswarte.
→ Im Nationalpark ist die Walddynamik gut zu beobachten.

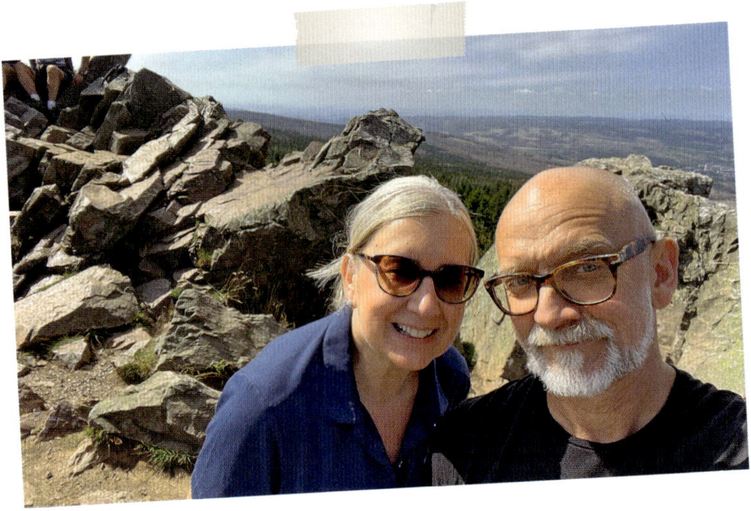

↑ **Selfie mit Ausblick. Lohn für den Aufstieg zur Wolfswarte.**

des Nationalparks. Überwiegend unbeeinflusst vom Menschen konnte sich die Natur hier seit Jahren frei entfalten. Totholz wird zu neuem Lebensraum, heimische Pflanzen siedeln sich an. Die Tierwelt findet Rückzugsorte und Brutstätten. Entlang des Weges ist die Entwicklung hin zu einem naturbelassenen Wald, zur nächsten Waldgeneration, besonders gut zu erleben. Wir überqueren den Flörichsthaler Graben und erreichen nach gut zwei Kilometern die Bundesstraße B 4, die wir überqueren. Wir halten uns links, genießen den Blick zum Brocken und erreichen Torfhaus. Am Ortseingang geht es links entlang der L 504 zum Ausgangsort. In Torfhaus sind das Nationalpark-Besucherzentrum und der Harzturm lohnende Abstecher.

Tipp

Besonders magisch ist die Atmosphäre an der Wolfswarte zum Sonnenauf- oder Sonnenuntergang. Früh morgens lässt sich von hier oben erleben, wie die Natur langsam erwacht. Abends hingegen kehrt eine tiefe Ruhe ein. In den Herbstmonaten kann es durchaus sein, dass in der Dämmerung der Ruf der Rothirsche zu hören ist.

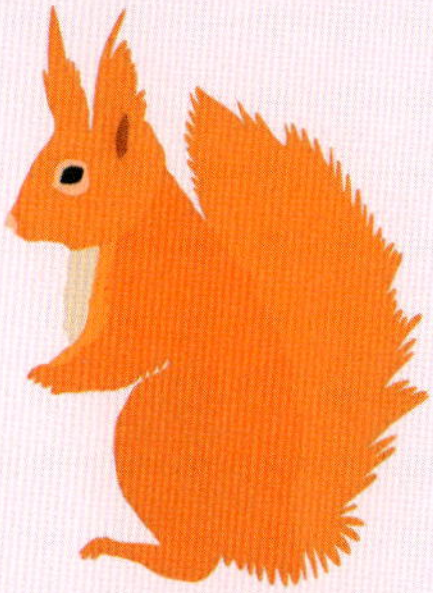

AUF EINEN BLICK

Tour 12: Tour für die Sinne

Dauer: 2 Std. 40 Min.

Höhenmeter: 210 Hm

Länge: 9,2 km

Schwierigkeit: Mittel

HWN: 135, 217

Tourencharakter: Abwechslungsreiche Tour im Nationalpark mit grandiosem Ausblick. Trittsicherheit ist erforderlich. Beste Wanderzeit April–Okt.

Ausgangs-/Endpunkt: Parkplatz an der L 504 in Torfhaus

Anfahrt: **Pkw:** Von Bad Harzburg oder Braunlage über die B 4 bis Torfhaus, Abzweig Richtung Altenau. Der Parkplatz liegt auf der rechten Seite.
Bahn/Bus: Ab Bahnhof Bad Harzburg mit Buslinie 820 Richtung Braunlage, Haltestelle Torfhaus

Einkehr: Keine Einkehrmöglichkeiten entlang der Strecke; es gibt mehrere Gastronomiebetriebe in Torfhaus

Information: www.oberharz.de

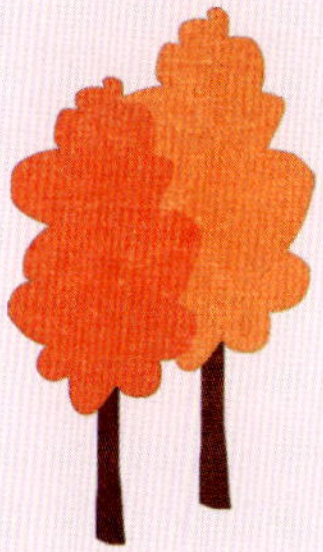

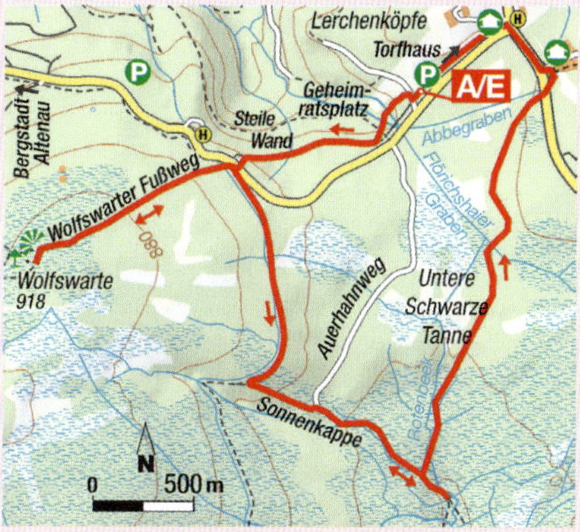

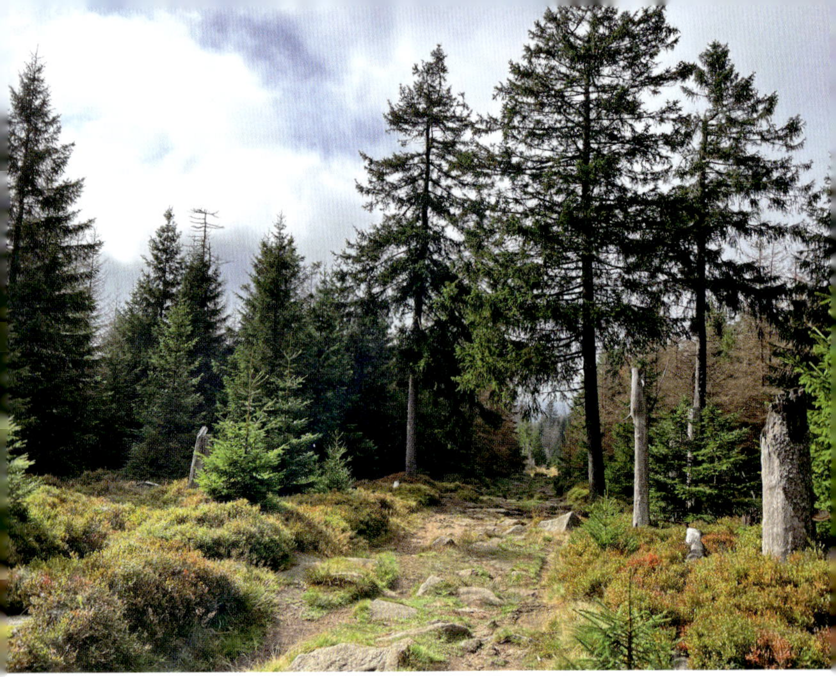

↑ Etwas Trittsicherheit ist gefragt. ↓ Ein neuer Wald entsteht.

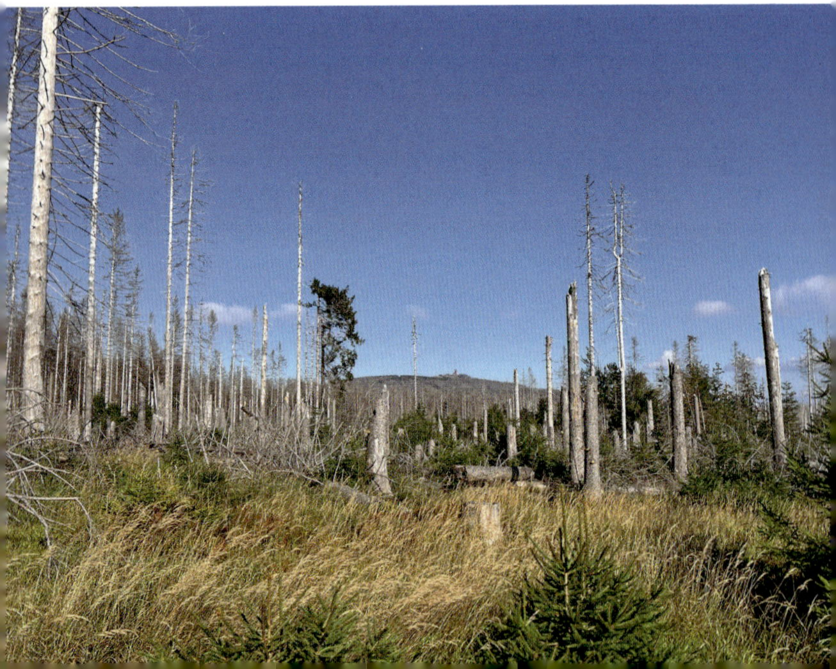

DIE MAGIE DER BERGWELT

Tour TOUR 13 der Stille

Zum Gipfel der Achtermannshöhe

Wahrlich magisch wird es bei einer Tour auf den Gipfel des dritthöchsten Berges Niedersachsens. Die Achtermannshöhe fasziniert mit ihrer Aussicht unter anderem auf die Hochmoore – sofern das Wetter mitspielt. Eine abwechslungsreiche Tour durch die Bergwelt.

Wetterwechsel Diese mittelschwere Wanderung beginnt am Wanderparkplatz in Königskrug bei Braunlage. Statt den direkten Aufstieg zur Achtermannshöhe zu wählen, halten wir uns hinter der Gaststätte rechts und folgen der Königsbruch-Straße Richtung Braunlage. Zunächst geht es über einen festen Waldweg hinein in den Nationalpark Harz. Die Veränderungen durch das Fichtensterben der vergangenen Jahre und den Klimawandel sind hier deutlich zu sehen. Statt wie einst dichter Wald säumen nun vereinzelt Bäume den Weg, teilweise prägen abgestorbene, silberne Fichtenstämme das Bild. Der Blick reicht weit bis zum Wurmberg. Meistens – denn in dieser Gegend in recht exponierter Lage können sich gerade im Frühjahr oder Herbst Sonnenschein und Nebel in kurzer Zeit abwechseln. Eine Gegebenheit, die die Tour sogar noch spannender macht. Nach etwa 2,5 Kilometern halten wir uns an der Moosbrücke links und folgen dem Wanderweg. Ein gutes Stück begleitet uns das Flüsschen Kleine Bode. Die Stille der Wälder und das Plätschern des Bachs lassen durchatmen. An einer Weggabelung halten wir uns links und verlassen den Bachlauf.

Achtermann Nach 3,8 Kilometern treffen wir auf den Milliardenweg, dem wir rechts zur Achtermannshöhe folgen. Der Rundweg führt von Königskrug einmal um den Achtermann-Gipfel. Mit einer stetigen Steigung von bis zu 9 % geht es hinauf auf den 926 m hohen Berg. Im Gegensatz zum großen Bruder, dem Brocken, ist die Achtermannshöhe recht wenig fre-

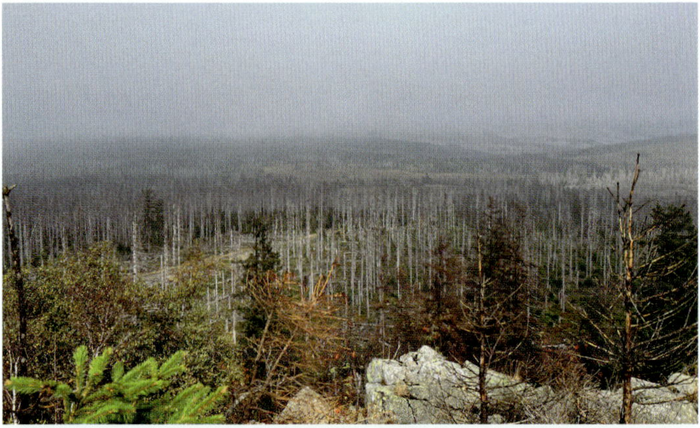

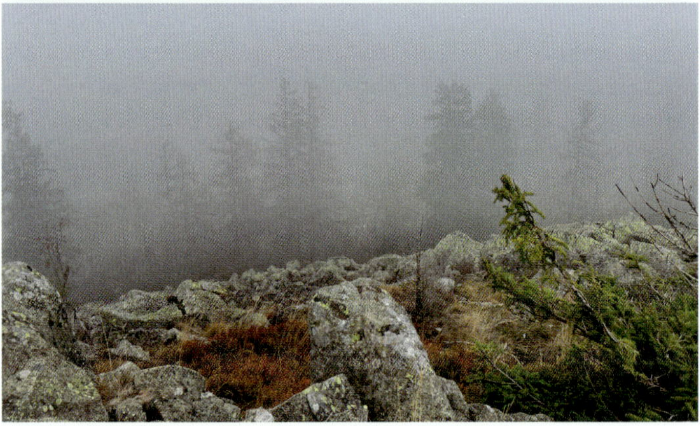

»Wenn Jemand eine Reise thut,
So kann er was erzählen.
Drum nahm ich meinen Stock und Hut
Und thät das Reisen wählen.«

Matthias Claudius, 1740-1815

quentiert. Der Name des Wegs rührt also nicht von der Anzahl seiner Besucher her, sondern weist auf seine Entstehungskosten hin. Erbaut wurde er im Jahr 1923 – genau zu dem Zeitpunkt, als in Deutschland der große Geldwertverfall stattfand. Der ungewöhnliche Name passt gut zu unserem Wandererlebnis, das teils über felsige, urige Wege führt. Nach fünf Kilometern geht es links ab und die letzten Meter hinauf zum felsigen, baumlosen Gipfel der Achtermannshöhe (Stempel 12). Die Steine wurden hier zu einer Treppe gestaltet, um den schwierigen Aufstieg zu erleichtern. Von oben aus erstreckt sich ein faszinierender Rundumblick über den Harz – hin zum Brocken, zum Wurmberg oder auch bis nach Thüringen. Die Kuppe ist als markante Landmarke auch von anderen Bergen des Harzes gut zu erkennen. Sie mutet beinahe an wie ein Meer aus Gestein ganz unterschiedlicher Art. Richtung Westen sind die Felsen eher klein, und man könnte den Bereich als Schotterhang bezeichnen. Richtung Osten hingegen liegen riesige Granitfelsen wie übereinandergestapelt. Es handelt sich um eine Blockhalde aus Hornfels, die außerhalb der Alpen in Mitteleuropa eher selten ist. Mit den kleinen Hohlräumen und ihrem besonderen Klima ist auch die Achtermannshöhe ein wichtiger Lebensraum für Bergeidechsen, Feuersalamander, Fledermäuse und bestimmte Schmetterlingsarten.

Windbeutel Von der Achtermannshöhe folgen wir einem steinigen Bergwanderweg Richtung Norden und erreichen nach gut 900 Metern wieder den Milliardenweg. Auf der gut befestigten Route geht es noch 2,5 Kilometer durch den Nationalpark Harz. Hier bleibt die Natur sich selbst überlassen. Totholzbereiche bieten Lebensraum für junge Pflanzen. Am We-

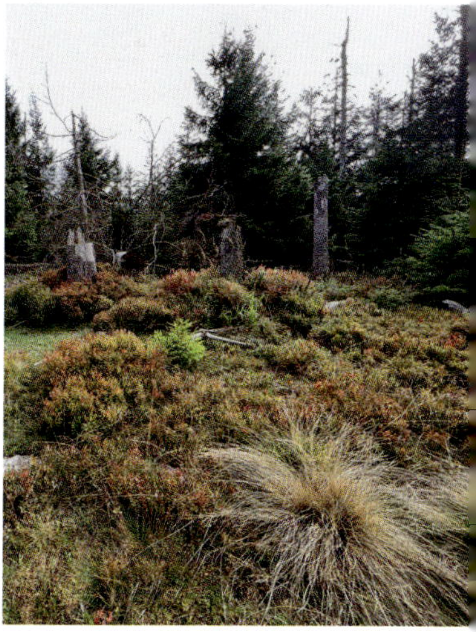

↑ **Die Aussicht vom Achtermann reicht meist weit über die Landschaft.**
↓ **Mystische Stimmung – hier oben kann sich das Wetter schnell ändern.**
→ **Heide, Gräser, junge Fichten und Totholz – Artenvielfalt im Nationalpark**

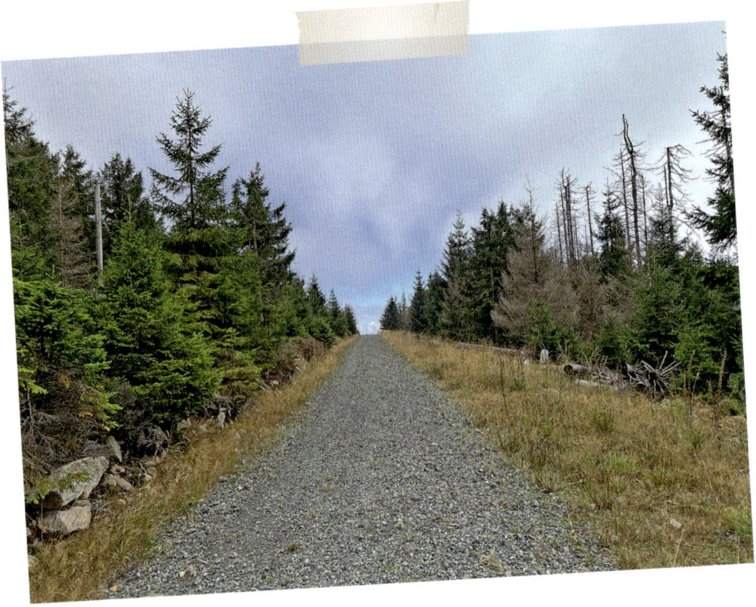

↑ **Teils abenteuerlich, teils sehr bequem bietet die Route reichlich Abwechslung.**

gesrand gibt es einiges zu entdecken. Parallel zu diesem Abschnitt verläuft etwas unterhalb der Kaiserweg, ein Fernwanderweg auf den Spuren der Kaiser und Könige. Nach insgesamt 8,8 Kilometern erreichen wir wieder Königskrug. Hier bietet sich die Einkehr im gleichnamigen Gasthaus an, das für seine Windbeutelvielfalt bekannt ist. Wer die Achtermannshöhe auf kürzestem Wege besteigen möchte, der kann unseren Abstieg als Aufstieg nehmen und nach gut einem Kilometer rechts abbiegen. Über einen abenteuerlichen Pfad ist der Gipfel schon nach gut zwei Kilometern erreicht.

Tipp

Um die Bergwildnis des Harzes besser kennenzulernen, empfiehlt sich eine geführte Wanderung mit einem Nationalpark-Ranger. An verschiedenen Orten werden regelmäßig Touren zu unterschiedlichen Themen und mit wechselnden Schwierigkeitsgraden angeboten (www.nationalpark-harz.de).

AUF EINEN BLICK

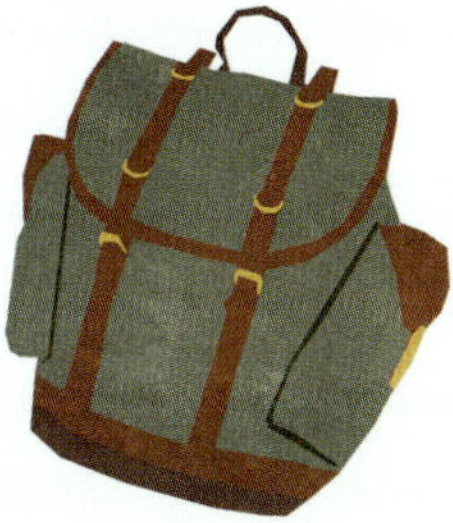

Tour 13: Tour der Stille

Dauer: 2 Std. 45 Min.

Höhenmeter: 210 Hm

Länge: 9,14 km

Schwierigkeit: Mittel

HWN: 12

Tourencharakter: Mittelschwere Tour mit felsigen Abschnitten und einem tollen Ausblick. Beste Wanderzeit April–Okt. Im Winter teilweise Loipen, zum Wandern nicht geeignet

Ausgangs-/Endpunkt: Parkplatz Königskrug

Anfahrt: **Pkw:** Zwischen Bad Harzburg und Braunlage geht es auf der B 4 links bis zum Gasthaus Königskrug **Bahn/Bus:** Bus 820 ab Bad Harzburg, St. Andreasberg oder Braunlage, Haltestelle Königskrug

Einkehr: Gasthaus Königskrug (am Start/Ziel der Wanderung)

Information: www.braunlage.de

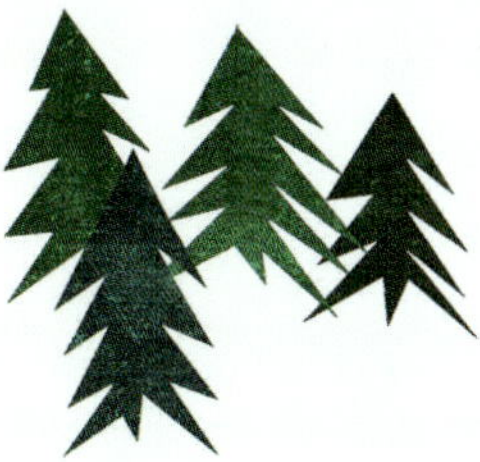

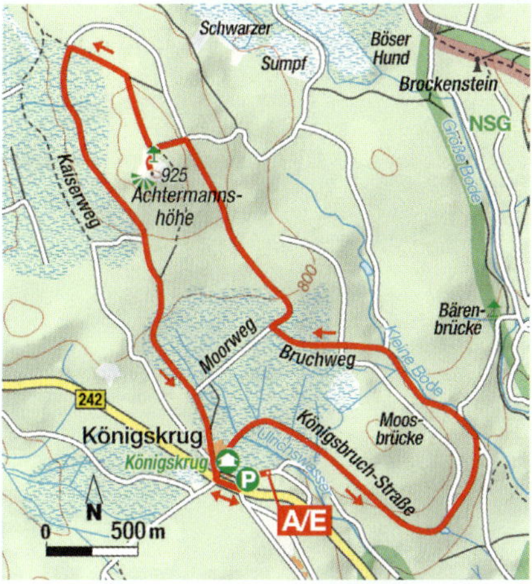

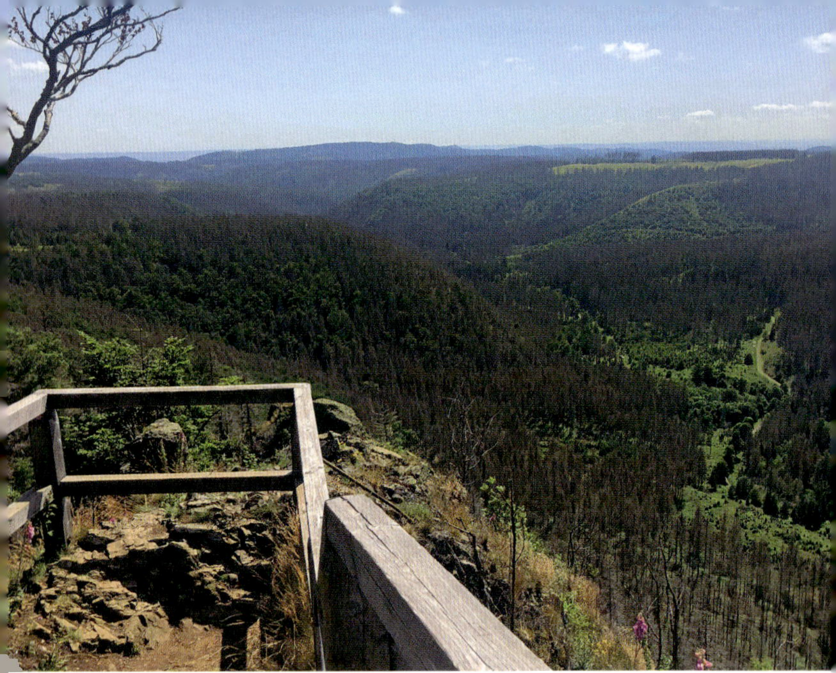

↑ Blick ins Odertal ↓ Entdeckungen am Naturmythenpfad

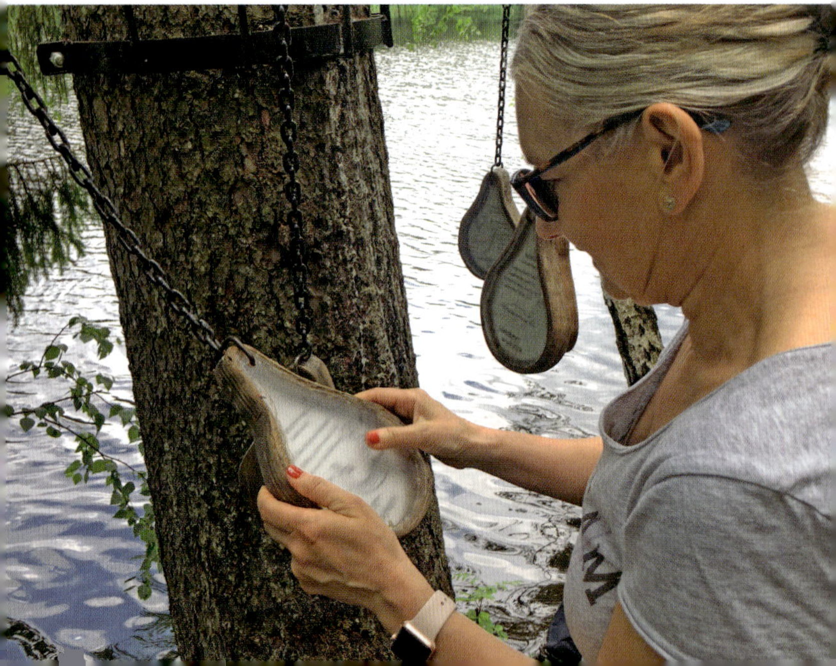

SCHMALE PFADE UND LICHTE HÖHEN

Tour für TOUR 14 den Genuss

Zum Rinderstall und zum Silberteich

Durch schattige Täler, über sonnige Höhen und vorbei am bezaubernden Silberteich führt diese Halbtagestour durch den Nationalpark Harz. Stärkung gibt es in einer urigen Waldgaststätte, und unterwegs werden einige Naturmythen erklärt.

Morgensternweg Start und Ziel unserer Tour ist der Parkplatz Forellenteich etwas südlich von Braunlage direkt an der B 27 Richtung Bad Lauterberg. Wir überqueren die Straße und folgen der Zufahrt zur Waldmühle. Dort gehen wir nach links und erreichen bald den Morgensternweg, der uns dann stetig bergab führt. Dieser wurde einst als Postweg zwischen Braunlage und Sankt Andreasberg angelegt und ist bequem zu erwandern. Am Wegesrand sind Stolleneingänge zu sehen, die auf das einstige Bergbaurevier hinweisen. Teilweise begleitet vom leisen Plätschern eines kleinen Baches am Wegesrand lassen sich hier die Sonne und die Stille der Natur genießen. Im Tal geht es rechts ab auf die Fahrstraße, über die wir nach knapp einem Kilometer die Waldgaststätte Rinderstall erreichen. Seit Jahrhunderten wurden hier im Odertal die rotbraunen Harzer Rinder geweidet, und das erste Gebäude diente als Wohnung für die Hirten und Stall für die Rinder. Heute ist die beliebte autofreie Waldgaststätte Anlaufpunkt für den Genuss Harzer Gastfreundschaft. Besonders praktisch: Außerhalb der Öffnungszeiten gibt es einen SB-Bereich mit Sitzplätzen innen und außen. Nach einem Stück hausgebackenem Kuchen oder einer deftigen Wanderkost geht es bestens gestärkt weiter auf unserer Tour.

Hahnenkleeklippen Hinter der Waldgaststätte rechts führt ein kleiner Pfad ab, Teil der Brockenumgehung des Harzer-Hexen-Stieges auf die sogenannte Stölzerne Stiege. Dieser feste Forstweg windet sich über die

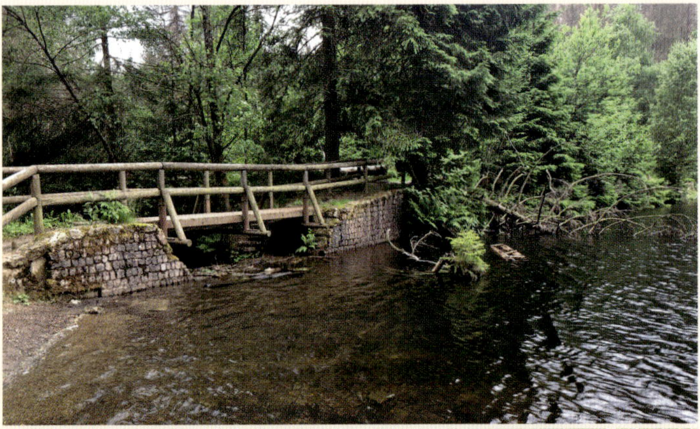

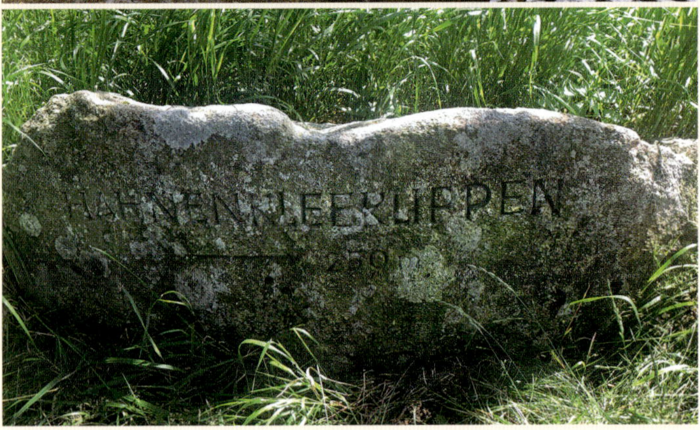

> »Wandern ist die vollkommenste Art der Fortbewegung,
> wenn man das wahre Leben entdecken will.
> Es ist der Weg in die Freiheit.«

Elizabeth von Arnim, englische Schriftstellerin, 1866–1941

nächsten vier Kilometer oberhalb des Odertals hinauf. Dieser Teil des Nationalparks Harz hat sich in den vergangenen Jahren durch den Klimawandel und Borkenkäferbefall sehr stark verändert. Der einst dichte Fichtenwald ist kahlen Hängen gewichen – ein ungewohnter, teils irritierender Anblick. Doch gleichzeitig ist die Dynamik des Waldes wunderbar zu beobachten, unter anderem anhand der Schwarzerlen, die die Bachtäler säumen. Der Weg gibt den Blick frei ins Odertal. Nach etwa zwei Kilometern geht es links auf die Hahnenkleer Waldstraße (Teerstraße). An dieser Stelle könnten wir auch abkürzen und direkt geradeaus über den Hochlagengrenzweg weitergehen. Allerdings werden dann ein Stempel und ein toller Talblick verpasst. Folgen wir der Teerstraße, zweigt zwei Kilometer später ein Stichweg links ab zu den Hahnenkleeklippen. Von hier aus erstreckt sich ein faszinierender Blick über das Odertal, das rund 200 Meter tiefer verläuft. Ein toller Platz für ein geselliges Picknick.

Naturmythen Von den Hahnenkleeklippen geht es den Weg zurück, bis man links in den Hanglagengrenzweg und 400 Meter später wieder links in die Herrenbreite gelangt. An der Lenchenbank halten wir uns geradeaus auf dem Wiesenweg (der eigentlich ein fester Forstweg ist) und biegen nach einem Kilometer rechts in den Kaiserweg ein. Wiederum 600 Meter später folgt rechts der Steile Weg, der mit bis zu 8 % Gefälle zum Brunnenbach führt. An der nächsten Weggabelung biegt man links auf den Naturmythenpfad ab, einen Rundwanderweg, der in den Sommermonaten Sagen und Märchen erklärt. Der Silberteich, einst als Brunnenbacher Teich für den Bergbau angelegt und Teil des UNESCO-Weltkulturerbes Oberharzer Wasserwirtschaft, ist ein idyllisches Gewässer, dessen Ufer zur Rast einlädt. Während sich die Wolken in

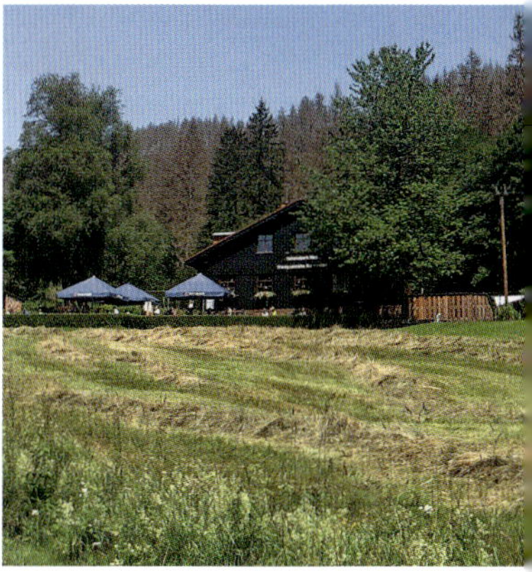

↑ Der Silberteich ist ein malerischer Ort entlang der Route.
↓ Ein verwitterter Stein weist den Weg zu den Hahnenkleeklippen.
→ Die Waldgaststätte Rinderstall ist ein herrlicher Ort für eine Rast.

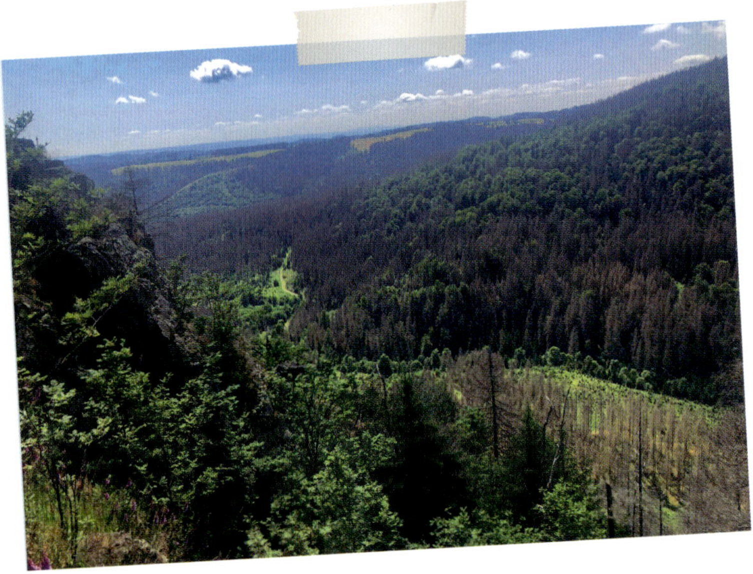

Immer wieder eröffnet sich ein Blick ins Odertal.

der Wasseroberfläche spiegeln, können wir die Kraft der Natur genießen. Von hier aus sind es noch etwa 1,5 Kilometer bis zum Ausgangspunkt.

Harzer Wandernadel Trotz ihrer Länge von knapp 14 Kilometern ist diese Route dank der gut befestigten Wege mit überschaubarer Anstrengung und nahezu zu jeder Zeit zu bewandern. Im Winter kann die Schneelage die Strecke beschwerlich machen. Unterwegs sind drei Stempel der Harzer Wandernadel zu sammeln: am Rinderstall (Nr. 123), an den Hahnenklee-klippen (Nr. 75) und am Silberteich bzw. Naturmythenpfad (Nr. 148).

Tipp

Die Wanderroute lässt sich auch in umgekehrter Richtung gut bewältigen. Dann ist die Rast im Rinderstall noch erholsamer. Bei guter Schneelage ist die Waldgaststätte auch per Langlaufski oder teilweise per Schlitten erreichbar. Eine weitere Option, das Odertal zu entdecken, beginnt in Sankt Andreasberg.

AUF EINEN BLICK

Tour 14: Tour für den Genuss

Dauer: 4 Std.

Höhenmeter: 320 Hm

Länge: 13,7 km

Schwierigkeit: Mittel

HWN: 75, 123, 148

Tourencharakter: Aufgrund der Länge mittelschwere Tour. Beste Wanderzeit April–Okt.

Ausgangs-/Endpunkt: Parkplatz Forellenteich

Anfahrt: **Pkw:** Von Braunlage bzw. der B 242 auf die B 27 Richtung Bad Lauterberg fahren bis zum Parkplatz Forellenteich (linker Hand)
Bahn/Bus: Keine direkte Busverbindung zum Startpunkt

Einkehr: Waldgaststätte Rinderstall (www.gaststaette-rinderstall.de)

Information: www.braunlage.de

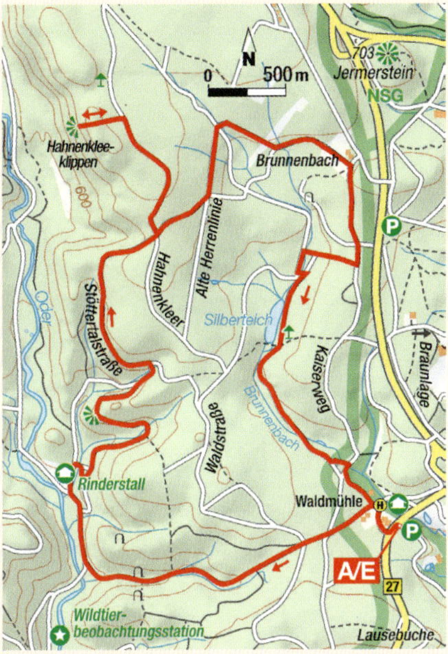

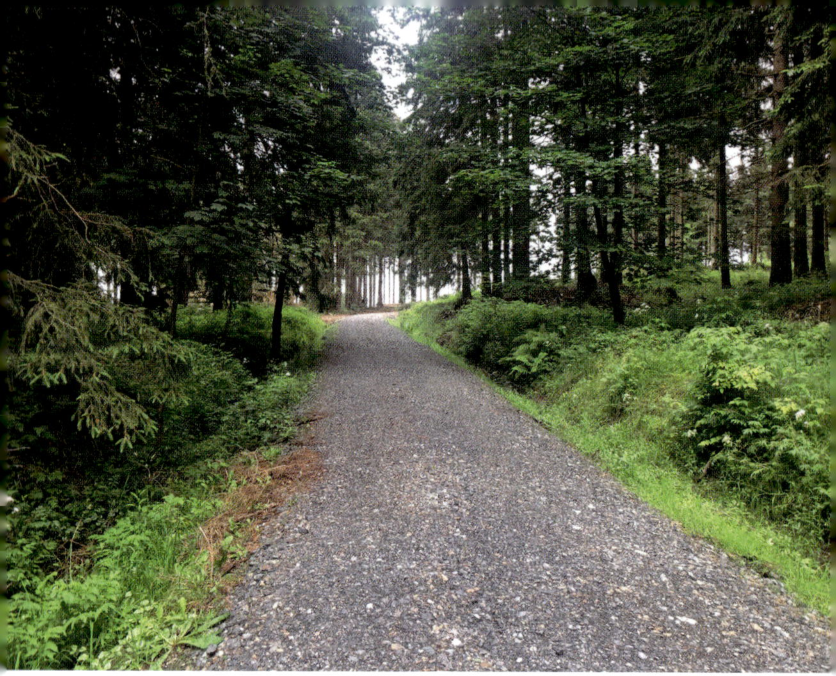

↑ Ruhe finden in den Wäldern ↓ Wälder und Wiesen wechseln sich ab.

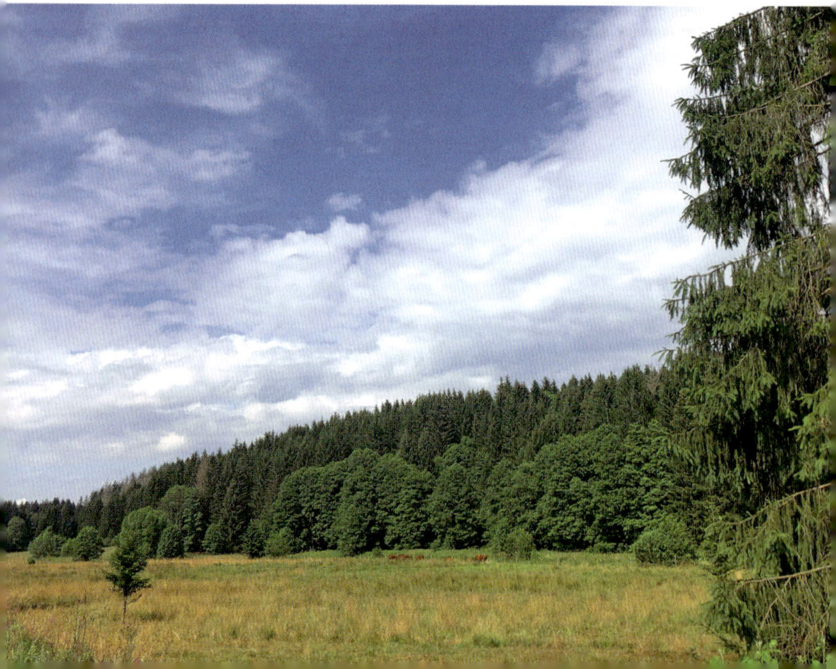

Tour
TOUR 15
ohne Uhr

VON KARTOFFELN UND SELTENEN PFLANZEN

Erstaunliche Rundtour bei Braunlage

Die Harzer Bachtäler bei Braunlage stehen unter Naturschutz und bilden den Rahmen für eine malerische, mittelschwere Wandertour. Ohne Uhr und mit genügend Zeit und Muße lassen sich auch die kleinen Besonderheiten am Wegesrand entdecken.

Kartoffeldenkmal Der Start unserer Tour liegt südöstlich von Braunlage an der ehemaligen innerdeutschen Grenze direkt an der B 242. Der Wanderweg führt auf der Alten Poststraße Richtung Westen. Nach 1,2 Kilometern überqueren wir die Bundesstraße und erreichen nach etwa 2,5 Kilometern das Kartoffeldenkmal. Hier veranlasste Forstmeister Johann Georg von Langen um 1748 erste Versuche zum Anbau der Kartoffel, um dem Hunger der Bevölkerung entgegenzuwirken. Der gut befestigte, sonnige Weg durch mittlerweile lichte Wälder ist bequem zu wandern. Nach 3,7 Kilometern biegen wir rechts ab auf die ehemalige Trasse der Südharz-Eisenbahn, heute ein Radweg. Die Schmalspurbahn verband von 1899 bis 1963 Braunlage mit Walkenried und bis 1945 auch mit Tanne. Nach einer Querung der Bundesstraße geht es knapp zwei Kilometer weiter rechts auf den Braunlager Rundweg und kurz danach links zur Warmen Bode. Statt diesem über das Flüsschen zu folgen, halten wir uns geradeaus.

Bachtäler Wir folgen dem Flusslauf der Warmen Bode, die sich malerisch durch die Landschaft schlängelt. Auf einem schönen Wanderweg lässt sich hier die Zeit vergessen. Immer wieder bieten sich wunderschöne An- und Ausblicke. Die Bachtäler stehen seit Sommer 1989 unter Naturschutz. Die Auwälder mit Schwarzerle und Esche bieten romantische Plätze. Sowohl die Bergwiesen im Umfeld als auch die Bäche selbst sind wichtige Lebensräume für seltene Tier- und Pflanzenarten. Hier sind das Breitblättrige

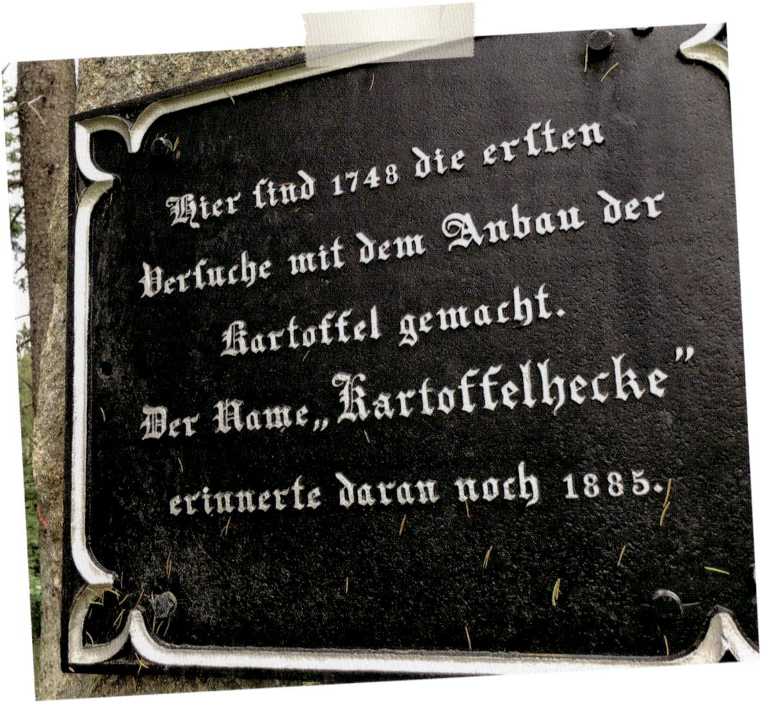

↑ **Das Kartoffeldenkmal erinnert an schicksalhafte Jahre in Braunlage.**

Knabenkraut, Trollblume und Arnika ebenso heimisch, wie die Wildkatze oder verschiedene Fledermausarten. Die letzten drei Kilometer wird die Warme Bode zum Grenzfluss zwischen Niedersachsen und Sachsen-Anhalt. Warme und Kalte Bode vereinen sich bei Königshütte zur Bode, die das sagenhafte Bodetal bei Thale geformt hat.

Tipp

Wer mehr zur Geschichte von Braunlage erfahren möchte oder auch wie die Kartoffel hierher gekommen ist, sollte das FIS Ski- und Heimatmuseum besuchen. Am Kurpark präsentiert es eine liebevolle und detailreiche Ausstellung rund um Wirtschaft, Wintersport, Alltagsleben und vieles mehr.

AUF EINEN BLICK

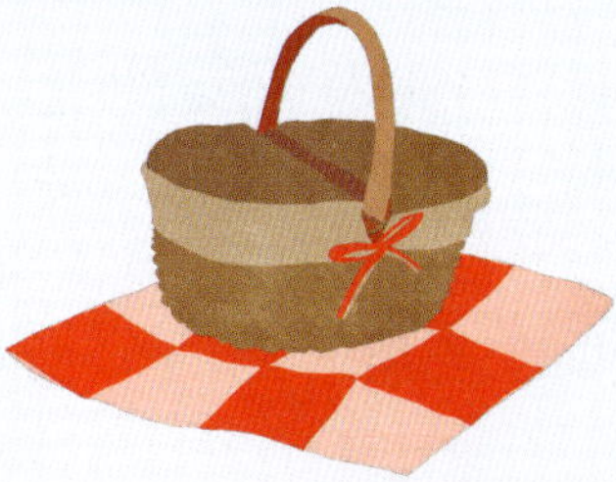

Tour 15: Tour ohne Uhr

Dauer: 2 Std. 45 Min.

Höhenmeter: 100 Hm

Länge: 10,3 km

Schwierigkeit: Mittel

HWN: –

Tourencharakter: Mittelschwere Rundwanderung durch malerische Bachtäler und lichte Wälder. Beste Wanderzeit April–Nov.

Ausgangs-/Endpunkt: Forstweg an der B 242 zwischen Braunlage und Sorge kurz vor der ehemaligen innerdeutschen Grenze (Fotopunkt mit den letzten Schienen der Südharz-Eisenbahn, Brockenblick und Wiese mit Orchideen)

Anfahrt: **Pkw:** Von Braunlage auf der B 242 Richtung Sorge. Start ist kurz vor der Landesgrenze linker Hand am Forstweg. **Bahn/Bus:** Keine direkte Busverbindung zum Startpunkt

Einkehr: Keine Einkehrmöglichkeiten entlang der Wegstrecke

Information: www.braunlage.de

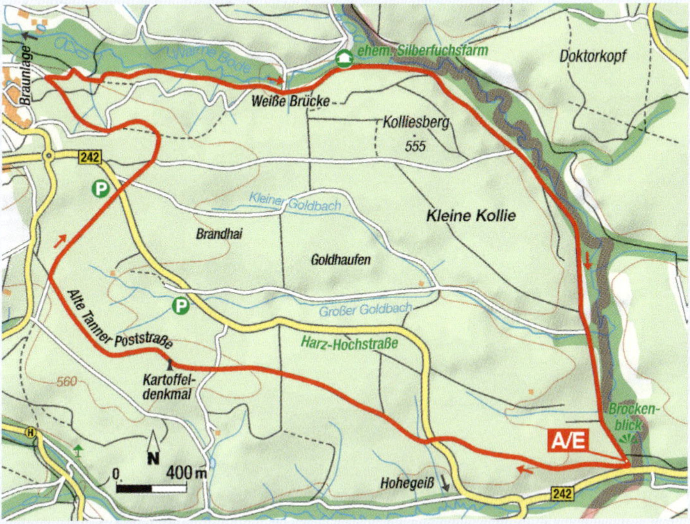

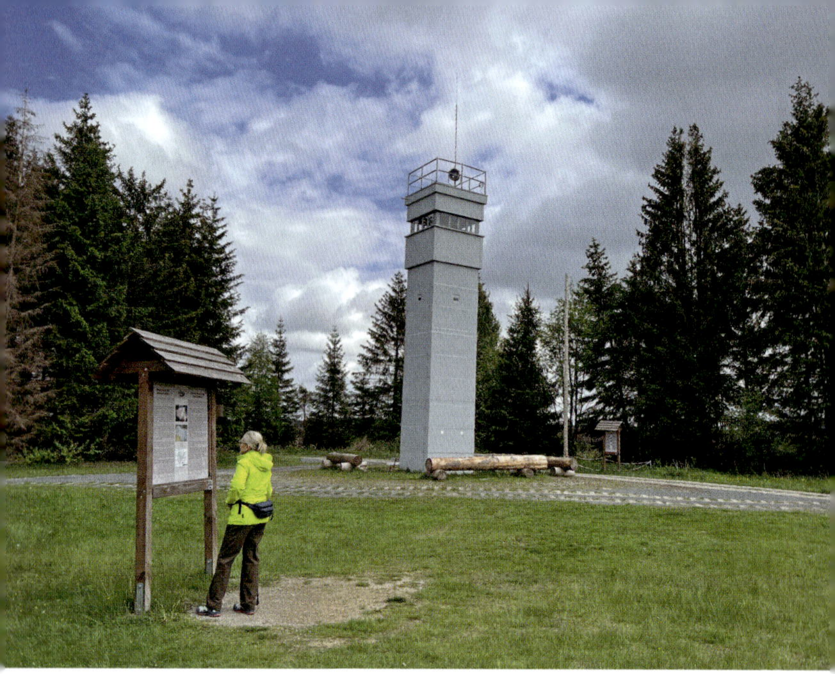

↑ Das Grenzmuseum in Sorge ↓ Erinnerungen an die deutsche Teilung

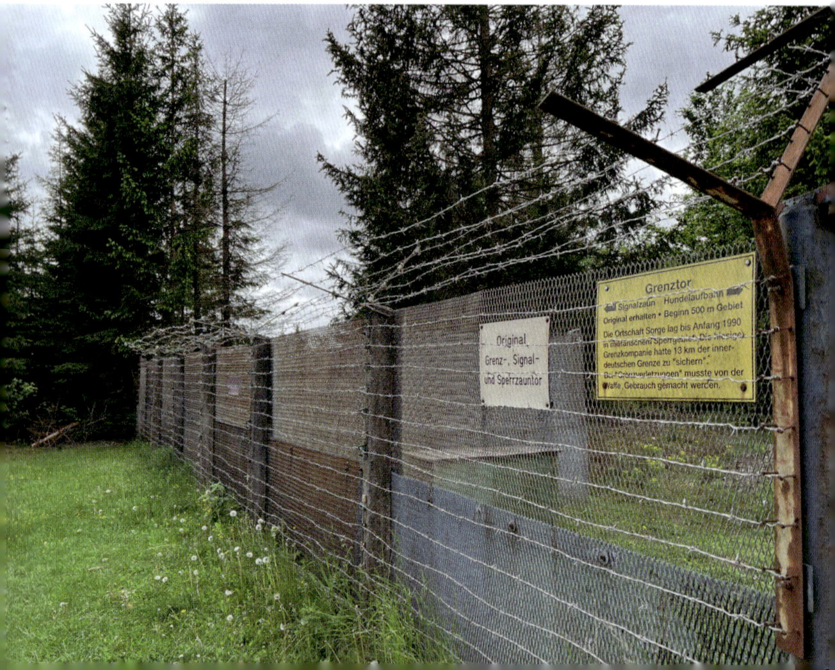

GRENZERFAHRUNGEN AM GRÜNEN BAND

Tour TOUR 16 der Stille

Von Hohegeiß nach Sorge

Wo einst Stacheldraht und Selbstschussanlagen den Weg versperrten, finden Wanderer heute Ruhe und Besinnung. Und mahnende Relikte der deutsch-deutschen Teilung. Über die Harzer Höhen begeben sich Grenzgänger auf eine entspannte Tour.

Bergwiesen und Höhen Vom Wanderparkplatz aus geht es zunächst ein kurzes Stück in Richtung Ortsmitte von Hohegeiß, ehe wir links in die Sorger Straße einbiegen. Malerische Bergwiesen säumen den Weg, die teilweise von Rindern bewirtschaftet werden. Gerade in den frühen Sommermonaten beeindrucken die Bergwiesen mit ihrer bunten Blütenpracht. Damit die Wiesen erhalten bleiben und nicht verbuschen, werden sie regelmäßig gemäht und beweidet. Häufig ist das Harzer Rote Höhenvieh dort zu sehen, die harztypische Rinderrasse. Nach etwa einem Kilometer verlassen wir die asphaltierte Straße und folgen linker Hand einem befestigten Weg. Parallel zum malerischen Ochsenbach geht es Richtung Sorge. Die Route führt moderat, aber stetig bergab. Am Fuße des Ochsenberges, auf dem sich die imposante Ruine einer alten Heilstätte befindet, sind immer mal wieder Gesteinsaufschlüsse zu erkennen. Nach weiteren drei Kilometern verlassen wir den Hauptweg und biegen links in einen schmalen Pfad Richtung Norden ein. Wir überqueren den Ochsenbach, halten uns links und folgen der Strecke dann für gut 300 Meter. Dort biegen wir erneut links auf einen typischen Kolonnenweg ein. Alternativ könnte man einen Umweg von zwei Kilometern in Kauf nehmen und dem Bahnhof Sorge mit seinem kleinen Grenzmuseum, das anhand von Zeitdokumenten an die deutsche Teilung erinnert, einen Besuch abstatten (www.grenzmuseum-sorge.de). Sorge ist auch Station der Harzer Schmalspurbahn. Etwa viermal am Tag legen dort auch die historischen Dampfloks einen Stopp ein.

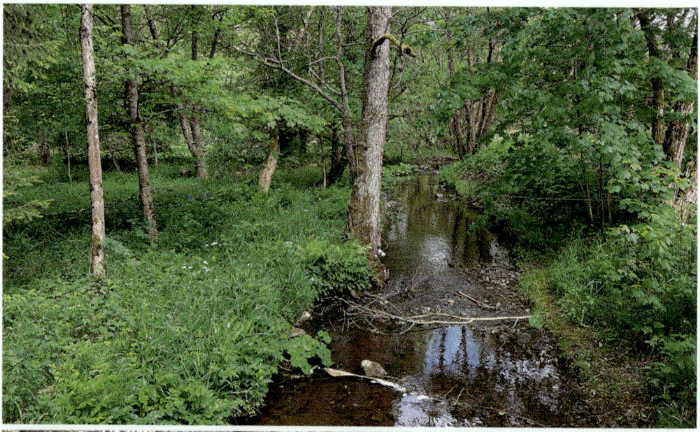

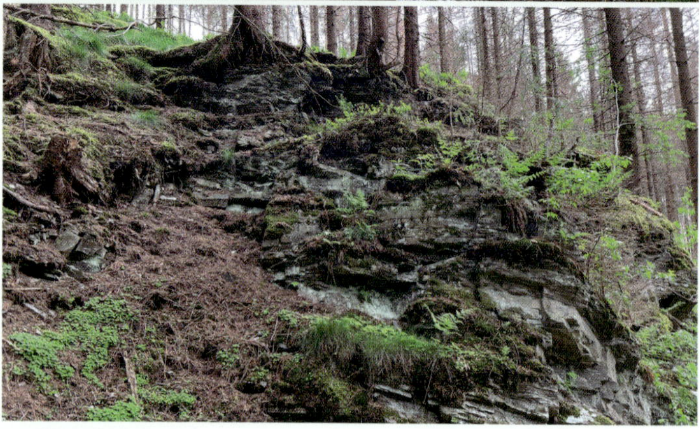

»Wege entstehen dadurch, dass man sie geht.«

Franz Kafka, 1883–1924

Grenzerinnerungen Ein Schild »Schutzstreifen – Betreten und Befahren verboten!« macht deutlich, wo wir uns gerade befinden. Es sind die Überreste der einstigen Grenzanlagen der DDR. Die innerdeutsche Grenze teilte den Harz viele Jahrzehnte lang. Dieser Bereich war mit Ausnahme der Grenztruppen für niemanden zugänglich. Auf den folgenden 1,3 Kilometern passieren wir den Grenzzaun, eine Hundelaufanlage und einen Beobachtungsturm. Letzterer kann im Rahmen von Führungen besichtigt werden. Die Relikte der damaligen Zeit gehören zum Freilichtmuseum, Infotafeln vermitteln die bewegte Geschichte. Auch ein Multimedia-Guide ist verfügbar, der verschiedene Stationen des Grenzmuseums in Wort und Bild erklärt. Ein beklemmendes Gefühl ist auf dieser Route vorprogrammiert. Den Abschluss der Zeitreise bildet der »Ring der Erinnerung«. Direkt auf dem ehemaligen Todesstreifen wurde 1993 ein Naturmahnmal durch einen Landschaftskünstler errichtet. Der Ring aus Totholz mit einem Durchmesser von 70 Metern symbolisiert Vergangenheit und Zukunft, Werden und Vergehen. Hier befindet sich auch die Stempelstelle 46 der Harzer Wandernadel.

Grenzweg am Grünen Band Vom Ring der Erinnerung geleitet uns der Harzer Grenzweg am Grünen Band über etwa 3,5 Kilometer zurück nach Hohegeiß. Das »Grüne Band« beschreibt den ehemaligen Todesstreifen der innerdeutschen Grenze – rund 1400 Kilometer, die nach der Wende zum besonders schützenswerten Lebensraum wurden. Der Harzer Grenzweg führt von Rhoden im Nordharz über rund 90 Kilometer bis nach Tettenborn im Südharz. Mit einer leichten Steigung wandern wir durch die Harzer Natur. Die einst dichten Fichtenwälder mussten auch hier dem Waldwandel weichen. Stattdessen erstreckt sich nun der Blick weit über die Landschaft. Kurz vor dem Ende der Tour

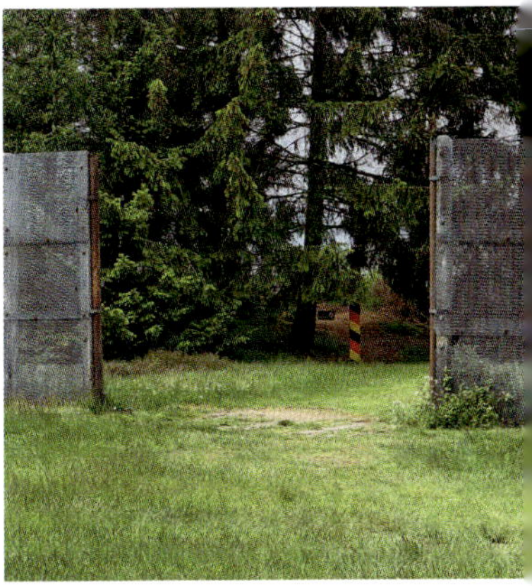

↑ **Der Ochsenbach verläuft eine Weile entlang des Weges.**
↓ **An einigen Stellen werden die Gesteinsschichten sichtbar.**
→ **Überreste des Grenzzauns sorgen für mulmige Momente.**

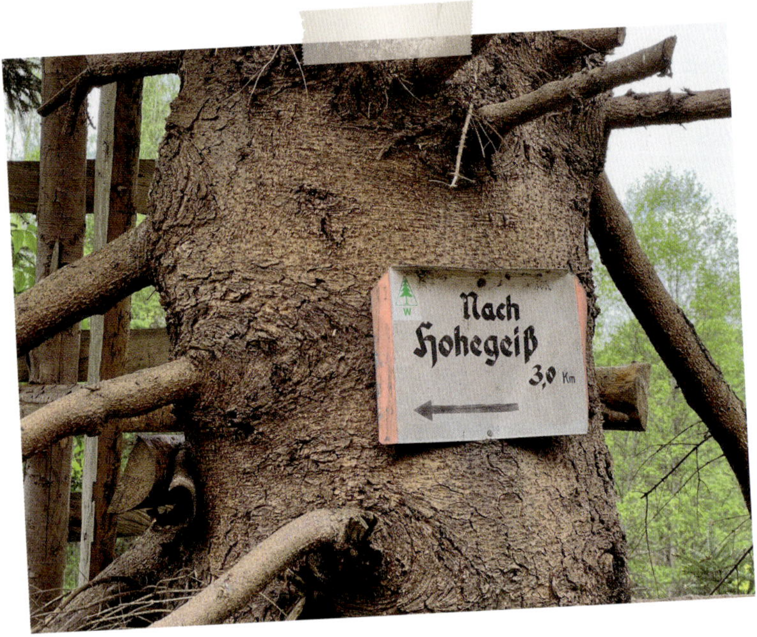

↑ **Die Wege im Harz sind seit vielen Jahrzehnten beschildert.**

halten wir uns rechts, um die letzten 700 Meter parallel zur B4 bis zum Ausgangspunkt zu laufen. Dort angekommen, können wir uns mit einer Stärkung am Grenz-Imbiss belohnen. Besondere Souvenirs, wie die Deutsche Einheit Staatsreserve (Bier) oder original DDR-Wurstgulasch in Dosen sind hier erhältlich. Direkt am Parkplatz wird mit einem Grenzpfahl und Gedenktafeln eindrucksvoll an die ehemalige Teilung erinnert.

Tipp

Familien oder Gruppen ab fünf Personen können eine Führung durch die Grenzlandschaft und das Freilandmuseum buchen, die die wechselhafte deutsch-deutsche Vergangenheit lebendig werden lässt. Neben den Details zu den noch sichtbaren Grenzanlagen gibt es auch authentische Geschichten aus dem Leben im ehemaligen Sperrgebiet.

AUF EINEN BLICK

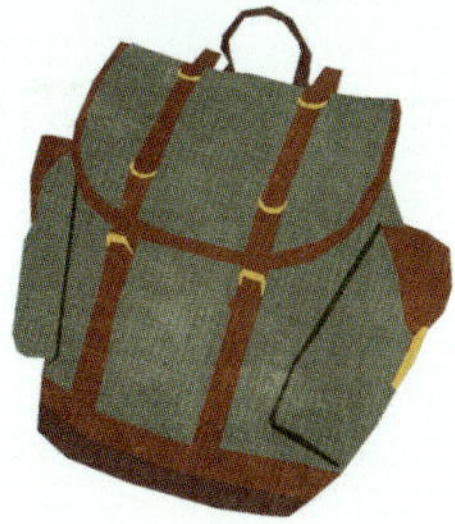

Tour 16: Tour der Stille

Dauer: 2 Std. 30 Min.

Höhenmeter: 140 Hm

Länge: 8,58 km

Schwierigkeit: Mittel

HWN: 46

Tourencharakter: Entspannte, ruhige Route auf den Spuren der deutsch-deutschen Geschichte. Beste Wanderzeit April–Okt. Im Winter teilweise Loipe, dann nicht für Wanderer geeignet

Ausgangs-/Endpunkt: Parkplatz an der B 4 am Ortseingang von Hohegeiß

Anfahrt: Pkw: Von Braunlage über die B 4 Richtung Nordhausen/Hohegeiß. Der Parkplatz befindet sich am Ortseingang links. **Bahn/Bus:** Von Braunlage mit dem Bus 470 Richtung Bad Sachsa, Haltestelle Wilhelm-Raabe-Str., Hohegeiß

Einkehr: Grenz-Imbiss am Wanderparkplatz

Information: www.braunlage.de

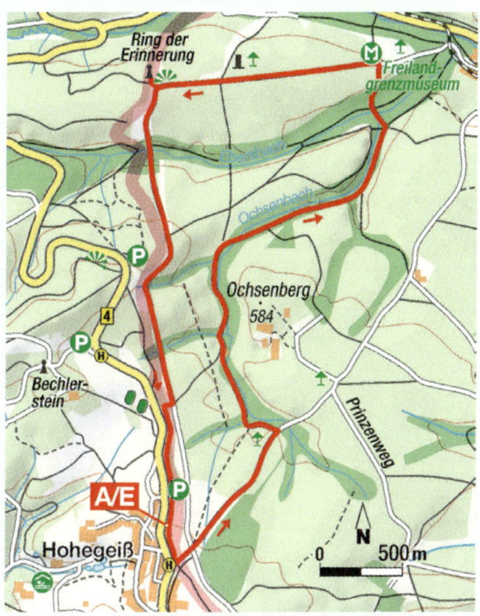

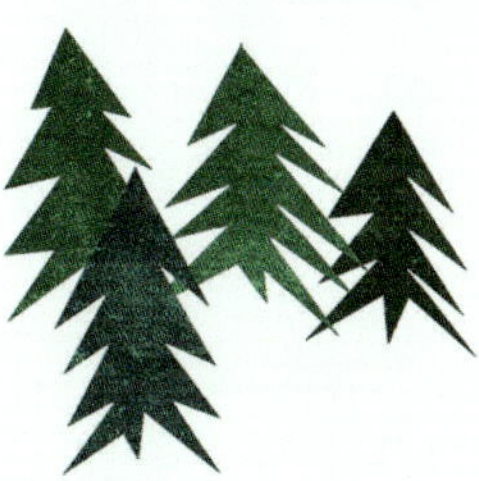

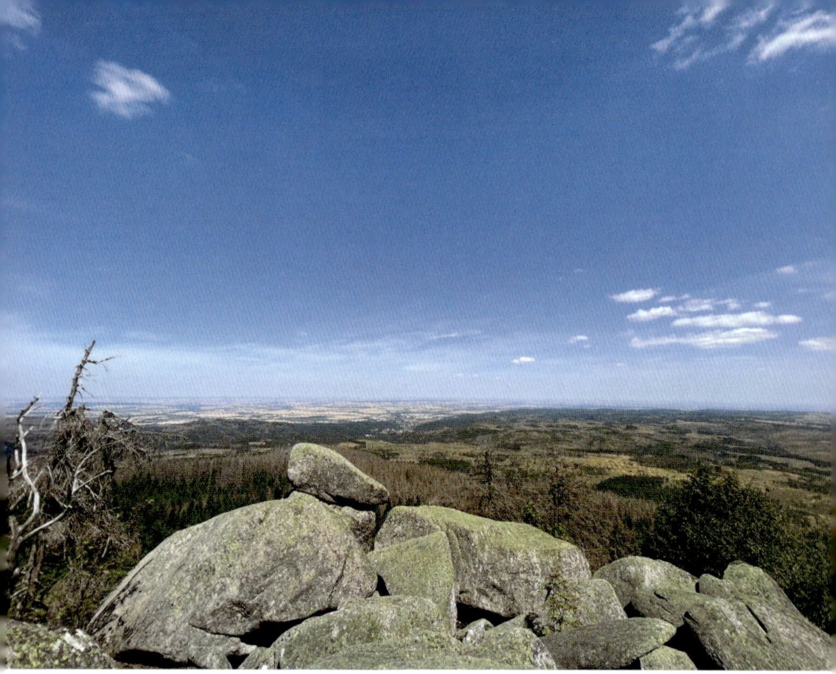

↑ Weitblick vom Hohnekamm ↓ Mystische Klippen und Felsformationen.

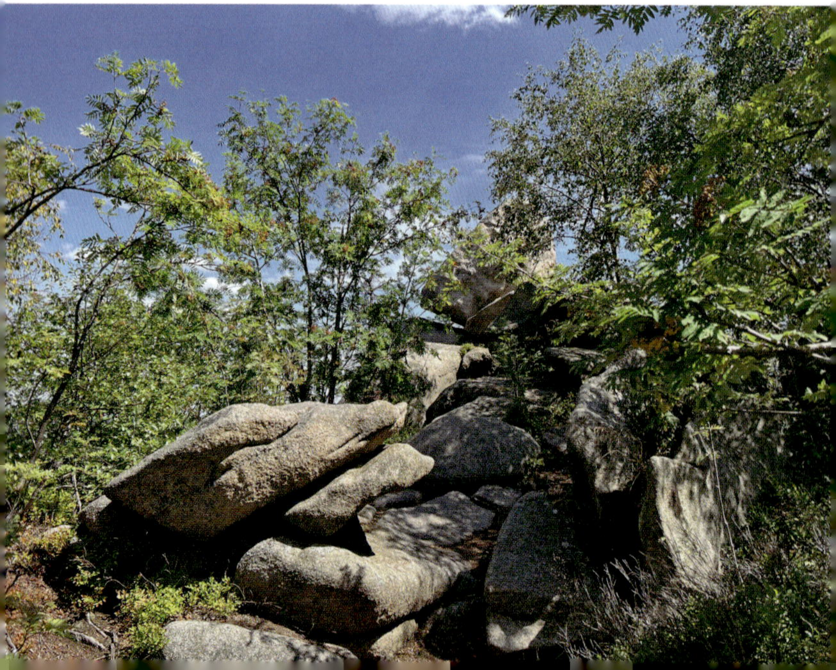

FELSEN UND FERNSICHT AM FUSS DES BROCKENS

Tour TOUR 17 ohne Uhr

Nationalpark nördlich von Schierke

Die Uhr lassen Sie am besten zu Hause, wenn Sie sich auf diese anspruchs- und eindrucksvolle Tour im Nationalpark Harz begeben. Die Magie der Bergwildnis ist zwischen urigen Felsformationen und weiten Ausblicken immer wieder zu spüren.

Schierker Feuerstein Diese Tour starten wir am Bahnhof der Harzer Schmalspurbahn in Schierke. Die nächsten Parkplätze sind etwa 1,2 Kilometer entfernt. Die Anreise mit der überwiegend mit Dampfloks betriebenen Brockenbahn von Wernigerode oder Drei Annen Hohne aus ist ein würdiger Start für diese erlebnisreiche Wanderung. Bereits zu Beginn erwartet uns gegenüber des Bahnhofs Richtung Norden ein naturbelassener Bergwanderweg mit teils steilem Anstieg, auf dem wir nach wenigen Hundert Metern den Kleinen Feuerstein passieren. Er gehört zu den Feuersteinklippen, die dem bekannten Kräuterlikör seinen Namen gaben. Vor über 100 Jahren vom Apotheker Willy Drube entwickelt, wird dieser noch immer nach dem Originalrezept hergestellt. Die Apotheke als Stammhaus in Schierke besteht weiterhin und ist bei Führungen zu besichtigen. Der Kleine Feuerstein ist allerdings nicht zu erklimmen. Kurz darauf halten wir uns rechts und folgen dem Wanderpfad bis zum nächsten Querweg, wo wir links abbiegen. Der nun gut befestigten Strecke folgen wir rund 200 Meter, ehe es auf dem nächsten Bergpfad zum Ahrensklint geht. Ab und an ist das Pfeifen der Brockenbahn zu hören, und die Rauchfahnen zeigen ihren Weg.

Felsen erklimmen Der Ahrensklint (Stempel 13) gehört zu den zahlreichen urigen Felsformationen, die typisch für den Harz sind. Die Klippe sieht aus, als wären die Felsen übereinandergestapelt worden – ein typisches Merkmal der sogenannten Wollsackverwitterung. Über Jahrmillionen wurden weichere Gesteins- und Mineralienschichten ausgewaschen und so die imposanten Felsen geformt. Der Ahrensklint lässt sich über Eisenleitern erklimmen, die bei feuchter Witterung rutschig sein können. Auf dann 822 Metern Höhe bietet sich ein weiter Blick über die Harzer Berge zum Brocken und zum Wurmberg, auf Schierke und zu den Leistenklippen – unser nächstes Ziel. Von hier aus geht es weiter bergauf zum Glashüttenweg, auf den wir rechts abbiegen. Die Natur in diesem Bereich hat sich in vergangenen Jahren sehr stark verändert. Der Klimawandel hat zu einem massiven Fichtensterben geführt. Im Nationalpark, wo die Natur sich selbst überlassen wird, ragen häufig noch die silbergrauen Stämme abgestorbener Fichten empor. Doch wer genau hinschaut, sieht, dass sich die Natur das Terrain wieder zurückerobert: Auf Totholz entsteht neues Leben.

Bergwildnis Nach gut 1,5 Kilometern auf dem Glashüttenweg biegen wir links auf einen urigen Wanderpfad ab. Der Weg führt immer tiefer in den Nationalpark Harz hinein, und die Natur wird ursprünglicher. Ziel des Nationalparks ist es, eine neue Bergwildnis entstehen zu lassen. Ohne Einwirkung des Menschen in der Kernzone des Großschutzgebietes wird die Natur ihrer eigenen Entwicklung überlassen. Entsprechend sind diese Bereiche besonders geschützt und für Wanderer nicht zugänglich. Mit bis zu 16 % Steigung führt der schmale, naturbelassene Pfad über gut einen Kilometer hinauf zu den Leistenklippen. Teilweise geht es über Holzbohlenstege, die uns trockenen Fußes durch mooriges Gelände führen. Die Moore im Harz zählen zu den besterhaltenen in Deutschland. Der karge Lebensraum ist Heimat für seltene Tiere und Pflanzen. Im April und Mai zieren

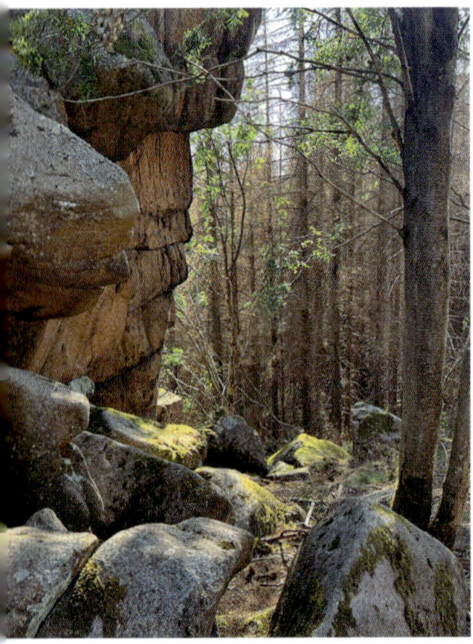

↑ Blick zum Brocken von den Höhen des Nationalparks.
↓ Es ist erstaunlich, was die Natur alles erschafft.
← Den Trudenstein passieren wir auf dem Rückweg.

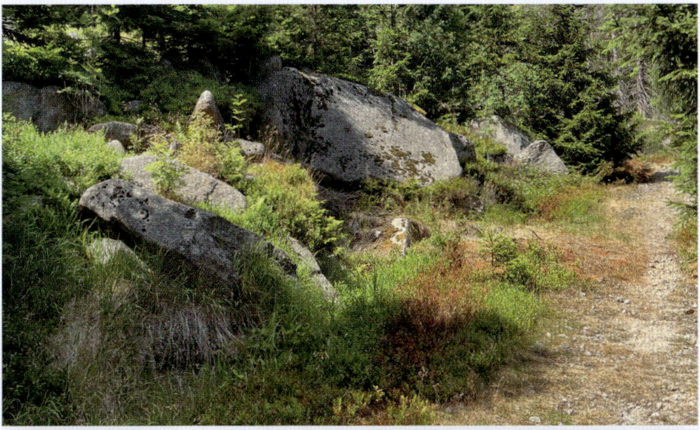

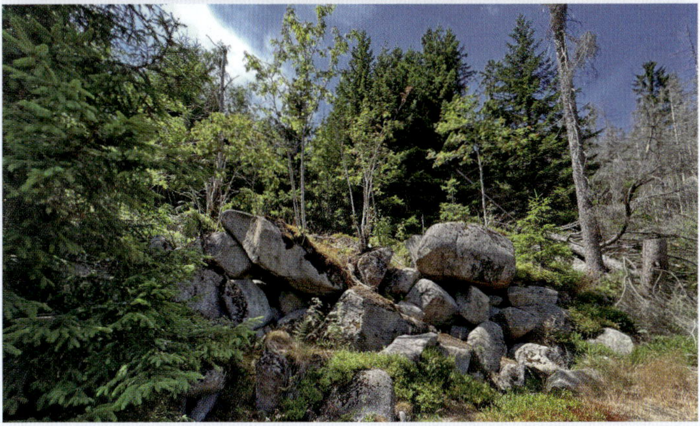

»Berge sind stille Meister und machen schweigsame Schüler.«

Johann Wolfgang von Goethe, 1749–1832

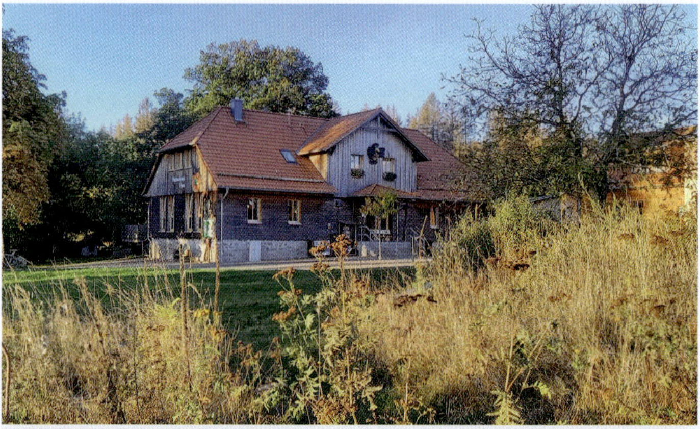

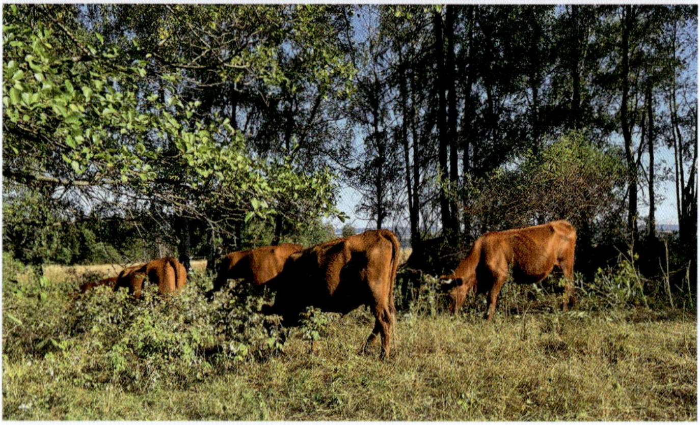

»Zu unserer Natur gehört die Bewegung,
die vollkommene Ruhe ist der Tod.«

Blaise Pascal, 1623–1662

ungewöhnliche Wollbüschel die Moorlandschaft – Blütezeit des Scheiden-Wollgrases. Nach insgesamt 4,5 Kilometern haben wir den höchsten Punkt unserer Route erreicht, die Leistenklippe (Stempel 15). Diese eindrucksvolle Felsformation gehört zum Hohnekamm. Auch sie ist über eine Eisentreppe als Aussichtspunkt zugänglich. Auf 901 m Höhe genießen wir erneut die Fernsicht. Spätestens hier lässt sich anhand des Sonnenstandes gut ermessen, was die Uhr geschlagen hat. Brocken und Wurmberg liegen westlich, Wernigerode nordöstlich unseres Standorts.

Natur-Erlebniszentrum Recht steil und anfangs auf teils unbefestigten Wegen geht es nun rund drei Kilometer hinab ins Tal. Teilweise ist der Pfad schwer zu erkennen, und Trittsicherheit ist unbedingt erforderlich. Nach einem guten Kilometer auf dem Oberen Hohnekamm-Hangweg biegen wir links in einen kleinen Pfad ein, gehen ein kurzes Stück auf dem Glashüttenweg und folgen dann dem Von-Eichendorff-Stieg zum HohneHof. Der größte Teil der Strecke und die meisten Höhenmeter liegen nun hinter uns, wenn wir das Natur-Erlebniszentrum HohneHof erreichen – Zeit für eine ausgiebige Rast, bei der man sich einen weiteren Stempel (174) holen kann. Der HohneHof ist ganzjährig, ausgenommen 24., 25. und 31. Dezember, geöffnet. Bei einer kleinen Auswahl an Speisen und Getränken in gemütlicher Atmosphäre sind die Anstrengungen der letzten Stunden schnell vergessen.

Zauber der Berge Für unsere letzte Etappe folgen wir ein kurzes Stück dem Weg, den wir gekommen sind, und bleiben linker Hand auf dem Kirchstieg. Nach gut 600 Metern biegen wir rechts ab und

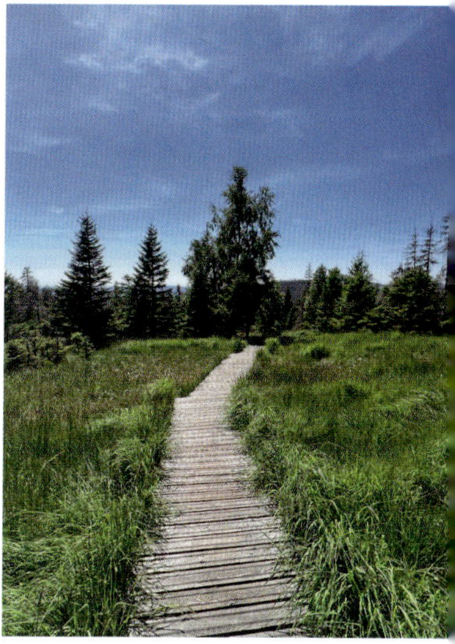

↑ **Der HohneHof bietet eine schöne Möglichkeit für eine Rast.**
↓ **Das Harzer Rote Höhenvieh sorgt für die Landschaftspflege.**
→ **Auf dem Moorstieg geht es teilweise über Bohlenwege.**

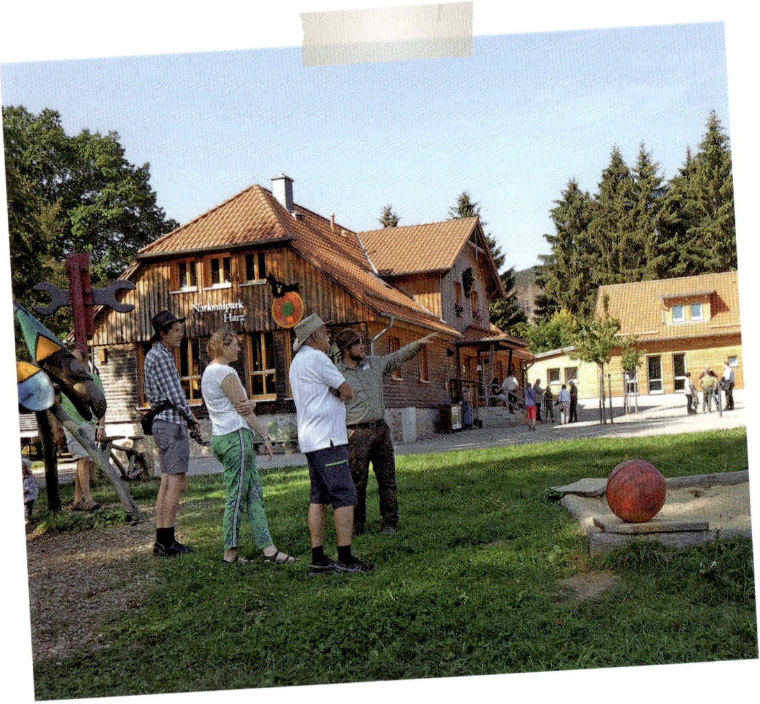

↑ **Führung mit einem Nationalpark-Ranger auf dem HohneHof**

erreichen weitere 600 Meter später über einen kurzen, steilen Anstieg erneut den Glashüttenweg. Richtung Schierke stoßen wir auf den Trudenstein, wiederum ein besteigbarer Granitfelsen (Stempel 17). Namensgeber ist der alte Begriff »Trute«, der Hexe oder Zauberin bedeutet. Zwei Kilometer weiter erreichen wir schließlich unseren Ausgangspunkt.

Tipp

Neben dem Natur-Erlebniszentrum HohneHof gibt es noch sieben weitere Besucherzentren und Nationalpark-Häuser, deren Besuch lohnt. In interaktiven Ausstellungen mit verschiedenen Schwerpunkten werden die Tier- und Pflanzenwelt sowie die Philosophie des Nationalparks anschaulich erklärt.

AUF EINEN BLICK

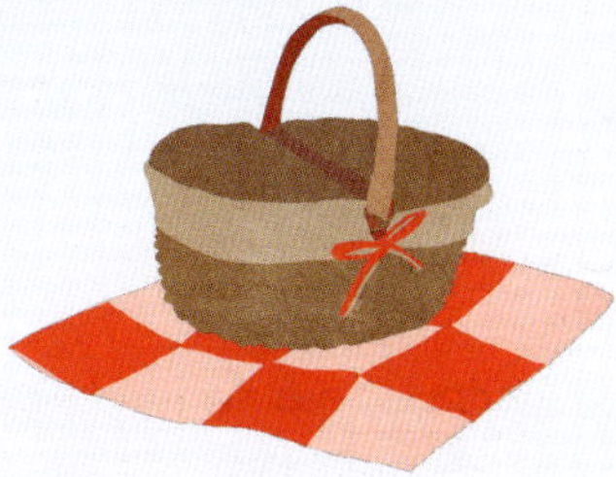

Tour 17: Tour ohne Uhr

Dauer: 3 Std. 30 Min.

Höhenmeter: 380 Hm

Länge: 11,4 km

Schwierigkeit: Schwer

HWN: 13, 15, 17, 174

Tourencharakter: Anspruchsvolle Route mit teils steilen Anstiegen in den Tiefen des Nationalparks. Beste Wanderzeit April–Okt.

Ausgangs-/Endpunkt: Bahnhof Schierke

Anfahrt: **Pkw:** Über die B 27/L 100 von Braunlage oder die L 100 von Wernigerode nach Schierke. Parkplatz Am Thälchen (1,2 Kilometer bis Start) **Bahn/Bus:** Mit der Harzer Schmalspurbahn von Wernigerode oder Drei Annen Hohne

Einkehr: Natur-Erlebniszentrum HohneHof bzw. in Drei Annen Hohne

Information: www.schierke-am-brocken.de, www.nationalpark-harz.de

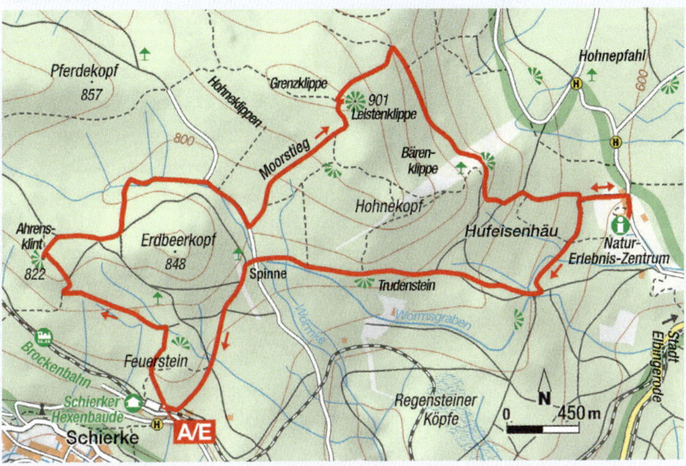

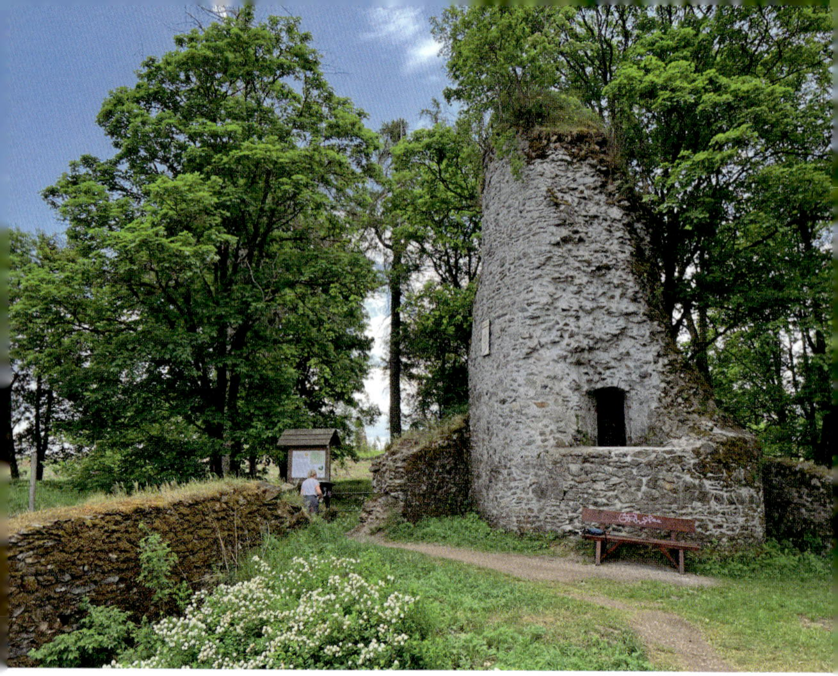

↑ Überreste der Königsburg ↓ An der Königshütter Talsperre

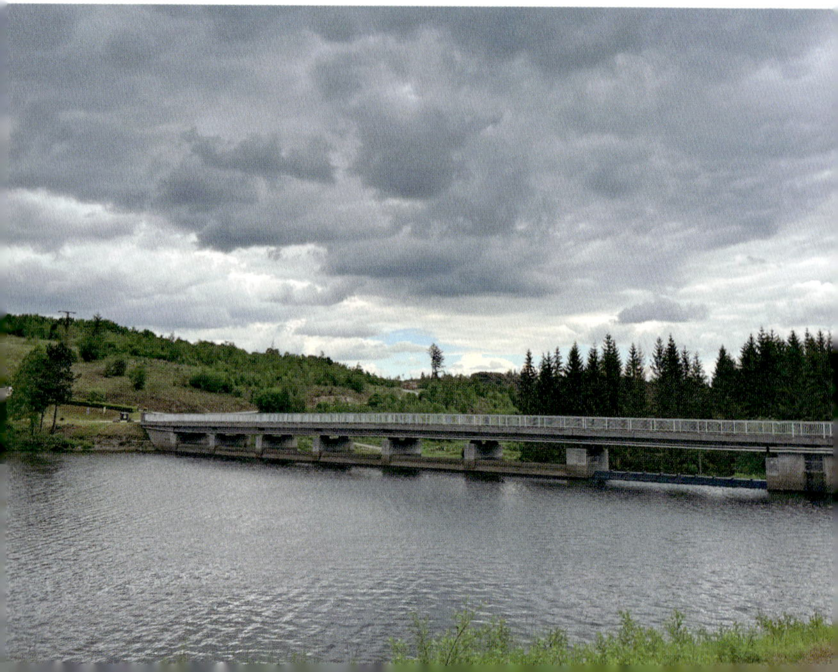

Tour der Stille

TOUR 18

BURGRUINE, TALSPERRE UND TAGEBAU

Rund um Königshütte

Wahrlich unterschätzte Ausblicke und eine erholsame Stille: Diese Tour mit wenigen steilen Anstiegen und überwiegend bequemen Wegen wird zum Sinneserlebnis. Lediglich beim Abstecher zum eindrucksvollen Tagebau kann es etwas laut werden.

Königsburg Zu Füßen der Königsburg auf dem Wanderparkplatz an der B 27 beginnt unsere Wanderung. Kurz und knackig ist der Aufstieg zur Burgruine mit bis zu 13 % Steigung und auf überwiegend losem Untergrund. Trittsicherheit ist hier insbesondere bei Nässe erforderlich. Doch die Anstrengungen werden unverzüglich belohnt. Von den Überresten der Königsburg eröffnet sich ein wunderschöner Blick auf die Harzer Berge bis hin zum Brocken. Nur noch Teile des Bergfriedes, Gräben, Wälle und einige Mauerreste sind von der Adelsburg aus dem 14. Jahrhundert erhalten. Vermutlich diente sie dazu, die Grenze des Bistums Halberstadt zu schützen, doch allzu viel von ihrer Geschichte ist nicht überliefert. Bereits zu Beginn des 18. Jahrhunderts war sie zu einer Ruine verfallen. Der Anziehungskraft dieses wenig bekannten Ortes im Harz tut dies jedoch keinen Abbruch. Hier befindet sich die Stempelstelle 41. Zudem ist dieser Abschnitt Teil der Südvariante des Harzer-Hexen-Stieges.

Talsperre Königshütte Von der Königsburg geht es zunächst ein kurzes Stück den Weg zurück, den wir gekommen sind. Dann halten wir uns rechts für einen kleinen Abstieg ins Tal. Nach nur wenigen Minuten erreichen wir einen gut befestigten Fahrweg, dem wir rechter Hand folgen. Zunächst wandern wir parallel zum Flüsschen Bode, ehe wir nach etwa 700 Metern die Ausläufer der Talsperre Königshütte erreichen. Sie wurde zwischen 1939 und 1956 für die Trinkwasserversorgung, als Hochwasser-

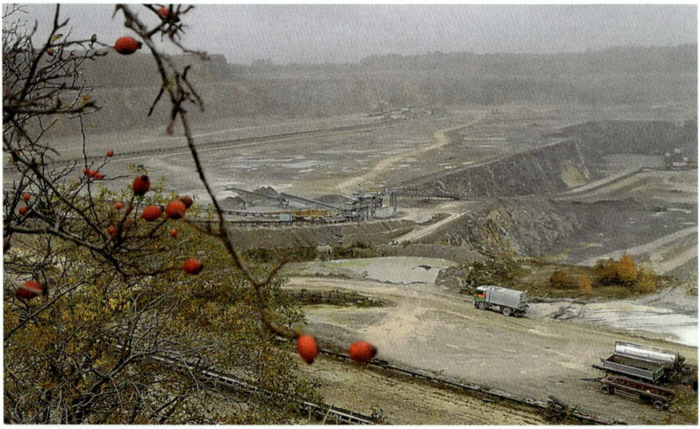

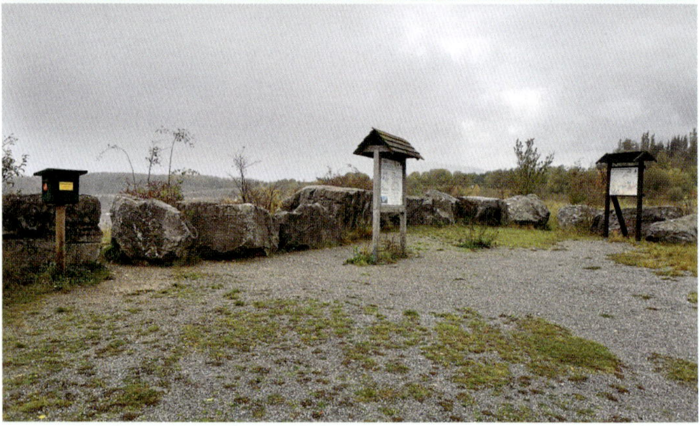

»Wer recht in Freuden wandern will,
der geh' der Sonn' entgegen.«

Emanuel Geibel, 1815–1884

schutz und auch zur Stromerzeugung errichtet. Mit nur 1,2 Mio. m^3 Speicherraum ist sie wohl eine der kleinsten Talsperren im Harz. Da sie als Trinkwasserreservoir dient, ist hier das Baden nicht erlaubt. Kurz vor der Staumauer befindet sich eine Infotafel zur Erinnerung an die Trogfurter Brücke (Stempel 42). Sie war einst Teil der Handelsstraße zwischen Italien und Skandinavien. Mitte des 18. Jahrhunderts bis zur Sprengung durch die SS im Jahr 1945 bot sie eine sichere Überquerung der Bode.

Tagebau Auf der anderen Seite des Staudamms erwartet uns ein zweiter steiler Anstieg, ebenfalls mit losem Untergrund. Schon nach 400 Metern erreichen wir den nächsten gut befestigten Fahrweg. Diesem folgen wir etwa drei Kilometer durch die Harzer Landschaft. Bereits nach 1,8 Kilometern erreichen wir den Tagebau der Fels-Werke. Während Bergbau im Harz überwiegend unterirdisch betrieben wurde, wird hier in Elbingerode bereits seit rund 100 Jahren Kalkstein im Tagebau gewonnen. Unser Ziel ist der Aussichtspunkt mit Stempelstelle 39. Von hier aus werden die Dimensionen des Tagebaus erst sichtbar. Mit einem Fernglas ausgestattet, können die schweren Maschinen der Fels-Werke wochentags bei ihrer Arbeit beobachtet werden. Wer mag, geht noch 200 Meter weiter. Dort gibt es einen schönen Blick zum Brocken, und die riesigen Lkws des Tagebaus sind aus nächster Nähe zu betrachten. Am Aussichtspunkt steht man recht ungeschützt, Wetter- und Sonnenschutz sollten nicht fehlen.

Feld und Wald Nach einem Blick auf den Tagebau folgen wir der Route, die wir gekommen sind, und biegen nach etwa 1,7 Kilometern rechts ab. Auf einem bequemen, naturbelassenen Weg geht es nun Richtung Königshütte. Zwischen Feld und Wald lässt sich die Ruhe

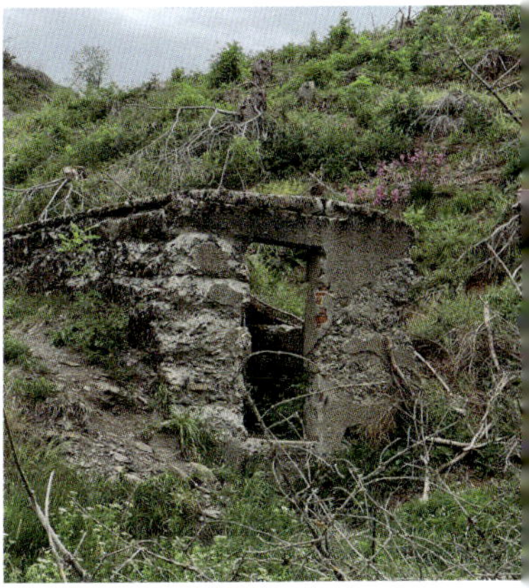

↑ Im Tagebau der Fels-Werke herrscht reger Betrieb.
↓ Aussichtspunkt mit Infotafeln und Stempelstelle
→ Mauerreste am Wegesrand machen neugierig.

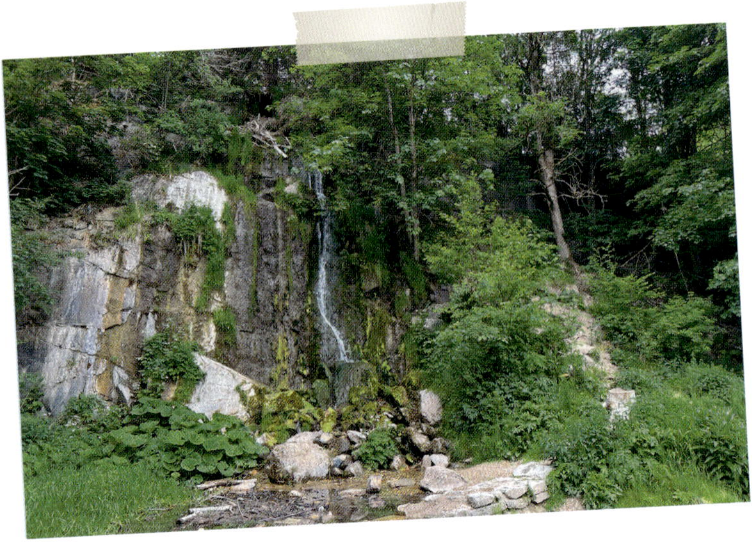

↑ **Der Königshütter Wasserfall ist einen kleinen Abstecher wert.**

genießen, zumal es stetig leicht bergab geht. Mit einem Blick über die weite Landschaft können wir die Eindrücke der Tour sacken lassen. Nach etwa 2,5 Kilometern erreichen wir den Ortseingang von Königshütte. Der Straße Am Katzenberg folgend biegen wir für einen Abstecher zum Königshütter Wasserfall (Stempel 40) rechts in die Straße Ackertklippe ein. In der Pension Am Felsen lässt sich eine Rast einplanen. Nach einem guten Kilometer laufen wir ein kurzes Stück rechts entlang der Friedensstraße und dann links auf der Brockenstraße 600 Meter bis zum Wasserfall. Zurück geht es zwei Kilometer durch den Ort zum Ausgangspunkt.

Tipp

Wer sich für die Bergbaugeschichte der Region interessiert, sollte einen Besuch im Schaubergwerk Büchenberg in Elbingerode (acht Kilometer entfernt) einplanen. Dort wird die Geschichte des Erzabbaus im 20. Jahrhundert recht lebendig anhand betriebsbereiter Maschinen erklärt. www.schaubergwerk-elbingerode.de

AUF EINEN BLICK

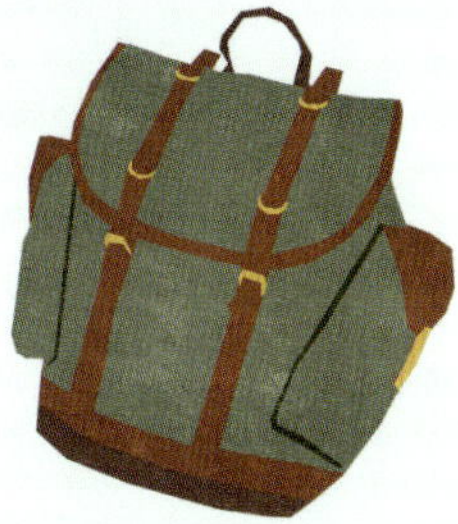

Tour 18: Tour der Stille

Dauer: 4 Std.

Höhenmeter: 200 Hm

Länge: 14,8 km

Schwierigkeit: Mittel

HWN: 39, 40, 41, 42

Tourencharakter: Mittelschwere Tour mit wenigen steilen Anstiegen und tollen Ausblicken. Beste Wanderzeit April–Okt.

Ausgangs-/Endpunkt: Parkplatz an der B 27 in Königshütte

Anfahrt: **Pkw:** Von Braunlage oder Blankenburg über die B 27 nach Königshütte. Im Ort Richtung Tanne bfindet sich links der Parkplatz. **Bahn/Bus:** Mit Bus 265 von Wernigerode nach Königshütte, Haltestelle Tanner Straße

Einkehr: Keine Einkehrmöglichkeiten entlang der Route; Pension & Restaurant Am Felsen, Königshütte (www.am-felsen.de)

Information: www.oberharzinfo.de

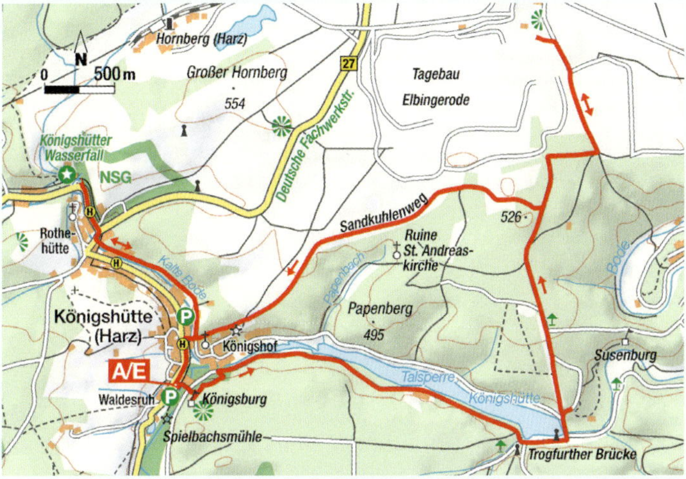

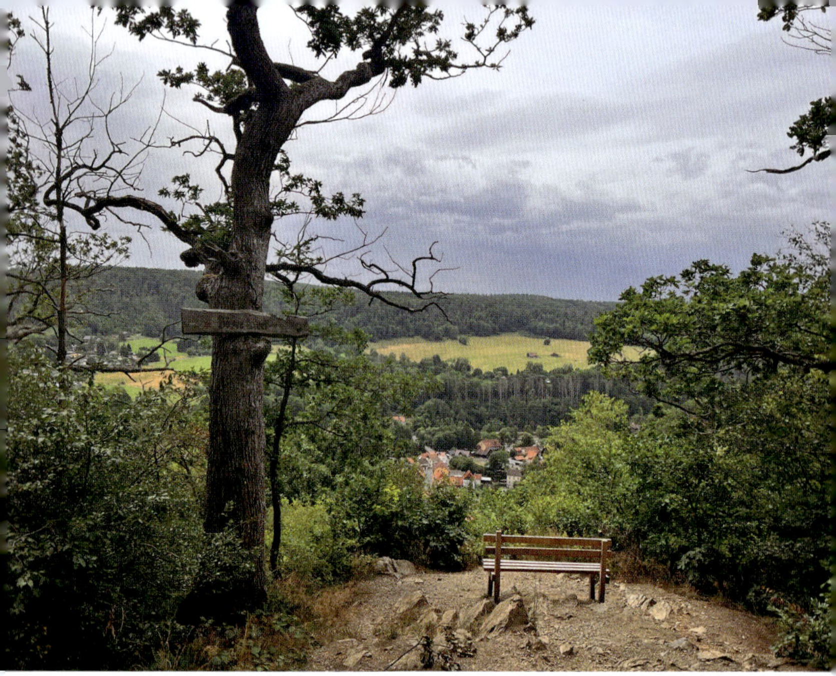

↑ Herrlicher Blick ins Bodetal ↓ In Altenbrak ist die Bode ein ruhiger Fluss.

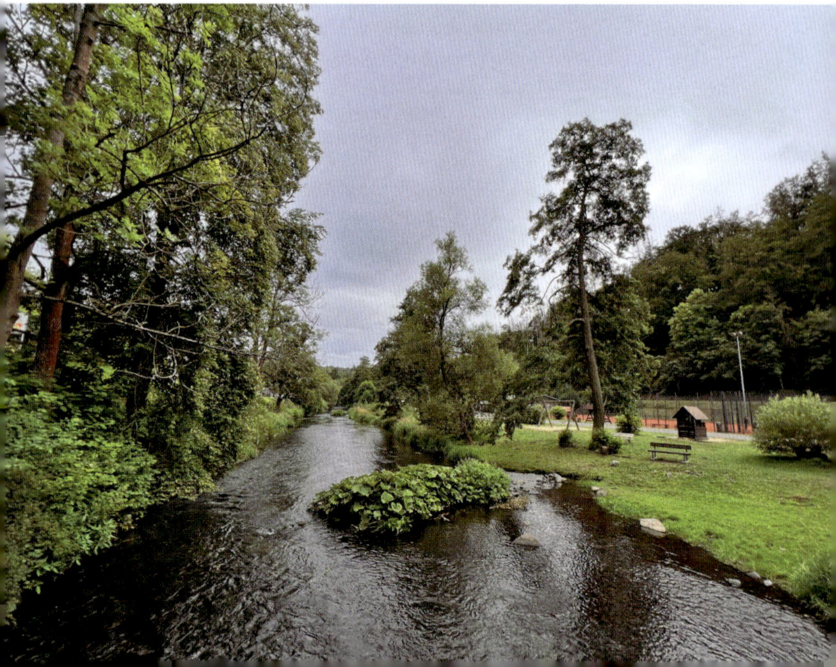

Tour für den Genuss
TOUR 19

STILLE UND EINDRUCKS-VOLLE LANDSCHAFTEN

Das Bodetal bei Altenbrak

Diese Wanderung hat es in sich und lohnt sich gleich mehrfach: drei Stempel, eine urige Einkehr, abenteuerliche Pfade, eindrucksvolle Ausblicke und kaum eine Menschenseele. Das Bodetal bei Altenbrak ist für Wanderer noch ein Geheimtipp.

Altenbrak Während der schroffste Teil des Tals bei Thale (siehe Tour 5) zu den Besuchermagneten im Harz gehört, geht es im kleinen Urlaubs- und ehemaligen Bergbau- und Hüttenstandort Altenbrak eher beschaulich zu. Ideal, um die wunderschöne, ursprüngliche Landschaft zu genießen. Startpunkt dieser anspruchsvollen Wanderung mit abenteuerlichen Abschnitten ist der Busparkplatz. Zunächst geht es durch den Ort, über die Straße Rolandseck und rechts auf die Straße Unterdorf. Nach etwa 450 Metern kurz vor dem Ortsausgang beginnt unser Abenteuer linker Hand auf einem eher unscheinbaren, naturbelassenen Wanderpfad. Steil geht es bergan mit bis zu 29 % Steigung. Festes Schuhwerk ist unverzichtbar, Wanderstöcke sind in diesem wilden Gelände hilfreich. Immerhin ist das steilste Stück »nur« 500 Meter lang. Dann geht es scharf rechts über einen kurzen, abenteuerlichen Abschnitt zum Parallelweg, der uns rechts zum Bösen Kleef führt.

Aussichtsreich Am Aussichtspunkt Böser Kleef angekommen, genießen wir erstmals den Blick auf das malerische Bodetal. Auf der aus Granit bestehenden Felsformation lädt eine Bank zum Verweilen ein, was wir nach dem kräftezehrenden Aufstieg gern in Anspruch nehmen. In der Schutzhütte befindet sich Stempel 64. Der kleine Ort Altenbrak liegt zu unseren Füßen. Nach einer Rast gehen wir den Weg zurück, den wir gekommen sind, und biegen nach einigen hundert Metern rechts ab. Auf diesem Abschnitt geht es durch eine wahre Bergwildnis. Büsche, Gräser, Sträucher

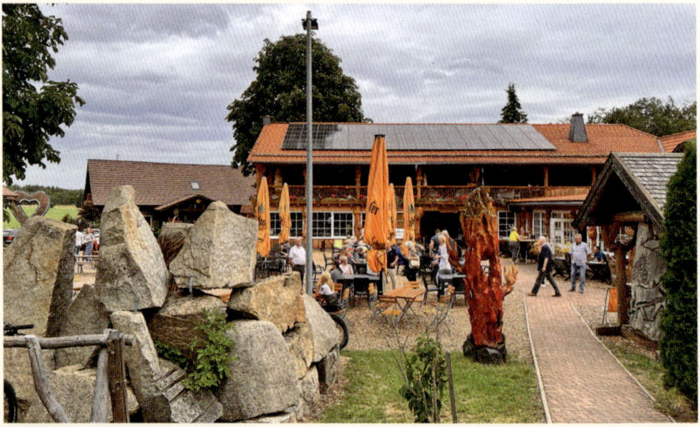

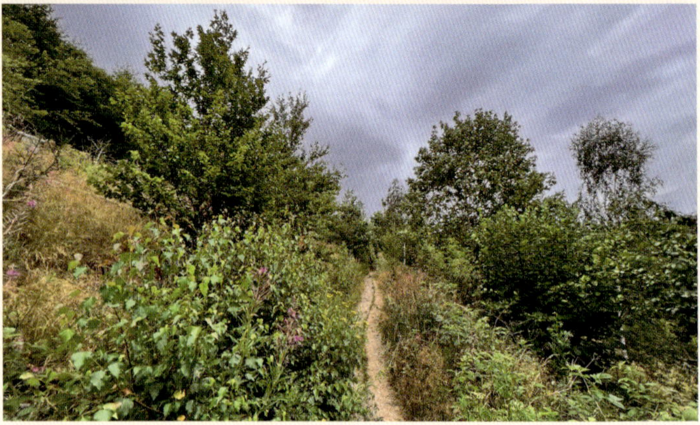

»Weitab vom Lärm der großen Straßen. Im Tal, dort wo die Bode schäumt. Wo die Natur schön ohne Maßen. Liegt Altenbrak, still und verträumt.«

aus »Cecile« von Theodor Fontane, 1819–1898

und junge Bäume säumen den schmalen Wanderpfad. Sein Bewuchs macht deutlich, dass hier nur wenige Wanderer unterwegs sind. Nach etwa 500 Metern biegen wir rechts auf einen befestigten Weg ein. An der nächsten größeren Weggabelung folgen wir den Schildern nach Todtenrode. In dem kleinen Örtchen bietet sich eine Einkehr im Waldgasthaus Zum Alten Forsthaus an (Stempel 65). Im gemütlichen Gastraum ebenso wie im idyllischen Biergarten lässt es sich bei Kaffee, Kuchen oder einer deftigen Brotzeit gut aushalten, auch wenn der größere Teil unserer Tour noch bevorsteht.

Brockenblick Vom Gasthaus geht es ein kurzes Stück zurück zu unserem Wanderweg und dann rechts ab. Zunächst folgt ein fester Forstweg. Am Ludolfstein zeigt sich der Brocken am Horizont. Der Granitblock wurde zu Gedenken an Ludolf Freiherr von Oldershausen aufgestellt, der sich nach der Wiedervereinigung für gut strukturierte Privatwälder in Sachsen-Anhalt eingesetzt hat. An der nächsten Weggabelung wandern wir weiter geradeaus. Die Ruhe und die Landschaft sind ein wahrer Genuss. Nach insgesamt gut 4,5 Kilometern Strecke und einem kurzen, steilen und abenteuerlichen Abstieg erreichen wir wieder Altenbrak. Auf der Terrasse des Café Fontane genießt man einen herrlichen Blick über den Ort und das Bodetal.

Tal der Bode Über eine Forststraße und einen Hohlweg geht es hinab in den Ort. An der Pension Zum Harzer Jodlermeister – auch ein gemütlicher Platz für eine Einkehr – führt ein Weg zur Hauptstraße. Dieser folgen wir ein kurzes Stück talaufwärts und biegen dann links ab, um die Bode zu überqueren. Wem dies genug ist, der kann nun links zum Parkplatz zurückkehren. Wir halten uns rechts und

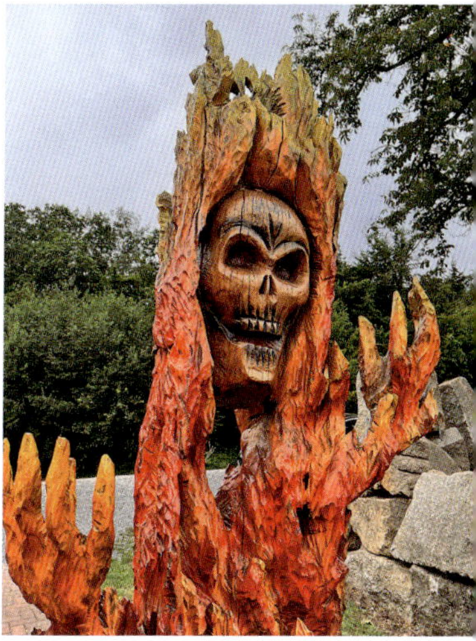

↑ Für eine Einkehr im Alten Forsthaus Todtenrode sollte Zeit sein.
↓ Auf verwunschenen, wenig begangenen Pfaden wandern wir ins Glück.
→ Dieser gruselige Gesell begrüßt die Gäste des Alten Forsthauses.

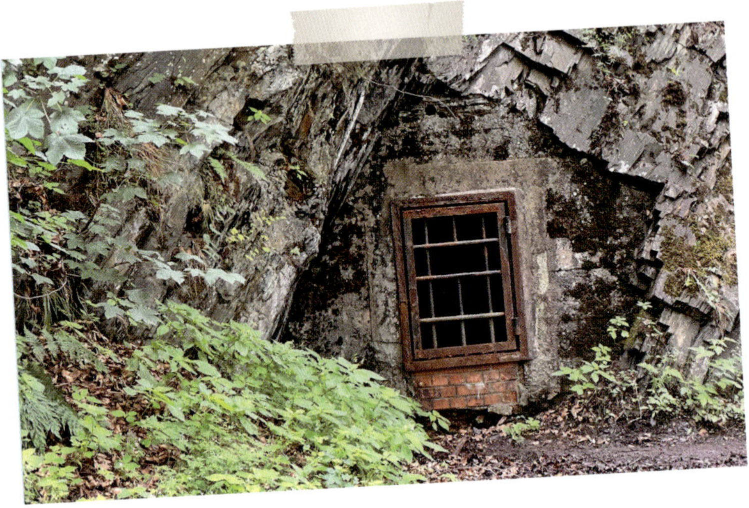

↑ In diesem Stollen wurde in den 1920er-Jahren Schiefer abgebaut.

erreichen schnell einen schönen Wanderweg am Bodeufer. Nach einem guten Kilometer auf einer überwiegend gut befestigten Strecke halten wir uns links und machen uns an den Aufstieg zum Aussichtspunkt Schöneburg (Stempel 63). Der Weg wird erneut zu einem verwunschenen, schmalen Pfad, Licht und Schatten wechseln einander ab. Nicht nur die Steigung, sondern auch der Ausblick ist atemraubend. Oben angekommen, heißt es durchschnaufen und den Blick genießen. Der Weg ist Teil des Harzer-Hexen-Stieges. Wer mag, kann diesem noch zwei Kilometer bis zur Harzköhlerei Stemberghaus (Stempel 60) folgen. Wir hingegen machen uns auf den rund drei Kilometer langen Rückweg.

Tipp

Um das Bodetal rings um Altenbrak noch genauer zu erkunden, sollten Sie sich ein paar Tage Zeit nehmen. Von Juni bis August lässt sich dies mit einem Besuch der idyllischen Waldbühne verbinden. Mit Musicals, Märchen und Konzerten wird auf der Naturbühne ein abwechslungsreiches Programm geboten.

AUF EINEN BLICK

Tour 19: Tour für den Genuss

Dauer: 3 Std. 30 Min.

Höhenmeter: 350 Hm

Länge: 10,8 km

Schwierigkeit: Schwer

HWN: 63, 64, 65, (60)

Tourencharakter: Teils abenteuerliche, anspruchsvolle Tour auf überwiegend schmalen Pfaden mit tollen Ausblicken. Beste Wanderzeit April–Okt.

Ausgangs-/Endpunkt: Busparkplatz Altenbrak

Anfahrt: **Pkw:** Von Thale über die K 1350, L 93 und L 94 nach Altenbrak. Von Blankenburg über die B 81 und L 94. In der Ortsmitte ist der Busparkplatz ausgeschildert. **Bahn/Bus:** Bus 557 ab Thale (wenige Direktverbindungen am Tag)

Einkehr: Waldgasthaus Zum alten Forsthaus Todtenrode (www.todtenrode.de); Café & Pension Theodor Fontane, Altenbrak (www.cafe-pension-fontane.de); Pension Zum Harzer Jodlermeister, Altenbrak (www.jodlermeister.de)

Information: www.bodetal.de

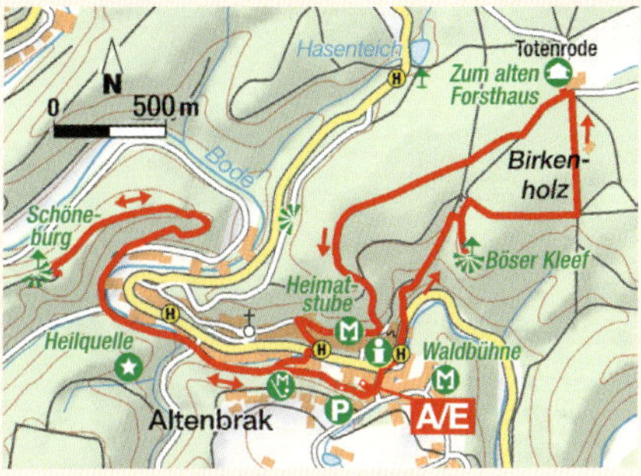

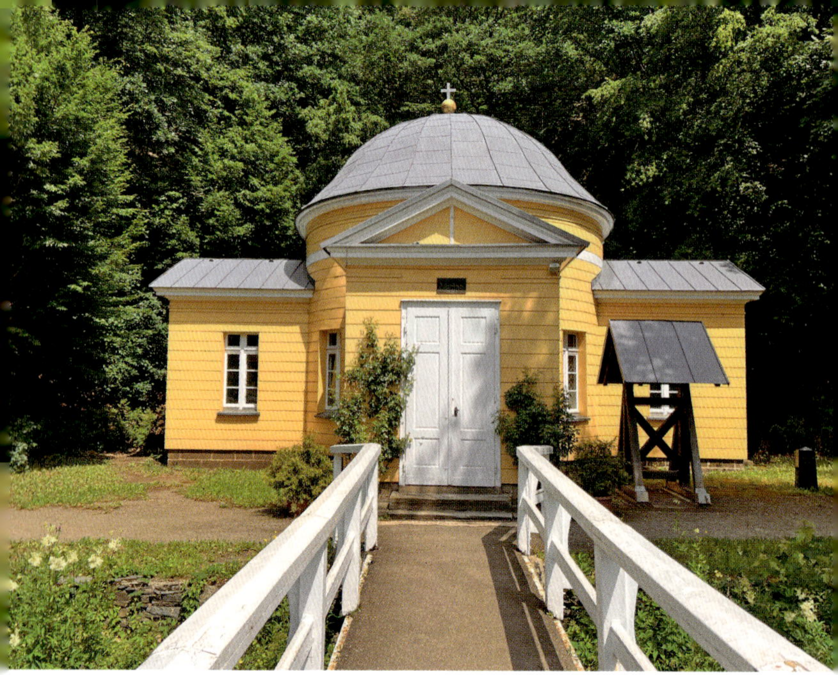

↑ Die Kapelle von Alexisbad (1815) ↓ Stellenweise wird es abenteuerlich.

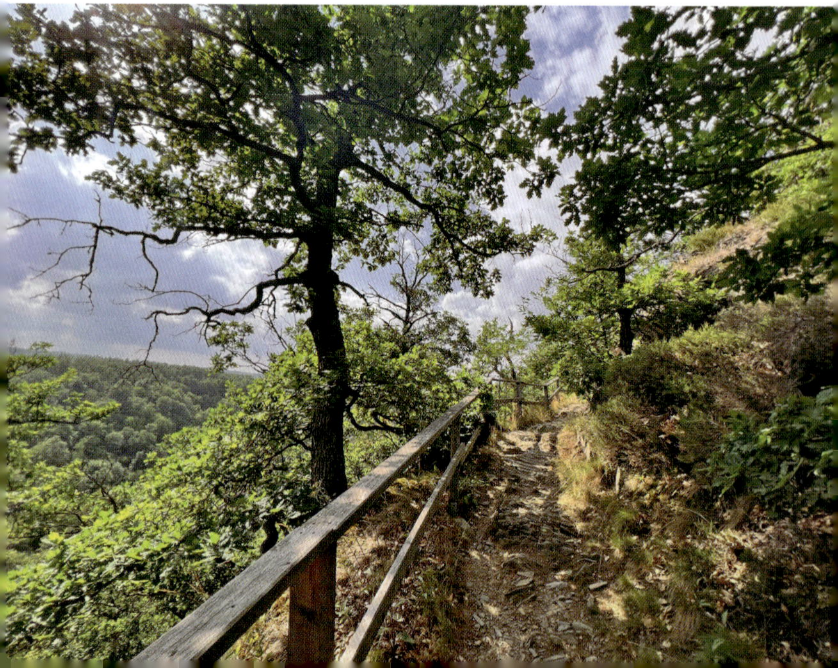

MALERISCHES, WILDROMANTISCHES SELKETAL

Tour für TOUR 20 die Sinne

Rund um Alexisbad

Wunderschön, abenteuerlich und lieblich zugleich präsentiert sich das Selketal. Mittlerweile bei vielen Wanderern beliebt, gehört es doch bisweilen noch zu den Geheimtipps im Harz. Eine Tour rund um Alexisbad ist ein Erlebnis für alle Sinne.

Alexisbad Noch einige wenige, wenn auch teils leer stehende Gebäude, lassen die Pracht des ehemaligen Bade-, Kur- und Erholungsortes Alexisbad erahnen. Der Ausgangspunkt dieser Wanderung war im 19. Jahrhundert aufgrund seines jod-, fluor- und eisenhaltigen Wassers beliebt. Benannt wurde der Ort nach Herzog Alexius Friedrich Christian von Anhalt-Bernburg, seinerzeit regierender Herzog, der sich maßgeblich für die Aufnahme des Kurbetriebs einsetzte. Heute ist der kleine Stadtteil von Harzgerode mit seinen rund 40 Einwohnern ein Ziel für Ruhesuchende, Naturliebhaber und Wanderer. Die acht Kilometer lange, aussichtsreiche Rundtour bietet ein unvergessliches Selketal-Erlebnis. Wir starten direkt im Ort am Parkplatz. Zunächst geht es ein kleines Stück talabwärts vorbei am Bahnhof der Selketalbahn. Regelmäßig sind hier die historischen Dampfloks der Harzer Schmalspurbahn unterwegs. Nach etwa 450 Metern geht es rechts über eine kleine Brücke und dann wiederum rechts am Flussufer entlang. Nach weiteren 400 Metern auf einem schattigen, naturbelassenen Waldweg verlassen wir die Selke und erreichen kurz darauf die B 242. Ein kurzes Stück wandern wir parallel zur Straße, ehe sich der schmale Pfad mit sanfter Steigung auf die Höhen oberhalb des Selketals windet.

Aussichtsreich Das erste Etappenziel mit einem wunderschönen Blick auf das im Tal liegende Alexisbad ist die sogenannte Verlobungsurne (Stempel 177). Das gusseiserne Denkmal wurde bereits 1845/46 errichtet. Eine

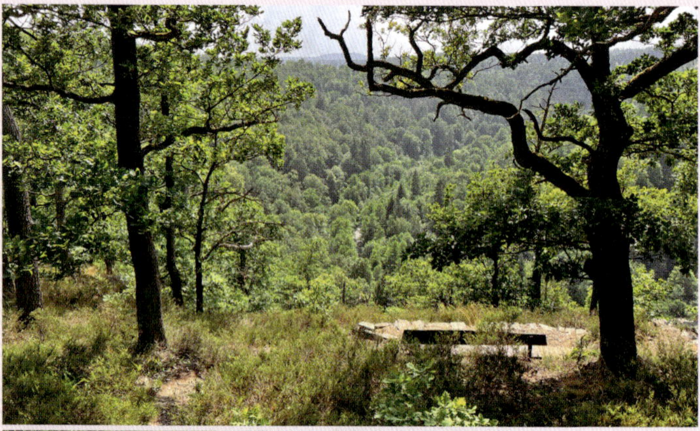

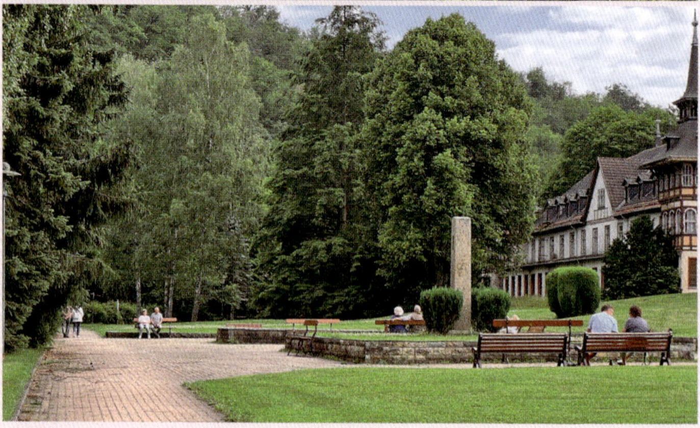

»Wer ans Ziel kommen will, kann mit der Postkutsche fahren, aber wer richtig reisen will, soll zu Fuß gehen.«

Jean-Jacques Rousseau, 1712–1778

Gruppe württembergischer Adliger wollte damit an einen unbeschwerten Aufenthalt in Alexisbad erinnern. Von hier aus folgen wir dem Klippenweg flussabwärts, ein überwiegend verwunschener, schmaler Pfad hoch über der Selke. Durch das raschelnde Laub sorgt die Sonne für Licht- und Schattenspiele. Die Schritte klingen dumpf auf dem Waldboden. Sehen, hören, riechen, spüren – hier werden die Sinne angesprochen und die Zeit wird vergessen. Der Weg schlängelt sich mit leichter Steigung durch die Landschaft, bis wir nach gut fünf Kilometern die Köthener Hütte erreichen, der Wendepunkt dieser Wanderung. Auf dem Kapellenfelsen, 385 Meter hoch, befindet sich die dank ihres kleinen Glockenturmes wie eine Kapelle anmutende Schutzhütte. 1897 wurde sie vom Harzklub-Zweigverein Köthen errichtet. An diesem besonders schönen Platz zwischen Alexisbad und Mägdesprung mit Blick aufs Selketal und das Rambergmassiv gibt es den Stempel 195. Dieser Abschnitt unserer Route gehört zum Selketal-Stieg. Der Weitwanderweg führt über 66 Kilometer von Stiege bis Quedlinburg.

Kupferstieg Von der Köthener Hütte geht es nun zurück Richtung Alexisbad. Dazu folgen wir zunächst für gut 1,5 Kilometer dem sanft absteigenden Kupferstieg bis zur kleinen Siedlung Klostermühle. Dieser historische Hohlweg wird bereits seit 1608 als Kupferstieg bezeichnet und gehörte zu einer wichtigen Verkehrsverbindung des Mittelalters. Auf halber Strecke wird es nochmal abenteuerlich: Der Weg ist schmal und felsig. Besonders eindrucksvoll erweist sich der Abschnitt durch den Pioniertunnel, der 1900 von einem Magdeburger Pionier-Bataillon zur Übung in den Fels geschlagen wurde. Nach insgesamt rund sieben Kilometern erreichen wir

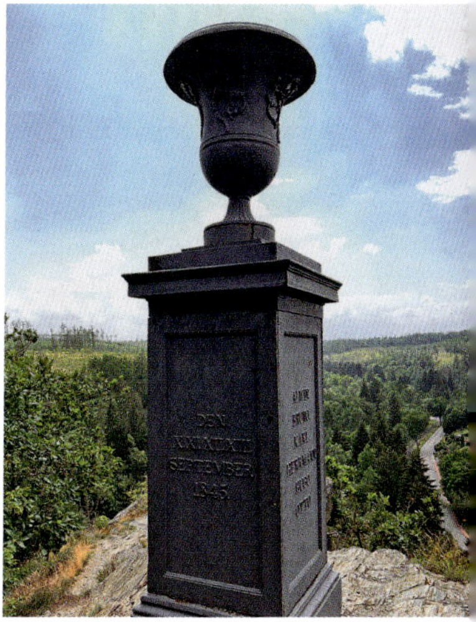

↑ Romantischer Ausblick mit Bänkchen über dem Selketal
↓ Der Kurplatz in Alexisbad mit VDI-Denkmal
→ Die Verlobungsurne von 1845 erinnert an einen Aufenthalt in Alexisbad.

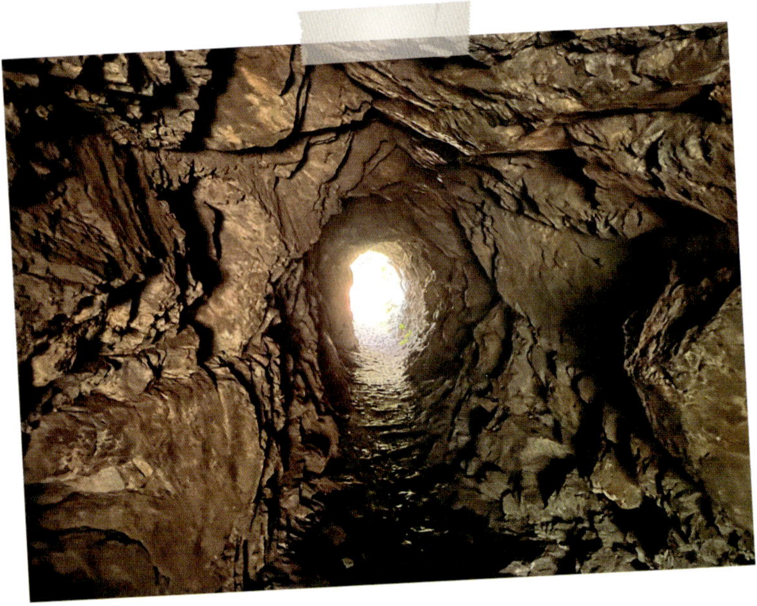

↑ **Der Pioniertunnel ist ein Highlight auf dieser Wanderung.**

wieder das Selkeufer in Alexisbad. An der Petrus-Kapelle, eines der Wahrzeichen des Ortes, überqueren wir das Flüsschen. Die Kapelle wurde 1815 errichtet. Freitags zur Abendandacht und donnerstags zum abendlichen Konzert ist sie hautnah zu erleben. Auf dem Weg zurück zum Ausgangsort passieren wir auf dem Kurplatz das VDI-Denkmal. Es handelt sich um eine Erinnerung an die Gründung des Vereins Deutscher Ingenieure (VDI) am 12. Mai 1856. Nach gut zwei Stunden und unzähligen intensiven Eindrücken endet die Wanderung, die Lust auf mehr Selketal-Erlebnisse macht.

Tipp

Statt von der Köthener Hütte aus zurück nach Alexisbad zu wandern, geht es alternativ noch 1,5 Kilometer weiter auf dem Selketal-Stieg nach Mägdesprung. Gut geplant lässt sich die Wanderung mit einer kurzen Dampflok-Fahrt mit der Selketalbahn zurück nach Alexisbad kombinieren.

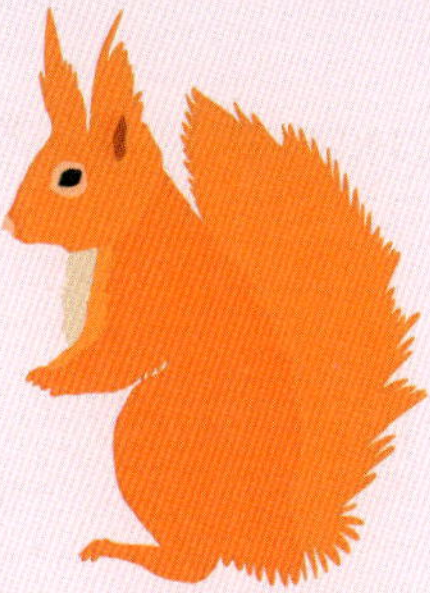

AUF EINEN BLICK

Tour 20: Tour für die Sinne

Dauer: 2 Std. 15 Min.

Höhenmeter: 130 Hm

Länge: 8,0 km

Schwierigkeit: Mittel

HWN: 177, 195

Tourencharakter: Eindrucksvolle Tour auf schmalen Pfaden und mit faszinierenden Ausblicken. Beste Wanderzeit April–Okt.

Ausgangs-/Endpunkt: Parkplatz Alexisbad

Anfahrt: **Pkw:** Von Ballenstedt über die B 185 und von Harzgerode über die B 242 nach Alexisbad. Der Parkplatz befindet sich in der Ortsmitte nahe dem Bahnhof
Bahn/Bus: Selketalbahn ab Quedlinburg, Gernrode oder Stiege; Bus 242 ab Quedlinburg

Einkehr: Keine Einkehrmöglichkeit an der Wegstrecke; Café und Gaststätte Elysium, Kreisstr. 15, Alexisbad

Information: www.harzgerode-tourismus.de

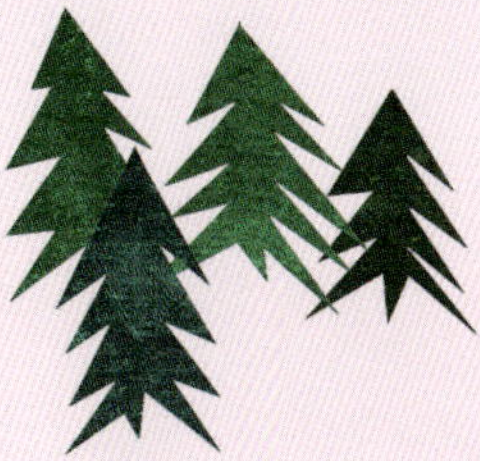

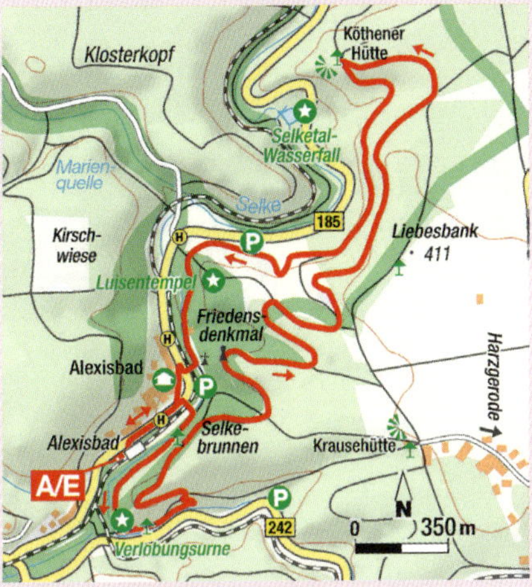

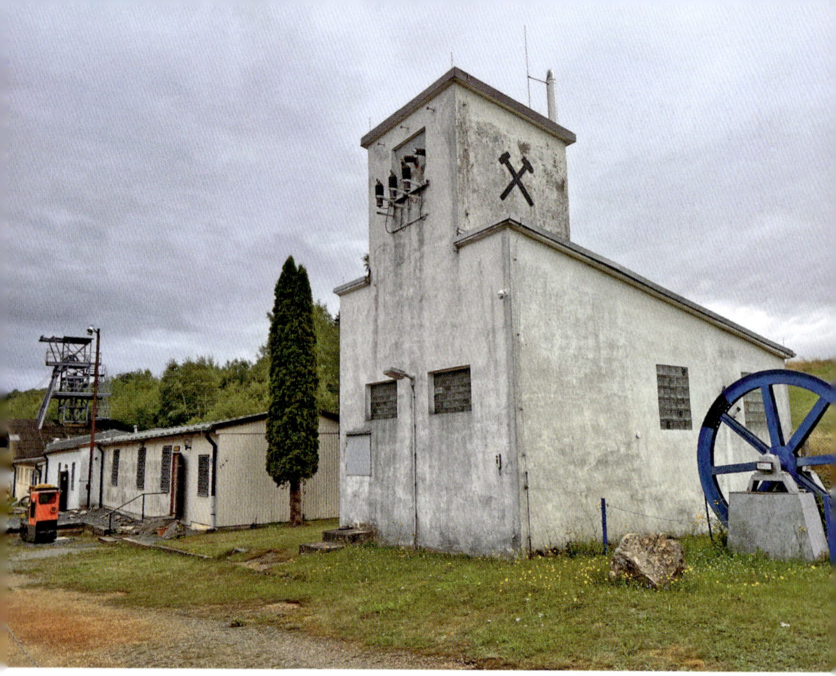

↑ Besucherbergwerk Grube Glasebach ↓ Hier wurde auch Silber gefördert.

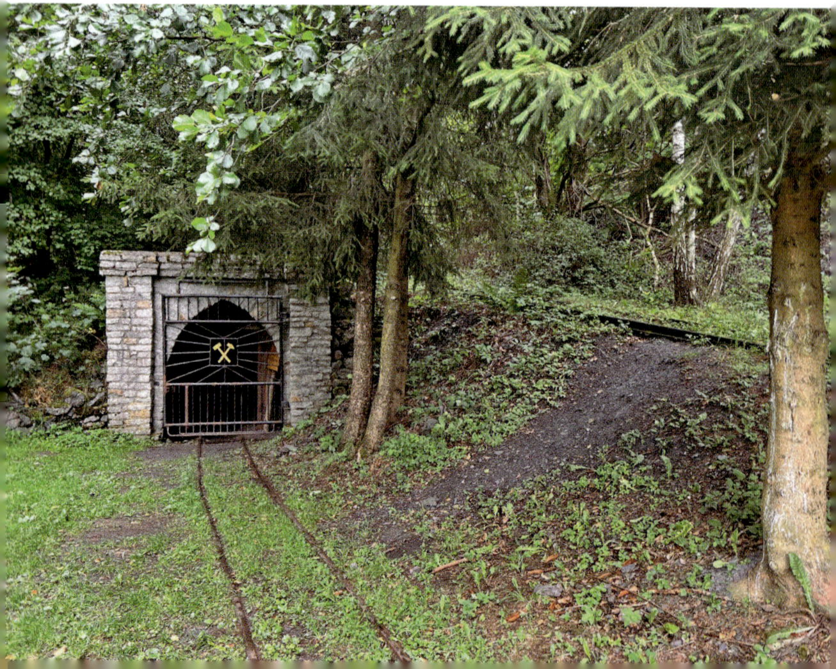

Tour für TOUR 21 die Sinne

AUF DEN SPUREN DES BERGBAUS

Rundwanderung bei Straßberg

Eine leichte Wanderung ohne Steigungen auf den Spuren des Bergbaus von Straßberg. Verwunschene Pfade, weite Blicke und die Stille der Natur sprechen alle Sinne an. Unterwegs ist einiges über die Montangeschichte im Harz zu erfahren.

Kugelspaß Das Schaubergwerk Grube Glasebach in Straßberg ist unser Startpunkt für eine leichte Tour für die Sinne. Zunächst folgen wir dem Historischen Bergbau-Rundwanderweg Richtung Osten. Die naturbelassene Strecke führt über Wiesen und weite Hochflächen. Nach einem guten Kilometer erreichen wir Batkes Wiese mit Rastplatz, Teil des interaktiven Erlebniswegs Harzgeröder Kugelspaß für große und kleine Wanderer. Die Route führt über 9,8 Kilometer von Harzgerode zur Grube Glasebach. Unterwegs wird anhand von Kugelbahnen spielerisch Wissen vermittelt. An Batkes Wiese steht das Wirken des österreichischen Astronomen und Schriftstellers Max Valier (1895–1930) im Mittelpunkt. Er gilt als bedeutender Pionier der Raketentechnik.

Bergbauwissen Wir halten uns links und folgen weiter dem Bergbaulehrpfad. An verschiedenen historischen Orten wird auf leuchtend gelben Infotafeln in Form einer Tanne, der sogenannten Dennert-Tanne, allerlei Wissen vermittelt. Während in der Landschaft der ungeübte Betrachter die Überreste des Bergbaus kaum erkennen kann, lassen die Tafeln ein Bild vor dem inneren Auge entstehen. Wo einst im Pochwerk das Erz zerkleinert wurde oder was es mit »Kunst« im Bergbau auf sich hat, sind nur einige Beispiele. Nach gut zwei Kilometern erreichen wir den Hellergrund (Stempel 194). Hier sorgte im 17. Jahrhundert die Heller Wasserkunst für die Energie zum Betrieb der Pumpanlagen der nahegelegenen Birnbaumschächte.

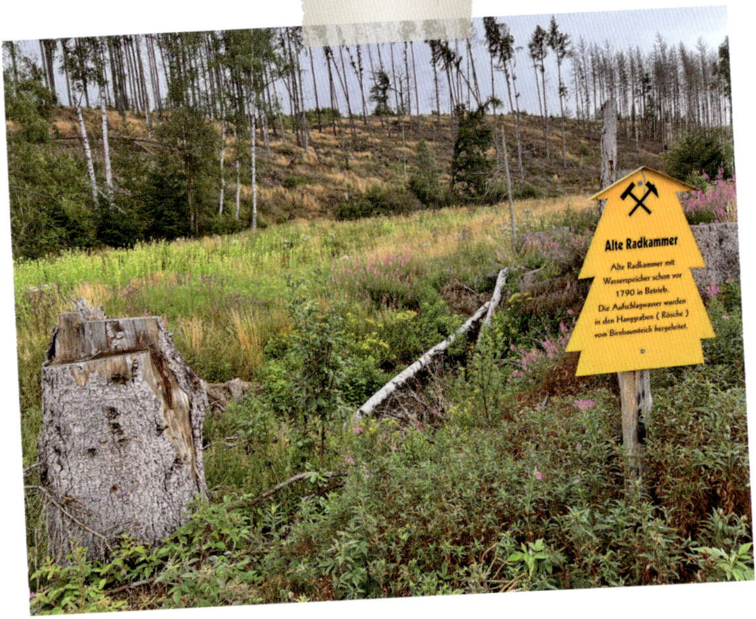

↑ **Unterwegs wird über die Bergbaugeschichte informiert.**

Hohlweg Am Hellergrund halten wir uns rechts und folgen dem Weg zum Birnbaumteich, der im 17. Jahrhundert zur Wasserversorgung der Gruben angelegt wurde, heute ein Badesee mit Campingplatz. In der gemütlichen Gaststätte lässt sich der Geschmackssinn befriedigen. Weiter geht es westlich vom Ferienpark wieder Richtung Straßberg, wo wir nach gut 800 Metern die K 1358 überqueren. Die restlichen 1,5 Kilometer führen teils durch einen schmalen, abenteuerlichen Hohlweg.

Tipp

Eine Führung unter Tage im Schaubergwerk Grube Glasebach (Stempel 175) vermittelt Einblicke in den Altbergbau des 18. Jahrhunderts. Eindrucksvoll ist das 9,5 Meter hohe Kunstrad. Die engagierten Grubenführer machen den Bergbau gut erlebbar (Feb.–Okt. Mi–So 9.30–16 Uhr).

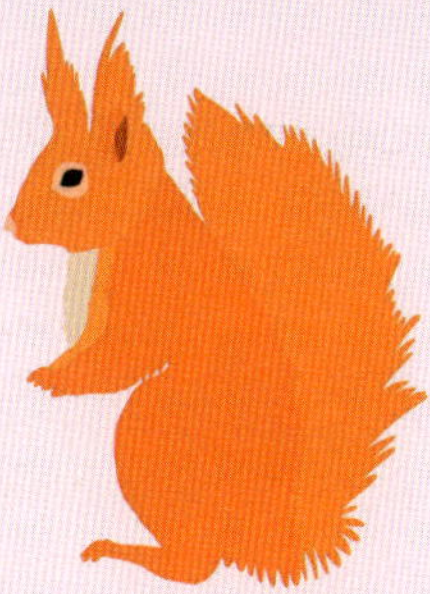

AUF EINEN BLICK

Tour 21: Tour für die Sinne

Dauer: 1 Std. 45 Min.

Höhenmeter: 80 Hm

Länge: 5,94 km

Schwierigkeit: Leicht

HWN: 175, 194

Tourencharakter: Leichte Wanderung über naturbelassene Wege auf den Spuren des Bergbaus. Beste Wanderzeit April–Okt.

Ausgangs-/Endpunkt: Schaubergwerk Grube Glasebach, Straßberg

Anfahrt: **Pkw:** Über die B 242 nach Harzgerode und den Wegweisern nach Straßberg folgen. Im Ort ist die Grube Glasebach ausgeschildert. **Bahn/Bus:** Kein ÖPNV

Einkehr: Grube Glasebach (www.grube-glasebach.de); Ferienpark Birnbaumteich (www.ferienpark-birnbaumteich.de/gaststaette-2)

Information: www.harzgerode-tourismus.de

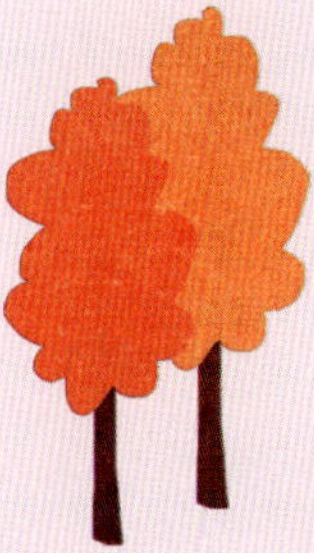

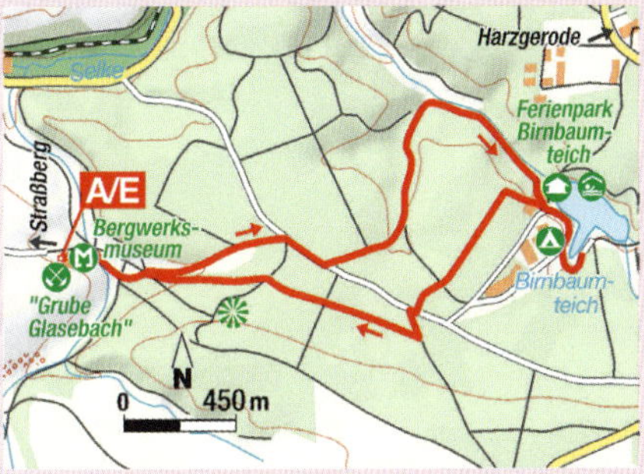

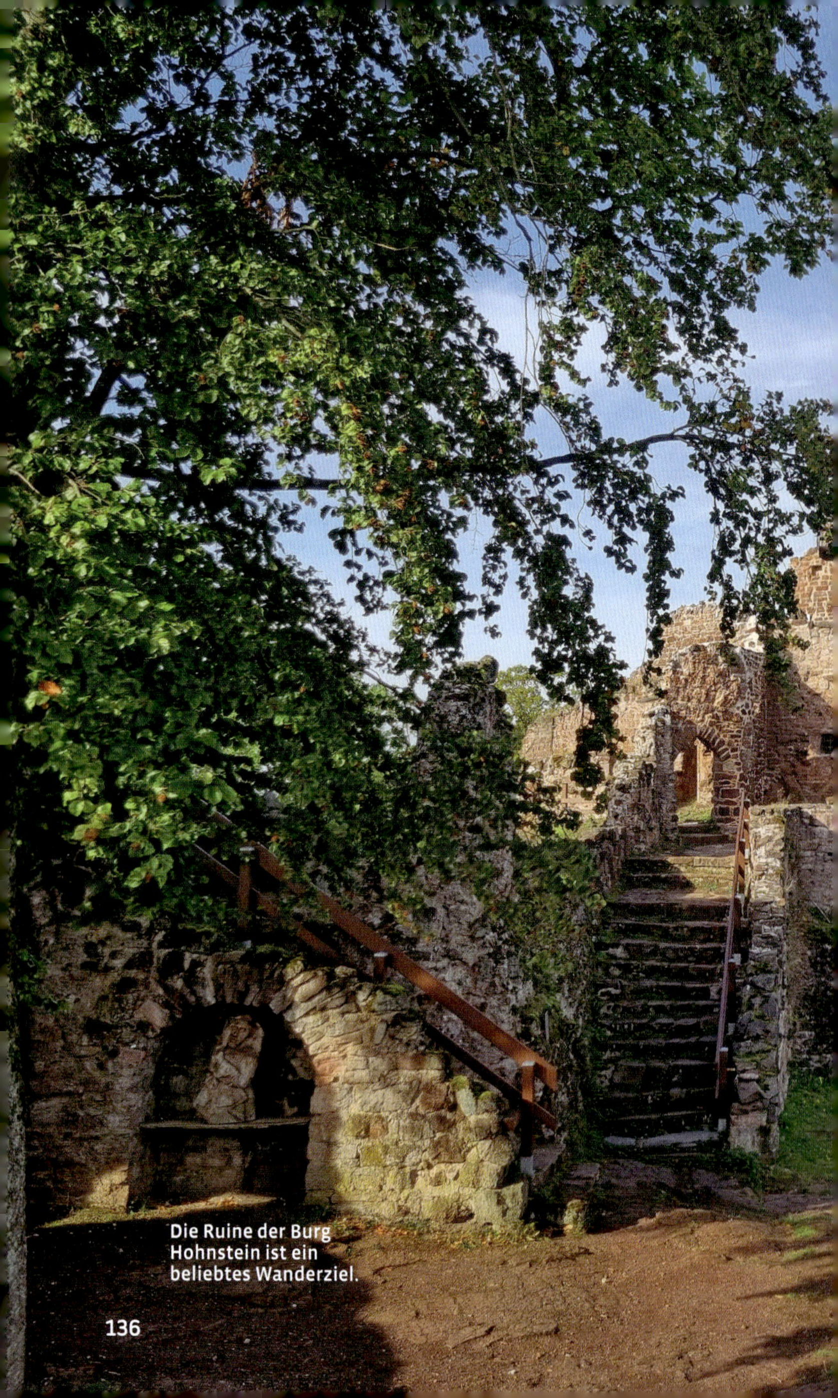

Die Ruine der Burg Hohnstein ist ein beliebtes Wanderziel.

SÜDHARZ

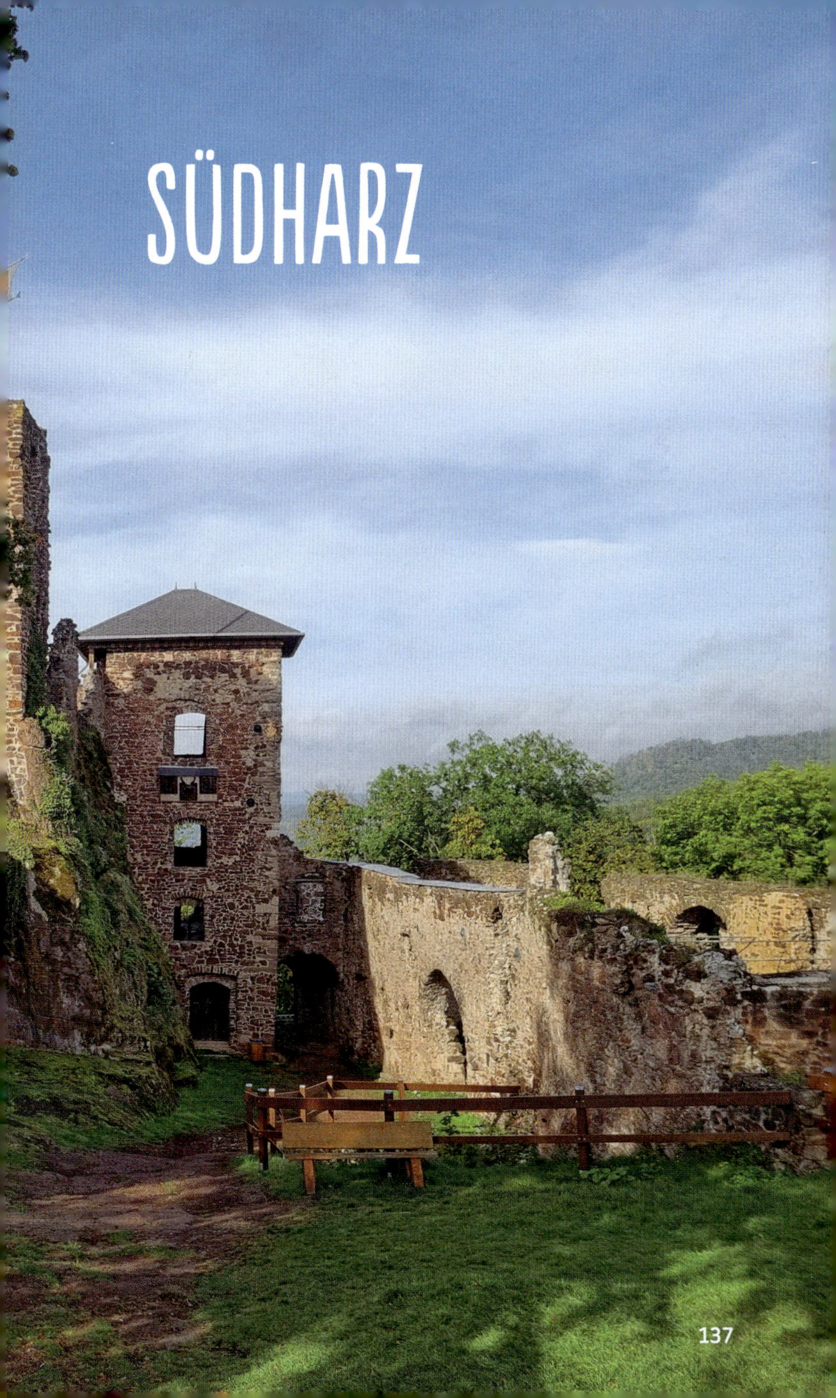

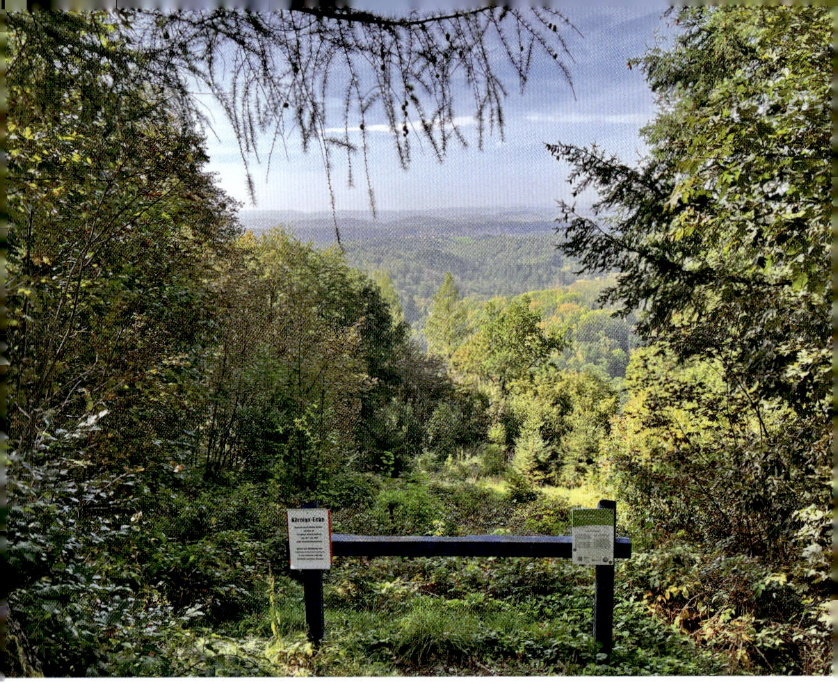

↑ Blick von der Körnigs-Ecke ↓ Erinnerung an die Eseltreiber

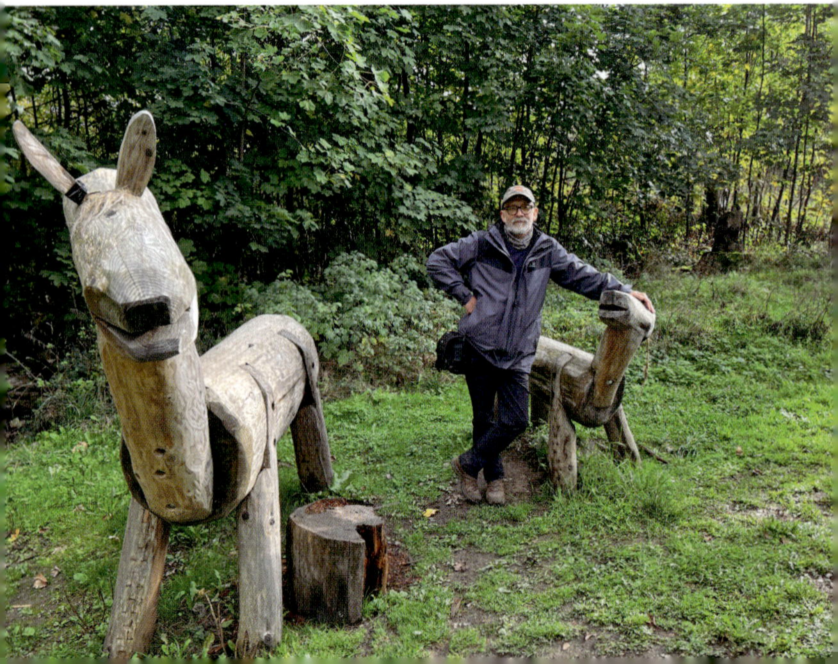

AUF DEN SPUREN DER ESELTREIBER

Tour der Stille
TOUR 22

Rund um Lerbach

Geschichte erleben, Ruhe und Natur genießen – wer sich auf die Spuren der Eseltreiber und Kiepenfrauen begibt, wird einiges über das einstige beschwerliche Leben im Harz erfahren. Eine Tour der Stille, gespickt mit wunderschönen Ausblicken.

Eseltreiber Noch vor dem Ortseingang von Lerbach befindet sich direkt an der B 241 unser Startpunkt. Über einen unbefestigten Weg geht es hinauf Richtung Eselsplatz. Nach 600 Metern biegen wir rechts ab und 500 Meter weiter links in den Hundscher Weg. Der heute bequem zu bewandernde Forstweg lässt kaum die Strapazen erahnen, die vor Hunderten von Jahren Eselstreiber und Kiepenfrauen auf dieser Strecke auf sich nahmen. Die Route zählt zu den ältesten Harzstraßen und war ein wichtiger Handels- und Verkehrsweg. Eine Erlebnisinsel als Denkmal für die Kiepenfrauen erzählt die Geschichte der Harzerinnen, die mit bis zu 40 kg schweren Tragkörben auf dem Rücken in den Oberharz marschierten. Der Volksmund nannte sie auch »Harzkamele«. An einer Mitmachstation kann man einmal das Gewicht einer gefüllten Kiepe erspüren. Etwas weiter am Eselsplatz (Stempel 140) erinnern hölzerne Vierbeiner an die Eseltreiber, die mit ihren Karren unter anderem Getreide aus dem Harzkornmagazin in Osterode in die Bergstädte des Oberharzes brachten. Sie waren wichtige Lieferanten für die Bergleute und meisterten den Weg selbstredend auch bei Wind, Wetter, Kälte und Schnee. Hier befinden wir uns auf dem Harzer-Hexen-Stieg.

Vergattert Wir folgen weiter dem Hundschen Weg. Teilweise führt er durch wunderschönen Laubwald, der vor allem im Frühjahr und im Herbst mit seinem frischen Grün oder seiner bunten Laubfärbung beeindruckt. Nach etwa 4,5 Kilometern erreichen wir die Bärenkopf-Hütte. Ein verwun-

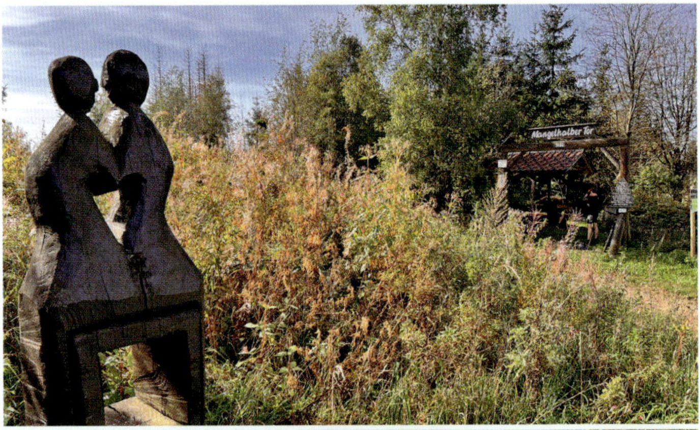

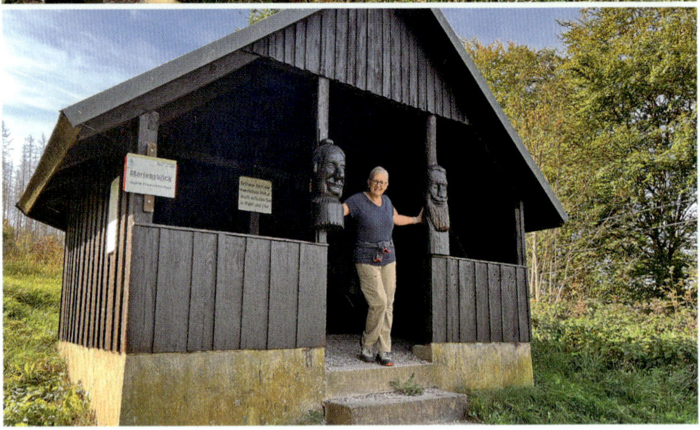

»Wahrhaftig, das muss ein göttlicher Mann gewesen sein, der den Menschen zuerst die edle Kunst des Bergbaus gelehrt und in dem Schöße der Felsen dieses ernste Sinnbild des menschlichen Lebens verborgen hat.«

Novalis, 1772–1801

schenes Plätzchen für eine kurze Rast. Wir halten uns geradeaus und erreichen nach weiteren 800 Metern das Mangelhalber Tor. Auf der Strecke wird der Pfad nochmal schmaler und steiler. Nun haben wir fast den höchsten Punkt der Wanderung erreicht und gut 220 Höhenmeter überwunden. Das Mangelhalber Tor war einst eines von vielen rund um Lerbach. Ein etwa 20 Kilometer langes Gatter sollte die Kartoffeläcker, Gärten und Wiesen des Dorfes vor dem Wild schützen. Das Mangelhalber Tor war das höchstgelegene und eines der größten Tore. Seine Reste dienten nach dem Zweiten Weltkrieg als Feuerholz. Das 1992 neu errichtete Tor mit Schutzhütte erinnert an diese Geschichte. Von hier aus geht es links auf dem Hegemaxweg weiter Richtung Lerbach. Wir genießen unterwegs den Blick auf die Bergwiesen, die Wälder und den im Tal gelegenen Ort.

Marienblick Nach einem knappen Kilometer erreichen wir den Marienblick, eine Schutzhütte mit einem Tourbuch des Harzer-Hexen-Stieges. Dieser führt über knapp 100 Kilometer von Osterode nach Thale. Schnitzereien zieren den malerischen Rastplatz. Unterhalb im Tal befindet sich der Natur-Erlebnispark und der Natur- und Waldcampingplatz Lerbachs. Über einen Wanderweg ließe sich dies als Abstecher erreichen. Wir halten uns stattdessen links und folgen dem Waldweg, der sich oberhalb des Tals entlangschlängelt. Nach etwa zwei Kilometern gelangen wir zu Körnigs Ecke. Der wunderschöne Ausblick wurde 2013 dazu ausgewählt, um auf 300 Jahre Nachhaltigkeit in der Forstwirtschaft aufmerksam zu machen. Von dem einst überdimensionalen Fenster-

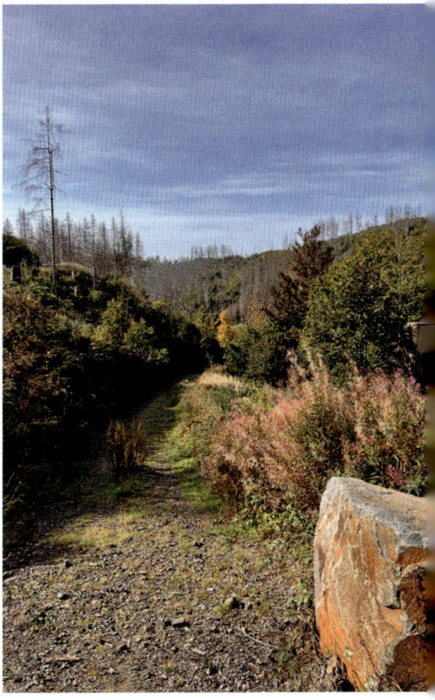

↑ **Kunst am Wegesrand zum Rastplatz Mangelhalber Tor**
↓ **Der Marienblick am Harzer-Hexen-Stieg**
→ **Unterwegs durch die Harzer Wälder**

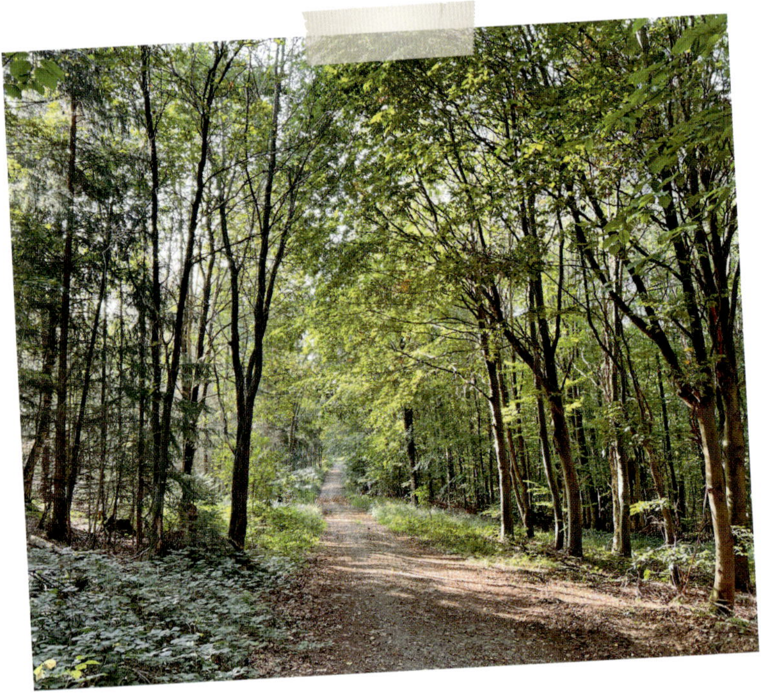

↑ **Licht und Schatten sorgen für eine märchenhafte Atmosphäre.**

rahmen ist nur noch der untere Teil erhalten. Doch die Aussicht ist weiterhin eindrucksvoll und reicht weit ins Harzvorland. Dem Weg Rote Sohle, wiederum Teil des Harzer-Hexen-Stieges, folgen wir die letzten rund 3,5 Kilometer zurück zum Ausgangsort.

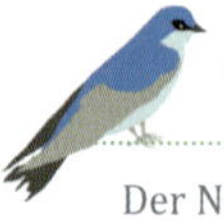

Tipp

Der NaturErlebnisPark Lerbach ist ein wunderbarer Ort für Ruhe, Entspannung und Abwechslung für Kinder. Ein Naturteich mit Wasserpflanzen und einem kleinen Wasserfall. Eine große Liegewiese, ein Spielplatz mit tollen Klettergeräten sowie ein Grillplatz sind vorhanden. Die kleinen Hexenhäuschen können in den Sommermonaten gemietet werden.

AUF EINEN BLICK

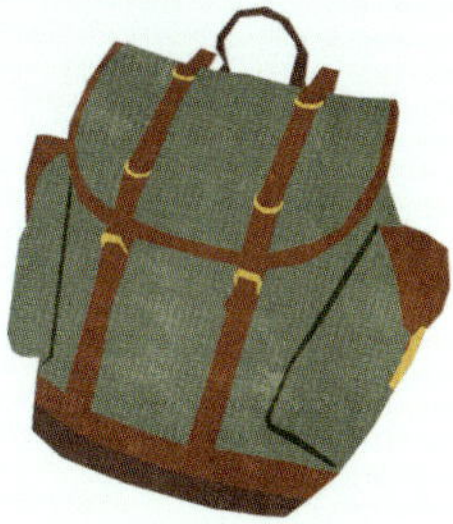

Tour 22: Tour der Stille

Dauer: 3 Std. 30 Min.

Höhenmeter: 340 Hm

Länge: 11,7 km

Schwierigkeit: Mittel

HWN: 140

Tourencharakter: Mittelschwere Tour mit wunderschönen Ausblicken und Geschichte am Wegesrand. Beste Wanderzeit April–Okt.

Ausgangs-/Endpunkt: Parkplatz Lerbach

Anfahrt: **Pkw:** Auf der B 241 von Osterode (Richtung Clausthal-Zellerfeld). Am Ortsausgang rechts Richtung Lerbach. Der Parkplatz befindet sich direkt am Abzweig. **Bahn/Bus:** Keine Verbindung

Einkehr: Keine Einkehrmöglichkeit an der Wegstrecke; verschiedene Restaurants in Lerbach und Osterode

Information: www.osterode.de

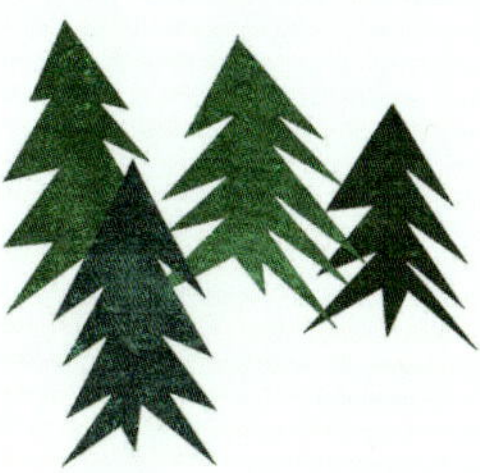

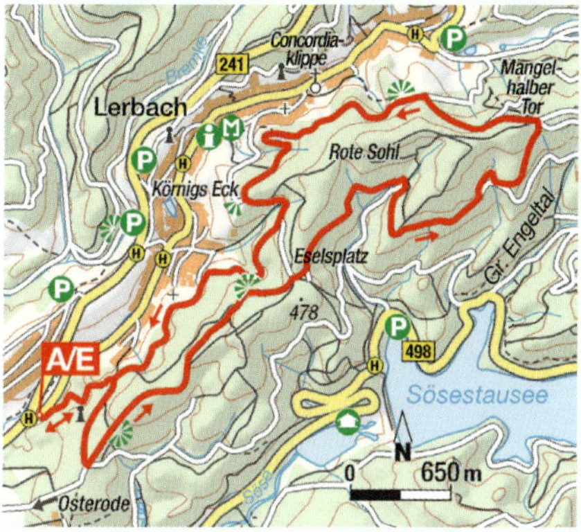

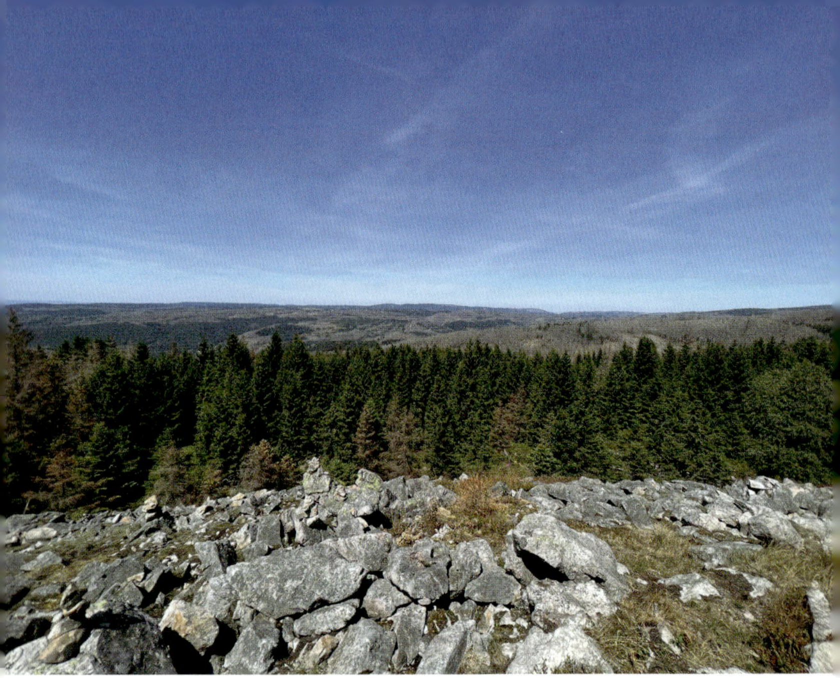

↑ Blick vom Höhenzug Auf dem Acker ↓ Artenvielfalt im Nationalpark Harz

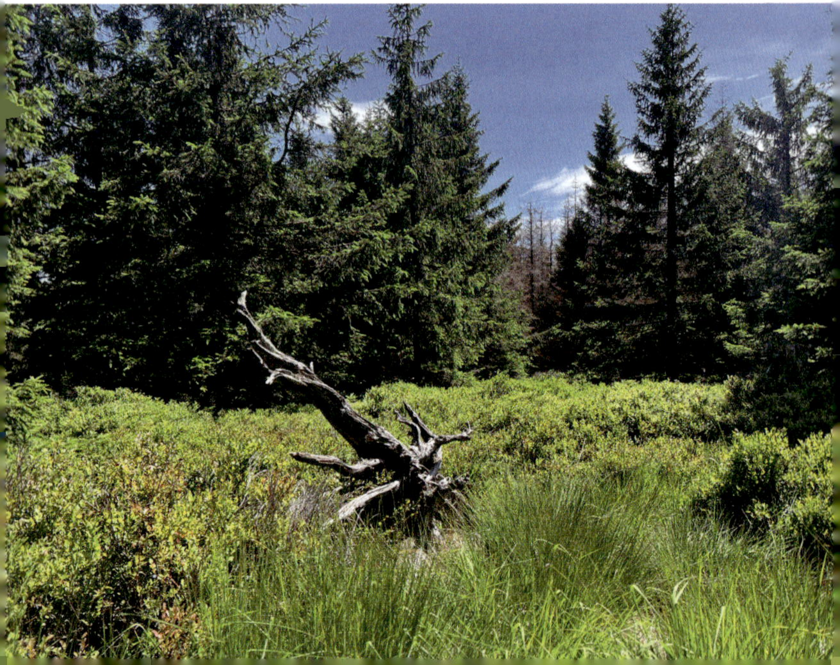

AUF DEM HARZER BAUDENSTEIG

Tour für
TOUR 23
den Genuss

Vom Sösetal zur Hanskühnenburg

Sonnige Höhen, weite Aussichten, teils verwunschene Pfade und eine rustikale Einkehr machen diese Wanderung zum Genuss. Von der Sösetalsperre hinauf zur Hanskühnenburg geht es teilweise entlang des Harzer BaudenSteigs.

Sösetal Von Riefensbeek Richtung Osterode kommend befindet sich der Einstieg zur Tour kurz hinter dem Ortsausgang links. Der Damm der Vorsperre ist noch bis etwa 2025 aufgrund von Bauarbeiten gesperrt. Das Sösetal zwischen Riefensbeek-Kamschlacken und Osterode bietet schöne Wanderwege abseits der Hauptrouten. Der Sösestausee gehört zu den Trinkwassertalsperren im Harz, entsprechend ist hier kein Wassersport erlaubt. Vor allem im Frühjahr und im Herbst sind die Laubwälder besonders schön anzusehen. Zunächst geht es auf losem Untergrund mit mäßiger Steigung den Wegweisern zur Hanskühnenburg folgend in die Berge. Nach 1,9 Kilometern führt ein schmaler Weg links zum Pavillon Ackerblick, ein lohnender Abstecher von knapp einem Kilometer hin und zurück. Weiter Richtung Hanskühnenburg folgt nun das steilste Stück der Route. Auf einem schmalen Bergwanderpfad mit bis zu 20 % Steigung sind Trittsicherheit und etwas Kondition gefragt. Nach 4,6 Kilometern und etwa 430 Höhenmeter erreichen wir unser erstes Etappenziel.

Auf dem Acker Der kahle Kamm des Höhenzugs Auf dem Acker war schon 1784 Ziel des Harz-Reisenden Johann Wolfgang von Goethe, der seinerzeit die Hanskühnenburg-Klippe besuchte. Bereits Ende des 19. Jahrhunderts errichtete der Harzklub Zweigverein Osterode einen Aussichtsturm und eine bewirtschaftete Schutzhütte an ebenjener Stelle, wo sich die heutige Wanderbaude befindet. Die Hanskühnenburg erlebte eine

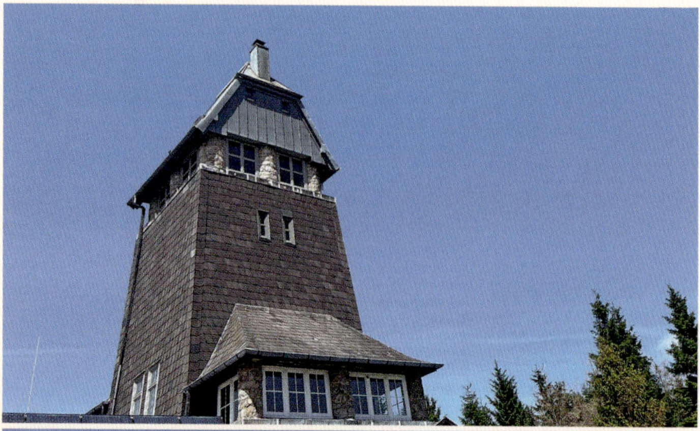

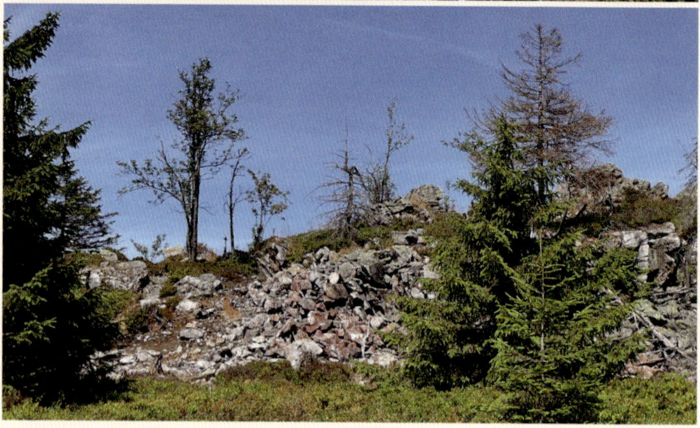

»Nur wo du zu Fuß warst,
bist du auch wirklich gewesen.«

Johann Wolfgang von Goethe, 1749–1832

wechselhafte Geschichte, zählt jedoch seit vielen Jahrzehnten zu den beliebten Wanderbauden im Südharz. Mit ihrem Aussichtsturm ist sie von Weitem zu erkennen. Neun der Schutzhütten sind durch den Harzer BaudenSteig verbunden, der als Weitwanderweg von Bad Grund nach Walkenried über rund 100 Kilometer durch den Harz führt. Auf 811 Metern Höhe bietet die Hanskühnenburg (Stempel 144) mit regionalen Speisen und einer stärkenden Brotzeit eine willkommene Rast für Wanderer, Mountainbiker und Skilangläufer. Auf dem schmalen Ackerfastweg, einem teils verwunschenen Bergwanderpfad, geht es mit leichtem Gefälle Richtung Westen. Dieser Bereich gehört zum Nationalpark Harz. Frisches Grün auf Totholz zeigt die Dynamik der Natur, die sich hier frei entfalten darf. Nach gut 3,5 Kilometern wird der Abstieg steiler. Gutes Schuhwerk darf hier nicht fehlen. Nach insgesamt knapp elf Kilometern biegen wir an einer Weggabelung links ab Richtung Schindelkopf.

Köte mit Ausblick Nun sind es nur noch wenige hundert Meter bis zur nächsten Stempelstelle (143) an einem weiteren wunderschönen Rastplatz. Die Köte am Schindelkopf ist, wie an vielen anderen Orten im Harz auch, eine Erinnerung an das Köhlerhandwerk. Früher haben die Köhler die Sommermonate in den Köten mitten im Wald verbracht, denn ihre Holzkohlemeiler mussten rund um die Uhr bewacht werden. Ein hartes Handwerk, das durch die Industrialisierung abgelöst wurde. Heute dienen diese markanten Holzhütten, die wie ein Tipi anmuten, als Schutzhütten und Rastplatz. Wir gehen den Weg zurück, den wir gekommen sind, lassen den Ackerfastweg rechts liegen und folgen der Route ins Tal. An der nächsten Weggabelung biegen wir zweimal rechts ab auf den Weg Obere Schacht und folgen 200 Meter weiter links dem

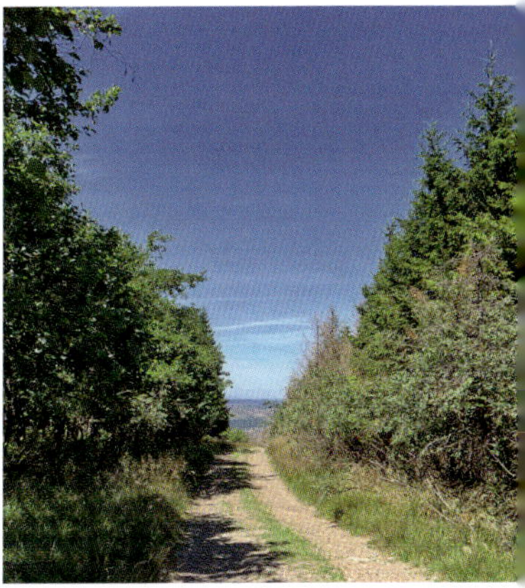

↑ Aussichtsturm der Nationalpark- und Waldgaststätte Hanskühnenburg
↓ Blockhalde am Wegesrand, eine natürliche Ansammlung von Steinblöcken
→ Sowohl bequeme Forstwege als auch schmale Pfade bestimmen diese Route.

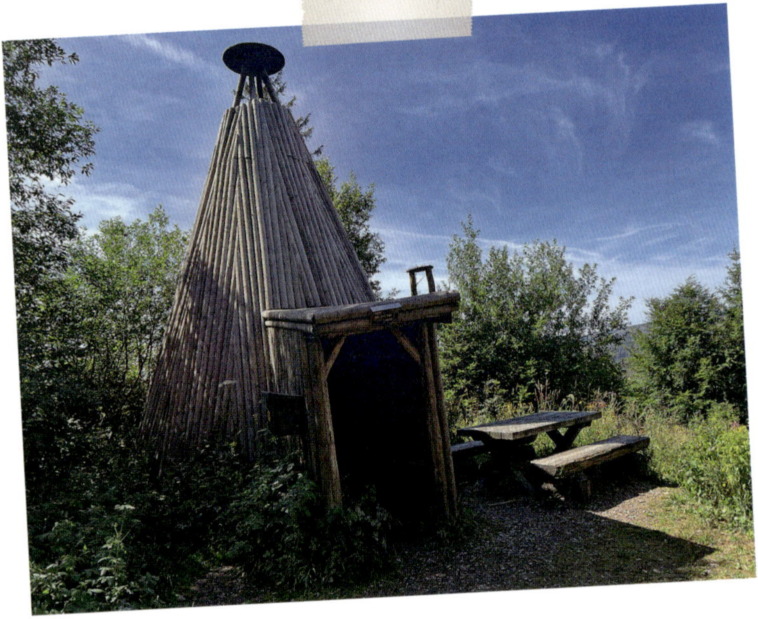

↑ **Köte am Schindelkopf mit Stempelstelle 143**

Weg Schacht. Parallel zum gleichnamigen Flüsschen geht es anschließend gut 2,5 Kilometer bergab zur Sösetalsperre. Dieser Abschnitt ist eine asphaltierte Forststraße, sodass sich auch ein kurzes, steiles Stück (18 %) sicher und bequem begehen lässt. Im Tal halten wir uns rechts, wandern ein kurzes Stück entlang der Bundesstraße und nehmen dann rechts einen Wanderpfad für die letzten knapp 1,5 Kilometer zu unserem Ausgangspunkt.

Tipp

Wem eine Baude nicht genug ist, der kann sich auch auf den Harzer BaudenSteig begeben. Einzelne Etappen oder sechs spezielle Rundwanderwege sind ausgewiesen. Der Reiseveranstalter »Wandern im Harz« hat eine »Wandern ohne Gepäck«-Tour mit sechs Übernachtungen und 98 Kilometern Wanderstrecke im Programm.

AUF EINEN BLICK

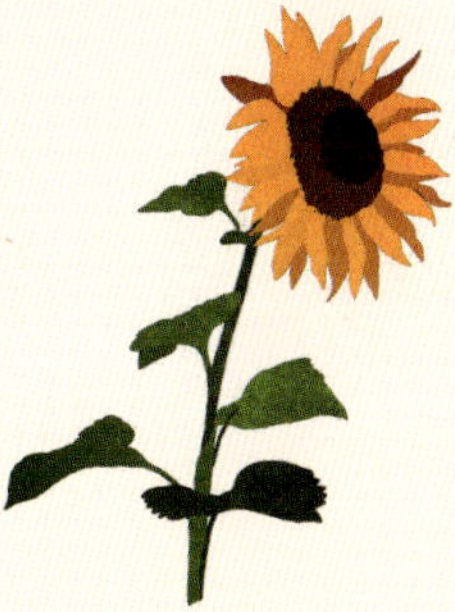

Tour 23: Tour für den Genuss

Dauer: 4 Std. 45 Min.

Höhenmeter: 520 Hm

Länge: 15,4 km

Schwierigkeit: Schwer

HWN: 143, 144

Tourencharakter: Sonnige, aber anspruchsvolle Tour auf die Gipfel des Südharzes mit Weitblick und Einkehr. Beste Wanderzeit April–Okt.

Ausgangs-/Endpunkt: Parkplatz Schacht am Ortsausgang von Riefensbeek

Anfahrt: **Pkw:** Von Altenau über die B 498 Richtung Riefensbeek-Kamschlacken/Osterode. Der Parkplatz befindet sich am westlichen Ortsausgang von Riefensbeek links. **Bahn/Bus:** Keine Verbindung

Einkehr: Wanderbaude Hanskühnenburg (www.hanskuehnenburg-im-harz.de)

Information: www.osterode.de

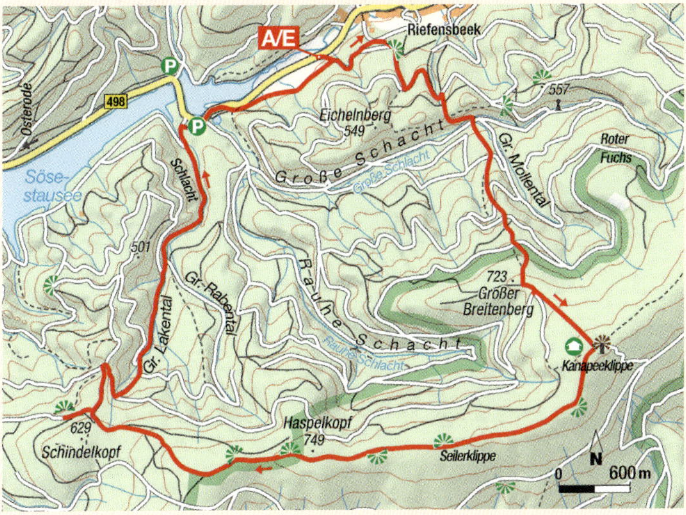

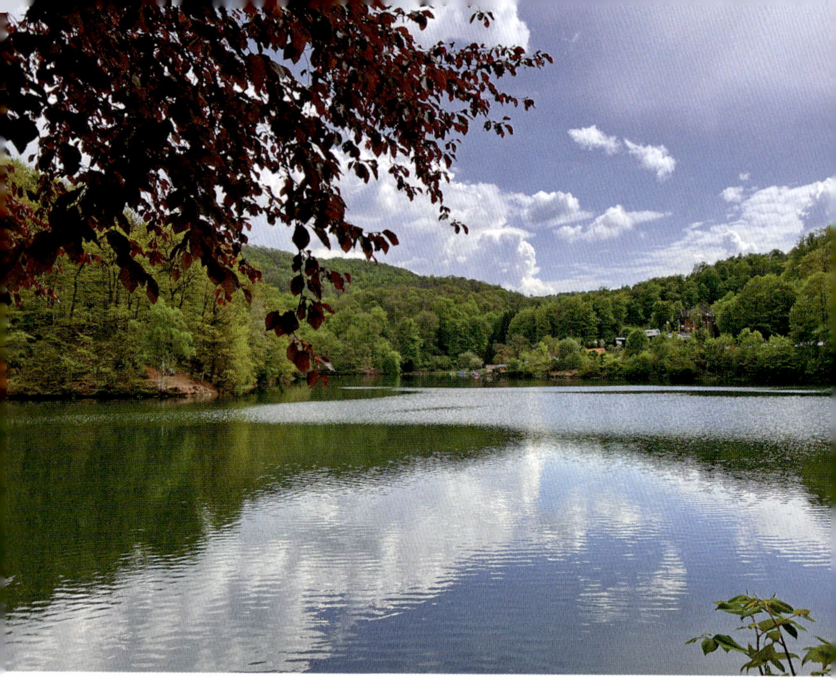

↑ Wiesenbeker Teich ↓ Ein Teil der Route führt durch schattigen Laubwald.

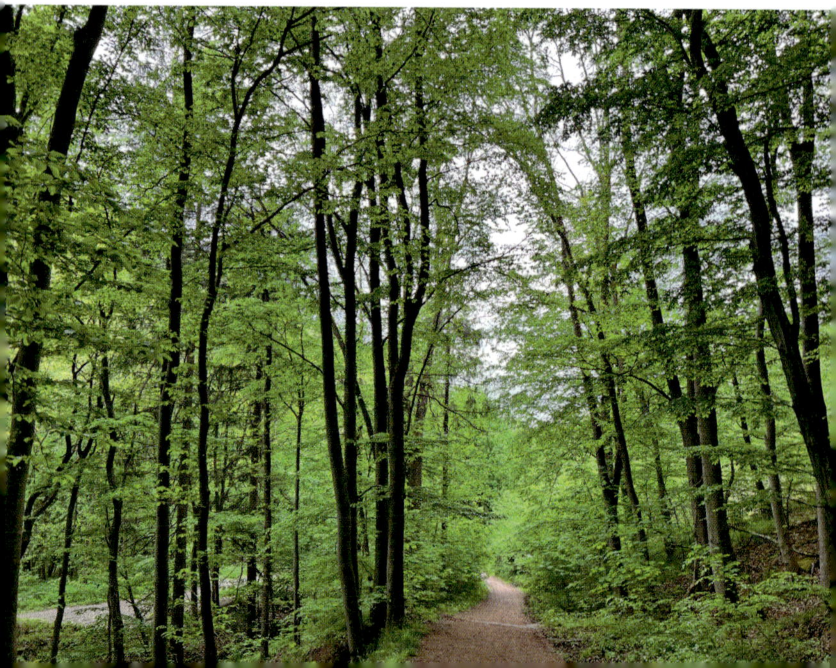

VERWUNSCHENE PFADE IM SÜDHARZ

Tour
TOUR 24
ohne Uhr

Ohne Uhr um Bad Lauterberg

Zwischen Bad Lauterberg und Bad Sachsa unterhalb des Ravensberges geht es ohne Uhr über schmale, wenig frequentierte Wege durch eine malerische Landschaft. Schattige Pfade und weite Ausblicke wechseln einander ab.

Wiesenbeker Teich Start der Wanderung ist in Bad Lauterberg am Wiesenbeker Teich mit Campingplatz, Gastronomie, Bademöglichkeit und der einzigen Wasserskianlage im Harz. Der künstlich angelegte Teich gehört zum UNESCO-Welterbe Oberharzer Wasserwirtschaft. 1715 in Betrieb genommen, diente er einst der Aufschlagwasserversorgung des Kupferbergwerkes »Aufrichtigkeit« in Lauterberg und versorgte später die Lauterberger Königshütte. Vom Parkplatz aus geht es zunächst am Campingplatz vorbei und dann links ein Stück am Teichufer entlang. Nach einem knappen Kilometer biegen wir rechts ab auf einen steilen Bergwanderweg, der bis hinauf zur Weser-Elbe-Wasserscheide Hohe Tür (Stempel 43) führt. Eine Wasserscheide markiert den Grenzverlauf zweier Flusssysteme. Hier münden Gewässer, die Richtung Osten fließen, in die Elbe, und die in Richtung Westen fließen in die Weser. Ein Stein kennzeichnet diese Wasserscheide. An der folgenden Weggabelung nehmen wir den mittleren Weg, der uns vorbei am Försterteich steil hinauf auf den Berg führt. Der schmale und doch gut befestigte Pfad führt durch märchenhaften Laubwald, in dem man gern die Zeit und auch die Anstrengung vergisst. Nach etwa 2,6 Kilometern biegen wir rechts ab auf den Nesselweg. Kurze Zeit später haben wir den längsten Anstieg der Route und rund 170 Höhenmeter überwunden.

Fernsicht Knapp 700 Meter später halten wir uns links und folgen dem schmalen »Felsenweg«. Von hier aus wäre auch ein etwa 2,5 Kilometer

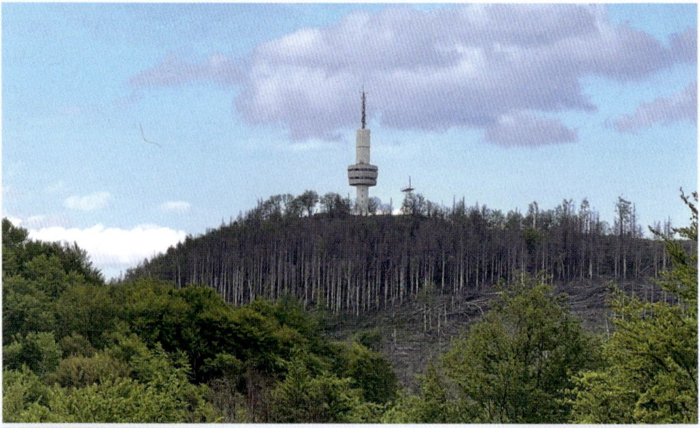

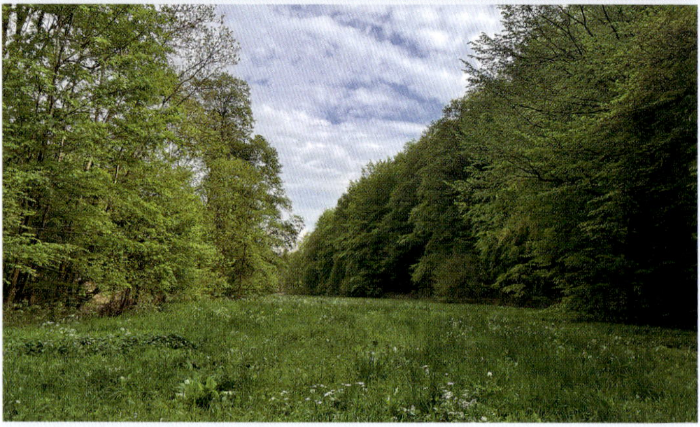

»Auf die Berge will ich steigen.«

Heinrich Heine, 1797–1856

langer Abstecher zum Ravensberg mit Wanderbaude möglich. Auf unserer Route geht es in einem steten, sanften Auf und Ab führt der naturbelassene Pfad Richtung Südosten in die Nähe von Bad Sachsa. Wiederum 900 Meter später geht es links ab auf einen Pfad, der uns zum Ede-Baller-Weg führt. Den Namen hat diese Strecke von Sprengmeister Eduard (Ede) König. Er war an den Sprengarbeiten für das Skizentrum am Ravensberg in den 1950er-Jahren beteiligt. In Bad Sachsa hieß es dann oft »Ede ballert«, woraus der Name entstanden ist. Dem Ede-Baller-Weg folgen wir also etwa einen Kilometer. Unterwegs eröffnet sich immer wieder ein weiter Blick ins Tal und zum Ravensberg mit seinem markanten Turm. Dieser wurde 1970 als Aufklärungsturm des Bundesnachrichtendienstes errichtet und dient heute als Fernmeldeturm. An einer kleinen Wegkreuzung biegen wir scharf links in den Phillipsweg ein. Ziel des rund 200 Meter weiten Abstechers ist die Schutzhütte Phillipsgruß (Stempel 220). Der Pavillon auf dem Katzenstein bietet einen wunderbaren Blick bis hin zum Kyffhäuser. Am Fuße des Katzensteins befindet sich übrigens Deutschlands ältester Märchenpark, der Märchengrund in Bad Sachsa.

Steinatal Zurück auf dem Ede-Baller-Weg überqueren wir den nächsten Wanderweg, um kurz danach rechts in einen schmalen Zickzack-Pfad einzubiegen. An seinem Ende halten wir uns wiederum rechts und wenden uns etwa 300 Meter später nach links. Im leichten Auf und Ab folgen wir dem Weg Richtung Westen. Nach ungefähr 800 Metern erwartet uns ein kurzer, jedoch sehr steiler (bis zu 20 %) Abstieg ins Steinatal. Ein kurzes Stück folgen wir der Steinatalstraße talaufwärts und biegen dann links in einen Pfad ein, der parallel zum Flüsschen Steina verläuft. Wir erreichen die kleine Steinatalsperre, die

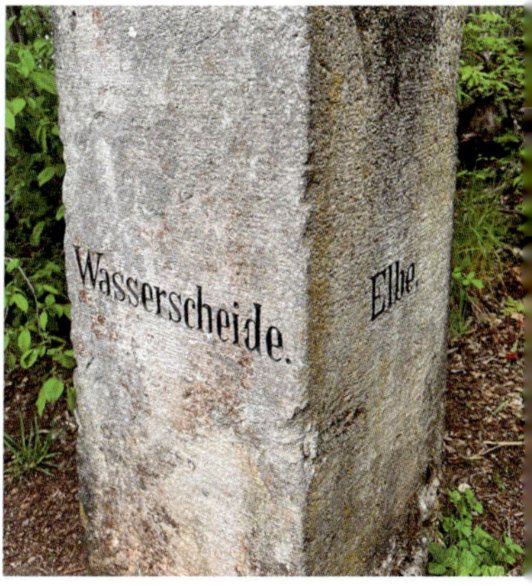

↑ Der Ravensbergturm ist Erkennungsmerkmal des gleichnamigen Berges.
↓ In den Sommermonaten bieten die Wiesen eine hübsche Blütenpracht.
→ Markierung der Weser-Elbe-Wasserscheide am Wegesrand

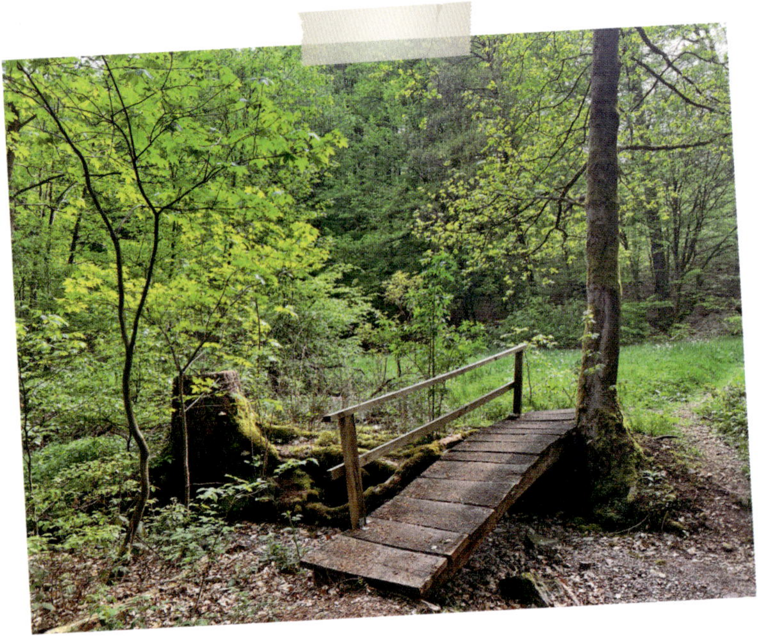

↑ **Wie verwunschene Märchenwälder mutet manch ein Abschnitt an.**

mit ihren rund 70 000 m³ Fassungsvermögen Bad Sachsa und seine Ortsteile mit Trinkwasser versorgt. Bis zur Wasserscheide geht es nun nochmal etwa einen Kilometer bergauf, ehe wir den Abstieg zurück zum Wiesenbeker Teich angehen. In den Sommermonaten bietet sich nach der Tour ein Sprung ins kühle Nass an. Der Wiesenbeker Teich ist als Badesee freigegeben und kann auch abseits des Campingparks genutzt werden.

Tipp

Für einen Abstecher mit tollem Ausblick (ca. 1 Kilometer Umweg) geht es am Ende des Zickzack-Pfades links ins Kuckanstal. Das Tal ist in viele Millionen Jahren alte erkaltete Lava des Ravensberges eingebettett. An der Kantorhütte zweigt links der abenteuerliche Teufelsstieg ab und führt zur Kanzel, einer Klippe mit einer wunderbaren Sicht.

AUF EINEN BLICK

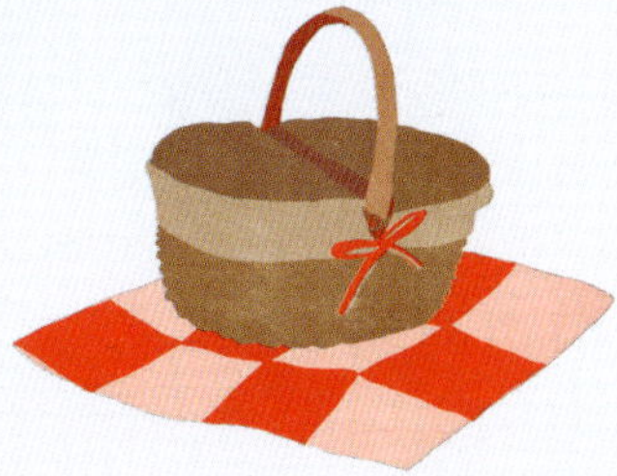

Tour 24: Tour ohne Uhr

Dauer: 3 Std. 15 Min.

Höhenmeter: 320 Hm

Länge: 10,7 km

Schwierigkeit: Mittel

HWN: 43, 220

Tourencharakter: Ruhige, wenig frequentierte Route auf teils märchenhaften Pfaden. Beste Wanderzeit April–Okt.

Ausgangs-/Endpunkt: Parkplatz am Wiesenbeker Teich

Anfahrt: **Pkw:** Über die B 243 oder die B 27 nach Bad Lauterberg. Innerorts der Ausschilderung Wiesenbeker Teich/Campingplatz folgen **Bahn/Bus:** Mit den Buslinien 450 (Herzberg–Braunlage) und 471 (Bad Sachsa–Bad Lauterberg) bis Haltestelle Schanzenstraße. Von dort ca. 1,3 km Fußweg bis zum Startpunkt

Einkehr: Dombrowsky's Baude am Wiesenbeker Teich (Start-/Endpunkt), www.campingwiesenbek.de

Information: www.badlauterberg.de

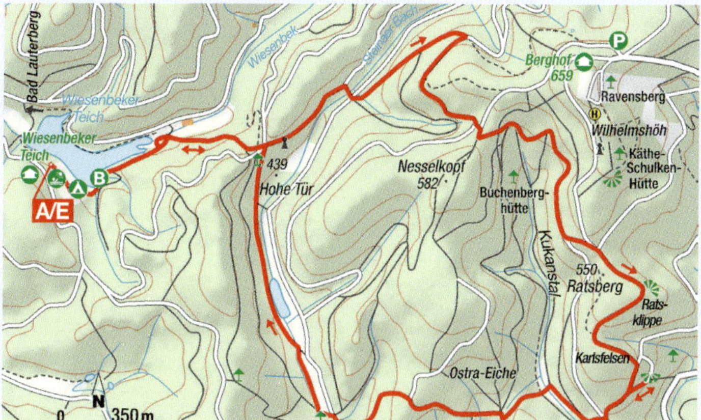

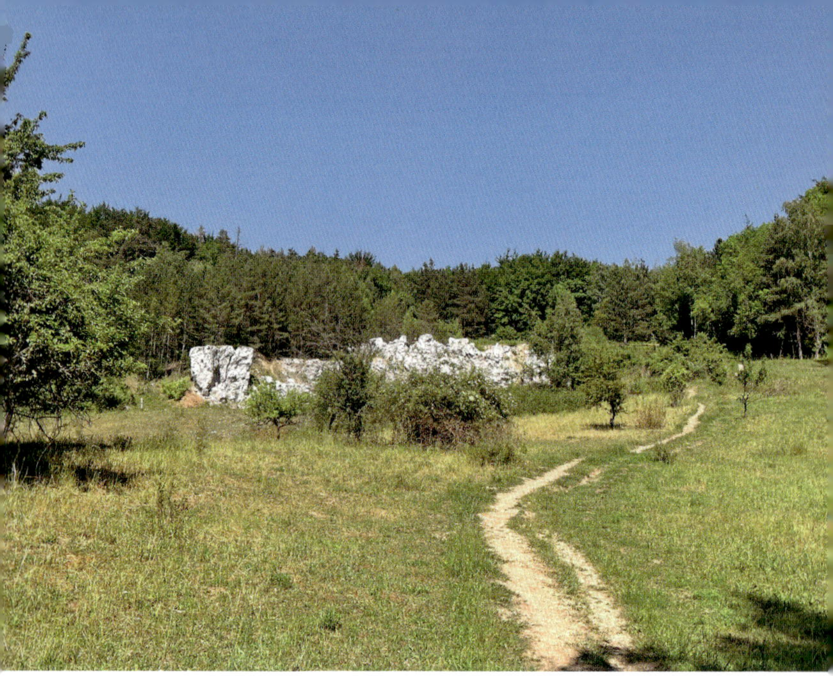

↑ Gipsfelsen in der Karstlandschaft ↓ Der historische Gipsbrennofen

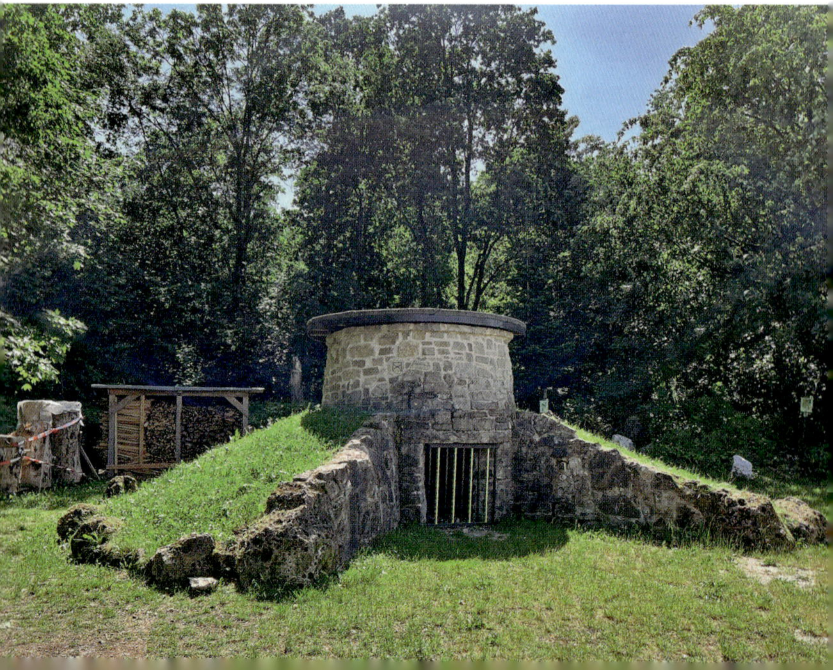

Tour der Stille
TOUR 25

EINDRÜCKE AUF DEM KARSTWANDERWEG

Spaziergang um Neuhof

Eindrucksvolle Naturphänomene sind bei dieser kurzen Wanderung, eher einem Spaziergang, in der Gipskarstlandschaft rund um Neuhof bei Bad Sachsa zu entdecken. Malerische Ausblicke und etwas Historie sind dabei inklusive.

Sachsensteine Unsere Wanderung beginnt am Dorfgemeinschaftshaus in Neuhof und folgt zunächst einem Spazierweg vorbei an der Köhlerhütte und dem Backhaus. Nach knapp 500 Metern folgen wir rechter Hand ein kurzes Stück der Landstraße, ehe es am anderen Ufer der Uffe links in einen Wanderweg geht. Von der Straße aus sind die weißen Gipsfelsen des Sachsensteins zu sehen. Steil ragen sie aus der Landschaft empor – ein ungewöhnlicher Anblick. Nach einem kurzen Anstieg auf einem schmalen, naturbelassenen Pfad erreichen wir die Sachsensteinhütte (Stempel 166). Von der Sachsensteinklippe genießen wir den Ausblick auf Bad Sachsa und die Gipskarstlandschaft. Dieser Abschnitt unserer Route gehört auch zum Karstwanderweg, der über rund 100 Kilometer entlang des Südharzes führt. Er verbindet die verschiedenen Naturphänomene, die durch die Verkarstung – hier die Auflösung von Anhydrid und Gips – entstehen, miteinander. Dazu zählen auch die durch Gesteinsquellungen entstandenen sogenannten Zwergenlöcher, die im Gebiet des Sachsensteins auftreten.

Gipsbrennofen Von der Schutzhütte folgen wir dem Wanderweg Richtung Osten, passieren einen Steinbruch und halten uns an seinem Ende rechts. 400 Meter später bleiben wir wieder rechts. An der nächsten Weggabelung stoßen wir auf den Harzer Grenzweg, dem wir bis zu den Kranichteichen in Neuhof folgen. Am Unteren Kranichteich biegen wir jedoch rechts ab, um zum historischen Gipsbrennofen (Stempel 192) zu kommen.

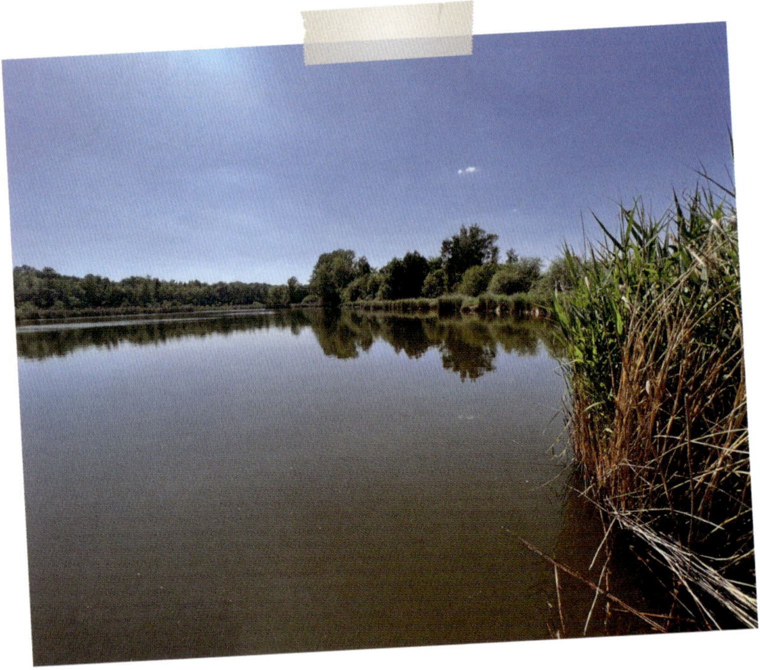

↑ **Ruhig und idyllisch: Die Tour führt um die Kranichteiche.**

Dieser 2006 in Betrieb genommene Nachbau zeigt, wie gegen Ende des 19. Jahrhunderts Wasser dem Gipsgestein entzogen wurde, damit sein Pulver die Eigenschaft erhielt, später mit Wasser vermischt auszuhärten. Kurze Zeit später biegen wir links ab, wandern vorbei an der Priestersteinhöhle, um über einen schmalen Pfad am südlichen Ufer des Unteren Kranichteichs wieder unseren Ausgangsort zu erreichen.

Tipp

In einer kleinen Ausstellung an der Hauptstraße Neuhofs werden vom Schnitzwurm Drechsler- und Schnitzarbeiten als Souvenirs angeboten. Zudem wird einmal im Monat Brot im dorfeigenen Backhaus gebacken (Vorbestellung erforderlich).

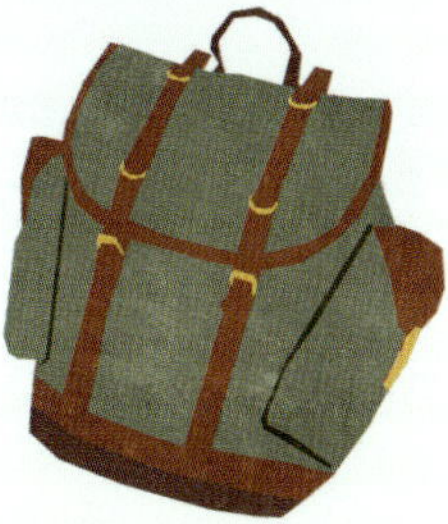

AUF EINEN BLICK

Tour 25: Tour der Stille

Dauer: 1 Std. 15 Min.

Höhenmeter: 80 Hm

Länge: 4,34 km

Schwierigkeit: Mittel

HWN: 166, 192

Tourencharakter: Ruhige, wenig frequentierte Route durch die verblüffende Gipskarstlandschaft im Südharz. Beste Wanderzeit April–Okt.

Ausgangs-/Endpunkt: Parkplatz am Dorfgemeinschaftshaus Neuhof

Anfahrt: **Pkw:** Über die B 243 nach Bad Sachsa oder Tettenborn. Ausschilderung nach Neuhof folgen **Bahn/Bus:** Mit der Buslinie 470 Bad Sachsa–Braunlage bis Haltestelle Neuhof/Sachsensteine

Einkehr: Keine Einkehrmöglichkeiten entlang der Strecke

Information: www.bad-sachsa.de

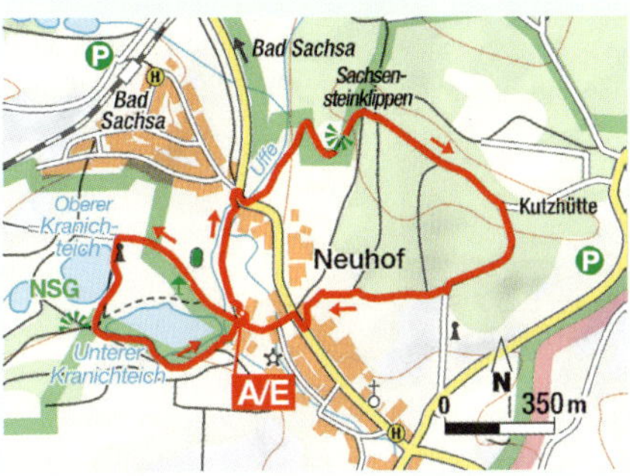

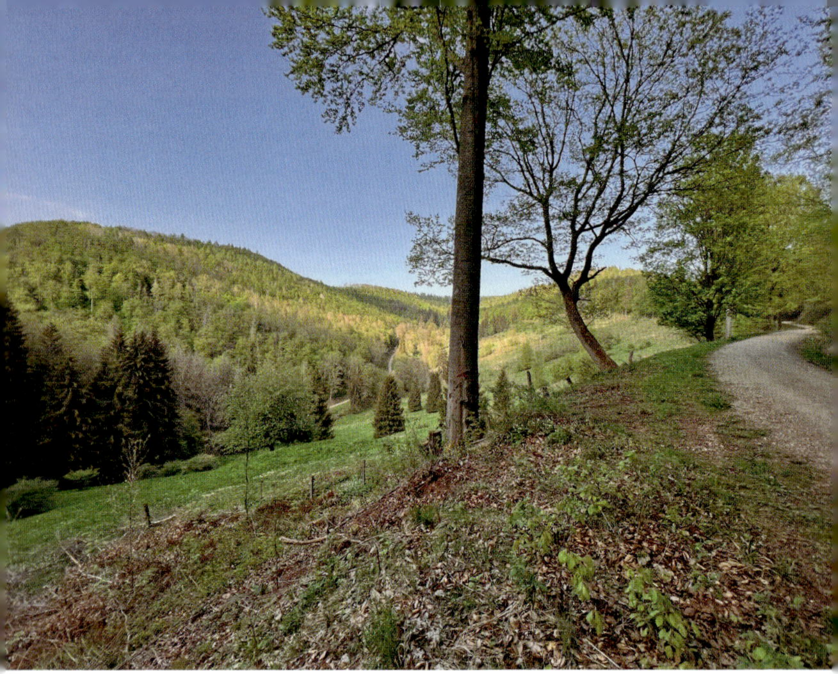

↑ Panoramablick im Südharz ↓ Schmale Pfade führen auf die Anhöhe.

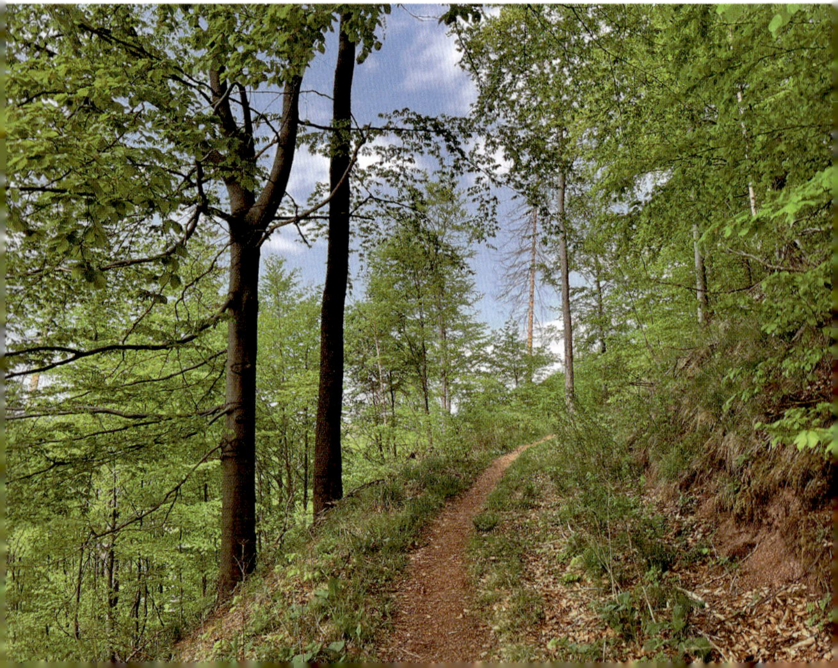

SONNIGE HÖHEN UND BUNTE BERGWIESEN

Tour für TOUR 26 die Sinne

Gipfeltour für die Sinne bei Zorge

Vor allem im Frühjahr leuchten die Laubwälder des Südharzes in sattem Grün. Bei einer Gipfeltour nahe Zorge werden die Sinne angesprochen, die Fantasie dank Wendel-Eiche, Zankecke und Roter Schuss angeregt – und drei Wanderstempel gesammelt.

Steiler Anstieg Der Einstieg in diese aussichtsreiche Tour ist die Ortsmitte von Zorge. Zunächst wandern wir ein kurzes Stück entlang der Hauptstraße talabwärts und hinter dem Flüsschen Zorge links zum Wilhelmsplatz, wo es nach wenigen Metern rechts hinauf in die Berge geht. Nach 250 Metern biegen wir rechts in den Langen Weg ein. Bis zu 21 % Steigung werden auf einem gut befestigten Wanderweg überwunden, ehe wir nach knapp einem Kilometer links einen schmalen Wanderpfad nehmen. Der naturbelassene Weg durch den Laubwald ist wunderschön. Der weiche Waldboden, der Duft und das Rascheln des Laubs regen die Sinne an. An der nächsten Weggabelung halten wir uns rechts, dann links auf einen festen Forstweg. Belohnt werden wir immer wieder mit tollen Ausblicken ins Tal. Nach insgesamt drei Kilometern halten wir uns wieder links und folgen dem Elsbach – Namensgeber des Elsburn, einem Whisky der Hammerschmiede in Zorge. Nach einem weiteren Anstieg geht es an der nächsten Weggabelung rechts zunächst leicht bergab und dann links auf einem Pfad hinauf zur Wendel-Eiche (Stempel 165).

Bergwiesen Die nächsten knapp 2,5 Kilometer führen bergab, zunächst zur Wegkreuzung Zankecke und von dort geradeaus Richtung Roter Schuss. Nach insgesamt 7,3 Kilometern erreichen wir die Schutzhütte Roter Schuss (Stempel 90). Serpentinen geleiten weiter ins Tal, wir halten uns rechts, überqueren den Limbach und biegen nach einem kurzen Stück auf

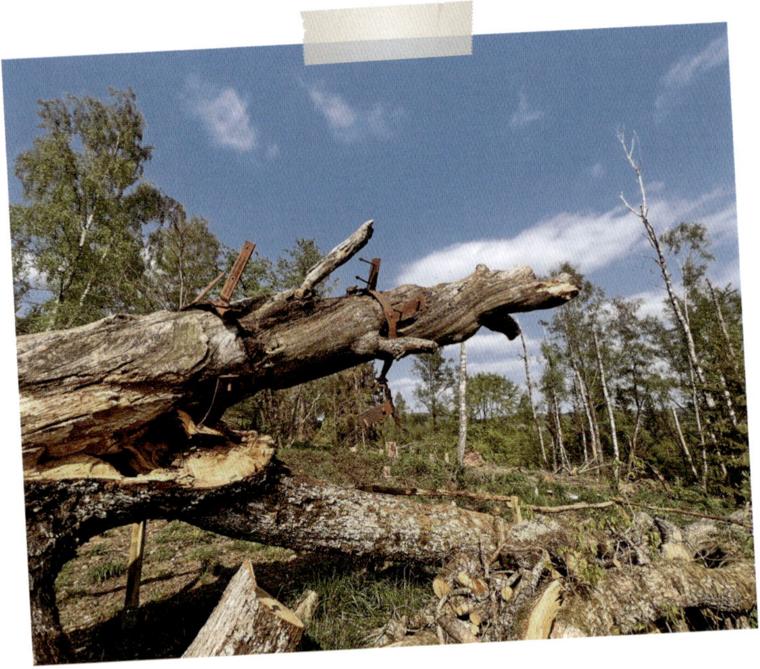

↑ **Ob Windbruch oder Klimawandel: Der Wald verändert sich.**

einer Forststraße links in einen schmalen Wanderpfad ein. Es geht wieder aufwärts, auf einem kleinen Stück des Harzer Grenzwegs und dann auf einen Abstecher rechts zur Wegkreuzung Stiefmutter (Stempel 164). Von hier aus hat man einen tollen Blick auf die Hundertmorgenwiese. Nach einem guten Kilometer erreichen wir wieder den Langen Weg und folgen ihm rechts zurück nach Zorge.

Tipp

Whisky-Liebhaber können sich am Ende der Wanderung selbst belohnen: mit einem Besuch in der Hammerschmiede im Elsbachtal in Zorge. Dort gibt es einen Shop, und es werden regelmäßig Führungen und Tastings angeboten. Anmeldung erforderlich (www.hercynian-distilling.de).

AUF EINEN BLICK

Tour 26: Tour für die Sinne

Dauer: 4 Std.

Höhenmeter: 470 Hm

Länge: 12,7 km

Schwierigkeit: Schwer

HWN: 90, 164, 165

Tourencharakter: Anspruchsvolle Tour mit steilen Anstiegen, tollen Ausblicken, Laubwald und Bergwiesen. Beste Wanderzeit April–Okt.

Ausgangs-/Endpunkt: Ortsmitte von Zorge

Anfahrt: **Pkw:** Von der B 243 über Bad Sachsa nach Zorge oder von der B 4 Braunlage/Hohegeiß nach Zorge **Bahn/Bus:** Von Braunlage oder Bad Sachsa mit Bus 470, Haltestelle Am Kurpark

Einkehr: Keine Einkehrmöglichkeiten entlang der Route

Information: www.walkenried-tourismus.de

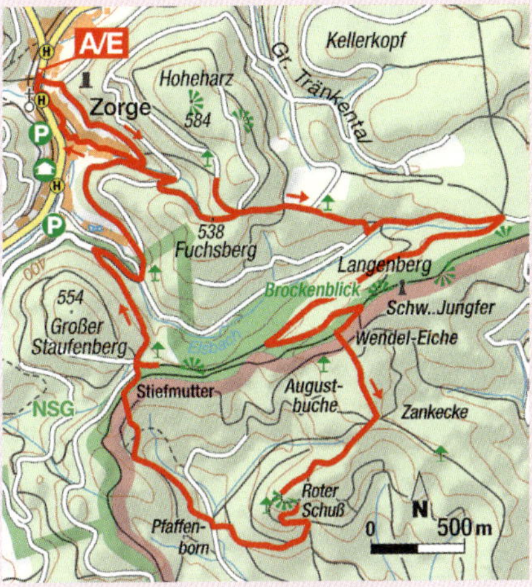

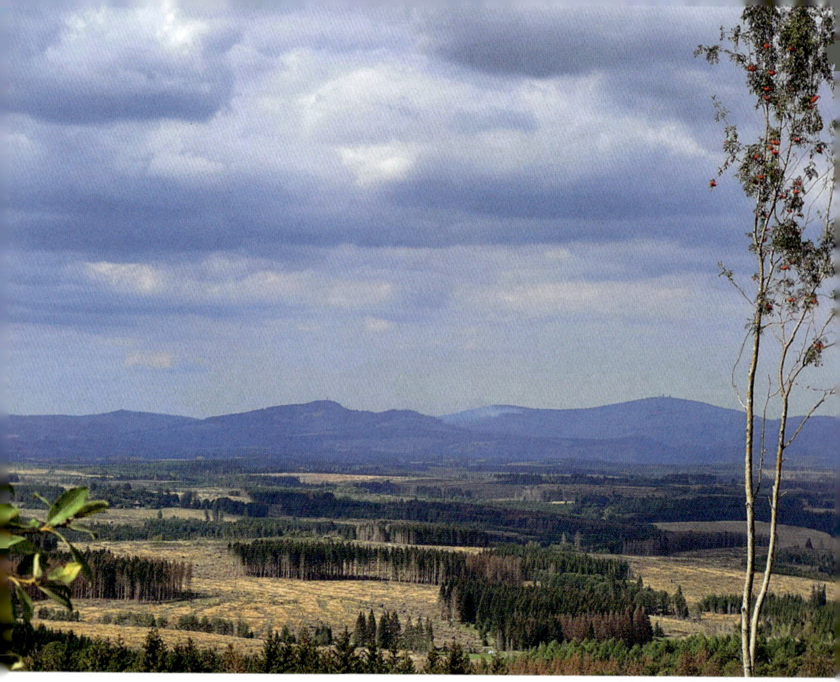

↑ Weiter Blick über die veränderte Harzer Landschaft ↓ Der Stierbergsteich

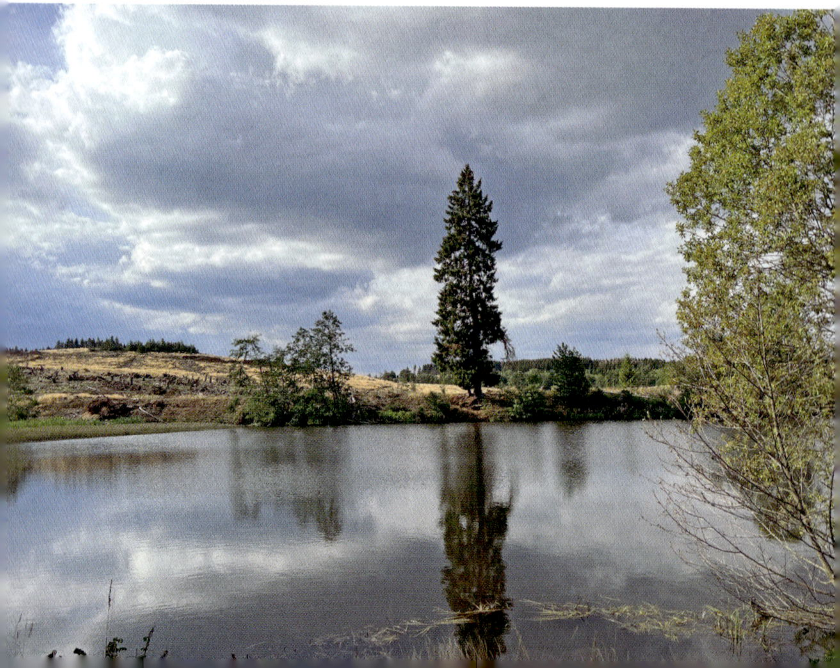

SCHMALE PFADE UND MALERISCHE AUSBLICKE

Tour für den Genuss
TOUR 27

Rundtour bei Sophienhof

Das neue Panorama des Harzes wird bei dieser Tour besonders ersichtlich. Weit reichen die Blicke über die nun freien Hochflächen bis zum Brocken und zum Wurmberg – Naturgenuss mit anschließendem Besuch auf der Ziegenalm.

Auf schmaler Spur Start ist der Parkplatz in Sophienhof. Zunächst geht es ein kleines Stück Richtung Norden durch den Ort, dann folgen wir dem Sophienhofer Stieg. Nach kurzer Strecke ist der Haltepunkt der Harzer Schmalspurbahnen erreicht. Sophienhof liegt an der Route der Harzquerbahn, die Nordhausen und Drei Annen Hohne miteinander verbindet. Im Sommer ist hier zweimal am Tag eine der beeindruckenden Dampfloks zu sehen. Wir folgen dem naturbelassenen Bergpfad weiter bergauf und halten uns nach 2,8 Kilometern rechts, um den Carlsturm (Stempel 51) zu besuchen. Der 50 Meter hohe Funkturm mit Besucherplattform bietet einen weiten Blick über die Harzer Berge. Wir gehen denselben Weg zurück, halten uns nach 600 Metern rechts und bald darauf links.

Bachtäler und Teiche Nach weiteren 600 Metern geht es rechts ab gen Norden. Kurz danach überqueren wir den Dammbach. Das Dammbachtal gehört zum Naturschutzgebiet Harzer Bachtäler und verfügt über eine ausgesprochene Artenvielfalt. Trollblumen, Schwertlilien, Herbstzeitlose, Bachforellen, Molche und der Eisvogel sind hier heimisch. Ein Stück flussaufwärts erreichen wir die Walzenhütte (Stempel 50). Wir wandern weiter Richtung Südwesten. Ehe wir an der Sollbornkreuzung links abbiegen, machen wir noch einen 400 Meter langen Abstecher zum Oberharzblick (Stempel 47). 750 Meter laufen wir parallel zu den Gleisen der Schmalspurbahn, ehe es rechts wieder am Ufer des Dammbachs zum Stierbergsteich

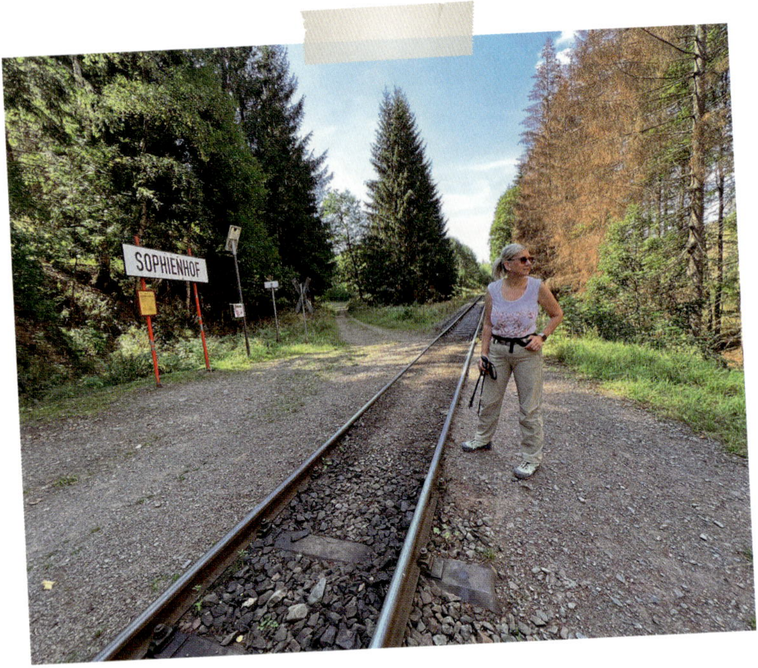

↑ **Haltepunkt Sophienhof der Harzer Schmalspurbahn**

(Stempel 48) geht. Dieser wurde für den Bergbau errichtet. Das aufgestaute Wasser trieb ein Wasserrad unterhalb des Teiches an. Er liegt an der Landesgrenze zwischen Sachsen-Anhalt und Thüringen. Hinter dem Stierbergsteich halten wir uns links und folgen dem bequemen Wanderweg bis zu unserem Ausgangsort. Auf der Ziegenalm (Stempel 97) mit Almstube und Hofladen gibt es schließlich eine wohlverdiente Stärkung.

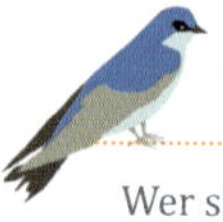

Tipp

Wer sich bei der Wanderung nach dem Fahrplan der Harzer Schmalspurbahn richtet, kann eine historische Dampflok hautnah erleben. Es ist schon ein eindrucksvoller Moment, wenn die schnaufende Lok direkt an einem vorbeizieht. Unterwegs werden mehrmals die Gleise passiert.

AUF EINEN BLICK

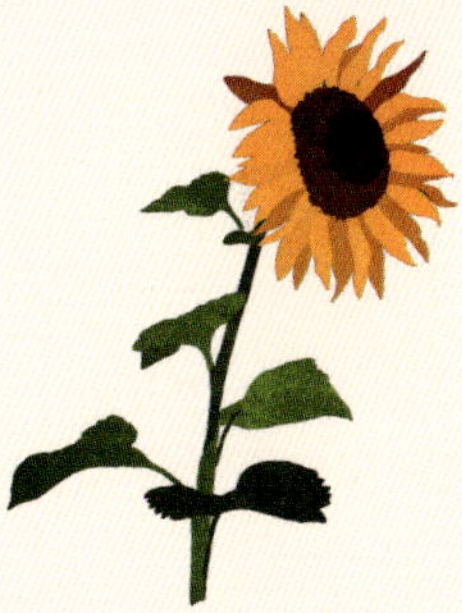

Tour 27: Tour für den Genuss

Dauer: 4 Std.

Höhenmeter: 260 Hm

Länge: 13,4 km

Schwierigkeit: Schwer

HWN: 47, 48, 50, 51, 97

Tourencharakter: Anspruchsvolle Tour mit weiten Blicken über die neue Harzer Landschaft. Beste Wanderzeit April–Okt.

Ausgangs-/Endpunkt: Parkplatz Sophienhof

Anfahrt: **Pkw:** Über die B 4 Braunlage–Hohegeiß–Rothesütte–Sophienhof. **Bahn/Bus:** Mit der Harzquerbahn von Nordhausen oder Drei Annen Hohne (nur im Sommer; vier Verbindungen pro Tag)

Einkehr: Keine Einkehr entlang der Route; Ziegenalm Sophienhof (www.ziegenalm.de); Erlebnis Braugasthof Brauner Hirsch (www.braunerhirsch-sophienhof.de)

Information: www.gemeinde-harztor.com

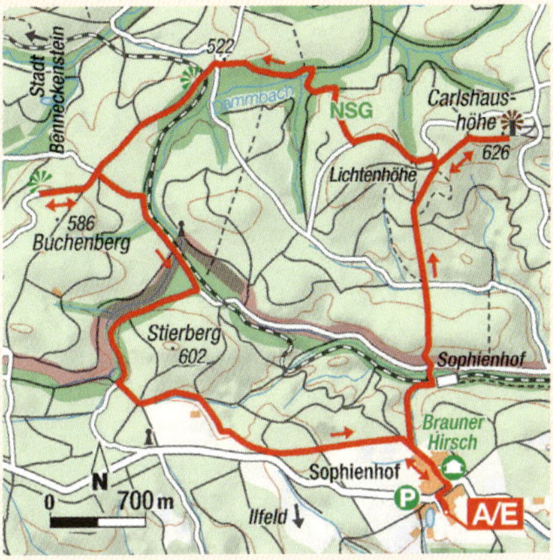

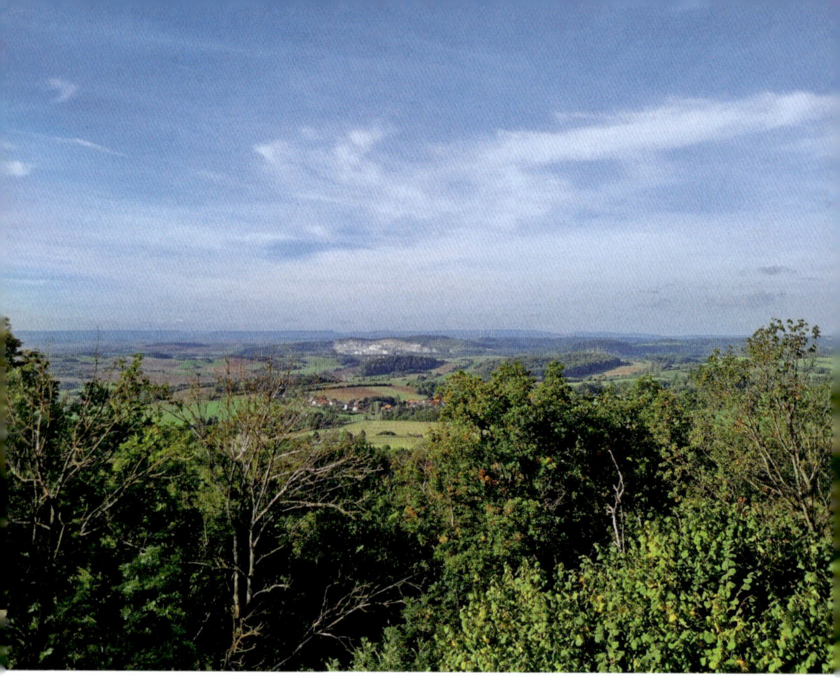

↑ Weitblick von der Mauer an der Unterburg ↓ Außenansicht der Oberburg

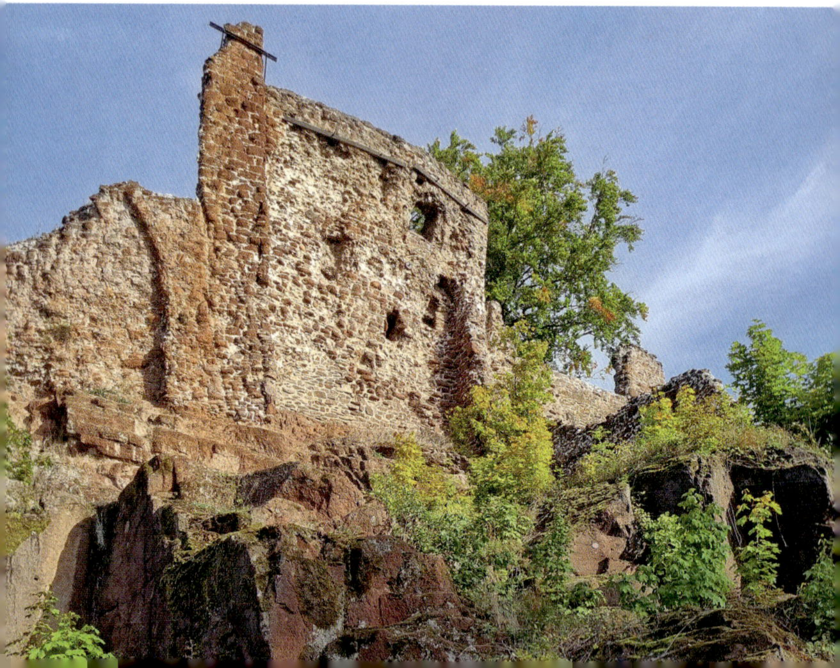

BURGEN, TÄLER UND MÄRCHENHAFTE WÄLDER

Tour für die Sinne
TOUR 28

Zwischen Neustadt und Ilfeld

Im Südharz zwischen Neustadt und Ilfeld sorgen die malerische Landschaft, historische Burgruinen, weite Laubwälder und fantastische Ausblicke für Ruhe und Kraft. Weiche Waldwege im frischen Grün und sonnige Wiesen regen die Sinne an.

Burgruine Vom Busparkplatz in Neustadt gehen wir zunächst durch den kleinen, hübschen Ort. Über Tor-, Stein- und Burgstraße gelangen wir bis ans andere Ende. Am Kurpark biegen wir rechts ab und folgen einem naturbelassenen Wanderweg über einen recht steilen Anstieg auf den Schlossberg. Unterhalb der Ruine Hohnstein (Stempel 98) befindet sich der Berggasthof. Ein schöner Flecken Erde, um sich etwas zu stärken. Die Überreste der um das Jahr 1200 erbauten Burg lassen ahnen, wie imposant und wehrhaft die Anlage seinerzeit gewesen sein musste. Im Dreißigjährigen Krieg wurde sie durch eine Brandstiftung zerstört. Von ihren Mauern hat man einen herrlichen Blick ins Harzvorland. Für eine ausgiebige Besichtigung sollte eine Stunde Zeit eingeplant werden. Weiter geht es am Fuße der Burg links auf einem schmalen Wanderweg, der auf der anderen Seite des Schlossbergs ins Tal führt. Die hohen Laubbäume bilden ein schützendes Dach und sorgen für eine märchenhafte Stimmung. An der nächsten Weggabelung halten wir uns links und kurz darauf rechts. Wir überqueren den Hardtbach und die Alte Heerstraße, ehe wir dem Wanderweg nach Ilfeld folgen. Die Brücke über den Welzebach unterhalb des Schlosskopfes ist nicht mehr begehbar, doch der Bach lässt sich auch so überqueren.

Ilfeld Bis kurz vor Ilfeld geht es stetig mit einer leichten Steigung bergauf. Der lichte Laubwald bietet eine herrliche Stimmung, und der weiche Waldweg gibt federnd bei jedem Schritt nach. Die Ruhe und Abgeschiedenheit

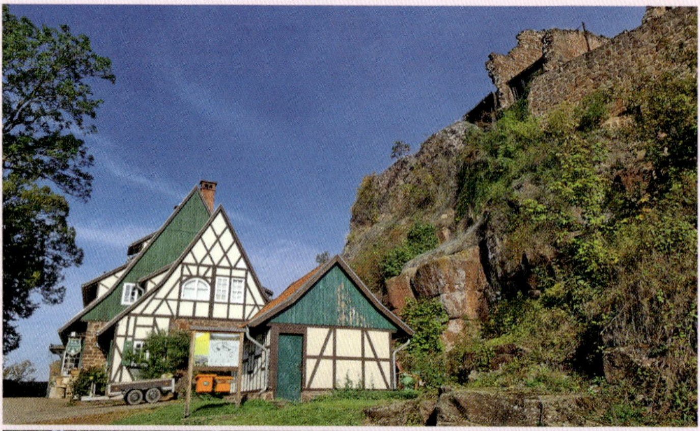

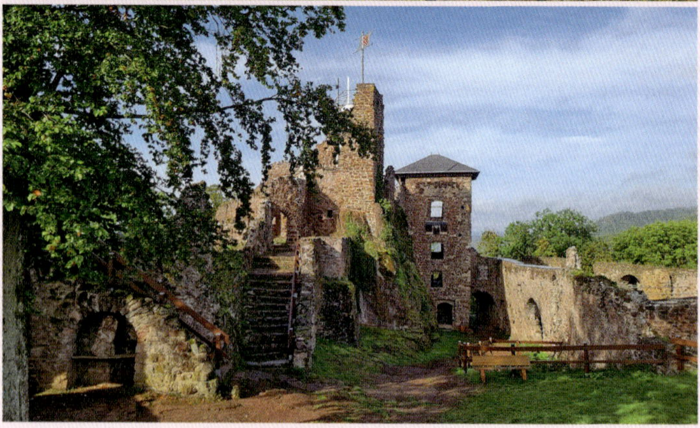

»Ich habe mir meine besten Gedanken ergangen und kenne keinen Kummer, den man nicht weggehen kann.«

Søren Kierkegaard (1813–1855)

auf dieser Route lassen uns durchatmen. Unterhalb des Großen Lienbergs neigt sich der Weg hinab Richtung Ilfeld. Nach gut 5,5 Kilometer biegen wir links ins Gottestal ein und folgen einem kleinen Flusslauf an den Ortsrand des ehemaligen Kurortes. Mit Erreichen der Neuen Marktstraße können wir entscheiden, ob wir einen Abstecher in den Ort machen. Bis ins kleine Zentrum ist es knapp einen Kilometer, und um die Mittagszeit wäre eine Einkehr im Hotel Harzparadies möglich (Di., Mi. Ruhetag). Alternativ könnten wir links einem schmalen Weg zum Grillplatz folgen und hier oberhalb von Ilfeld eine Rast einlegen. Unsere eigentliche Route führt uns halb links auf einem wunderschönen Wanderpfad wieder Richtung Neustadt. Auf dem mit Laub bedeckten Waldboden ist der Weg kaum auszumachen – Wandern inmitten der Natur. So geht es nun die nächsten 1,3 Kilometer im leichten Auf und Ab Richtung Osten, ehe wir nach insgesamt 7,3 Kilometern scharf rechts Richtung Süden abbiegen.

Dampflok-Steig Den aufmerksamen Wanderer grüßt ein fröhlicher hölzerner Osterhase am Wegesrand. Eindrucksvoll ist die Weymouth-Kiefer, deren Heimat eigentlich Nordamerika ist. An der Weggabelung im Tal halten wir uns zweimal links und nehmen dann ein Stück den Südharzer Dampflok-Steig. Der Themenwanderweg folgt auf 42 Kilometern von Sophienhof bis Nordhausen dem Verlauf der Harzer Schmalspurbahn. Eine schöne Strecke nicht nur für Eisenbahnfans. An einer Wegkreuzung wurden eine Köhlerhütte und ein Meiler errichtet, Infotafeln erklären das Köhlerhandwerk. Hier bevorzugen wir einen schmalen Pfad geradeaus und stoßen kurze Zeit später am Waldbad Neustadt wieder auf den Stieg. In den Sommermonaten ist das Bad ein schöner Ort für eine Abkühlung nach der Wanderung.

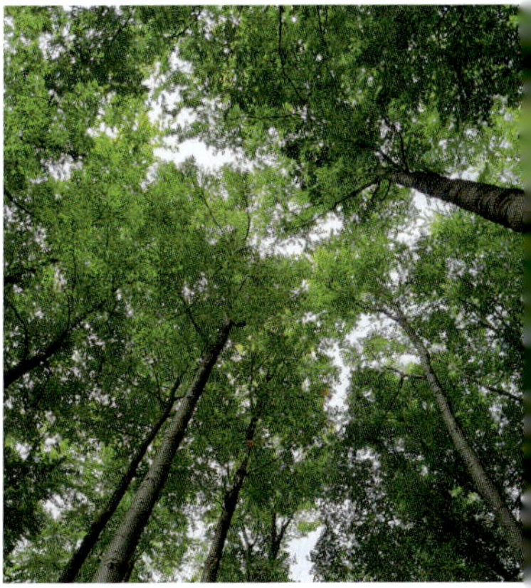

↑ Der Burggasthof am Fuße der Ruine mit Stempelstelle 98
↓ Ruine Burg Hohnstein mit Aufstieg zum Turm
→ Blick in die mächtigen Baumwipfel entlang des Weges

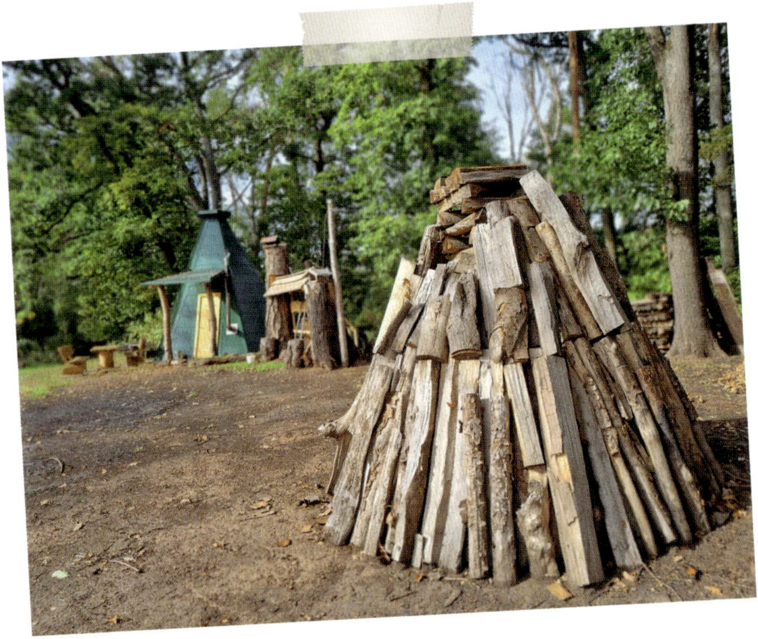

↑ **Gut Brand – eine Köhlerhütte mit Erdmeiler**

Am Waldrand geht es nun entspannt weiter bis zum Neustädter Gondelteich. Am Ufer des idyllischen Kleinods geht es in den Ort Neustadt. Der Kiosk am Gondelteich bietet Thüringer Gerichte oder Eis in familiärer Atmosphäre. Wer mag, leiht sich ein Ruderboot aus. Durch die Stadt führt uns der Weg zurück zum Ausgangsort. Stempelsammler haben von hier aus die Möglichkeit zu einem Abstecher auf den Galgenberg (750 Meter), wo sich an einer hölzernen Dampflok die Stempelstelle 99 befindet.

Tipp

Der Hohnsteiner Mittelalterverein setzt sich aktiv für den Erhalt der Burgruine ein. Mehrmals im Jahr wird dort bei verschiedenen Veranstaltungen oder Vereinswochenenden das Mittelalter lebendig. Dabeisein, mitmachen, erleben (Termine auf www.hohnsteiner-mittelalterverein-ev.de).

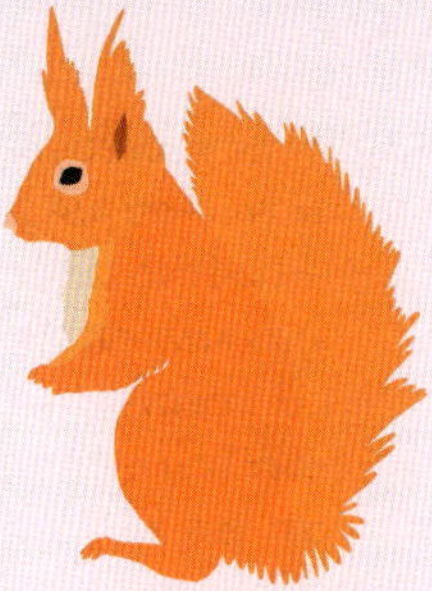

AUF EINEN BLICK

Tour 28: Tour für die Sinne

Dauer: 3 Std. 15 Min.

Höhenmeter: 260 Hm

Länge: 10,8 km

Schwierigkeit: Mittel

HWN: 98, (99)

Tourencharakter: Ruhige Wanderung durch märchenhafte Wälder und Besuch einer historischen Burgruine. Beste Wanderzeit April–Okt.

Ausgangs-/Endpunkt: Parkplatz am Ortseingang Neustadt/Südharz

Anfahrt: **Pkw:** Von Braunlage oder Nordhausen auf der B 4. In Ilfeld oder Niedersachswerfen der Beschilderung nach Neustadt folgen. Der Parkplatz (Busparkplatz) befindet sich am Ortseingang rechts. **Bahn/Bus:** Von Nordhausen mit Bus 23 Richtung Benneckenstein

Einkehr: Burggasthof Hohnstein (www.burghohnstein.de); Gondelteich Kiosk, (gondelteich-neustadtharz.business.site)

Information: www.neustadt-harz.de

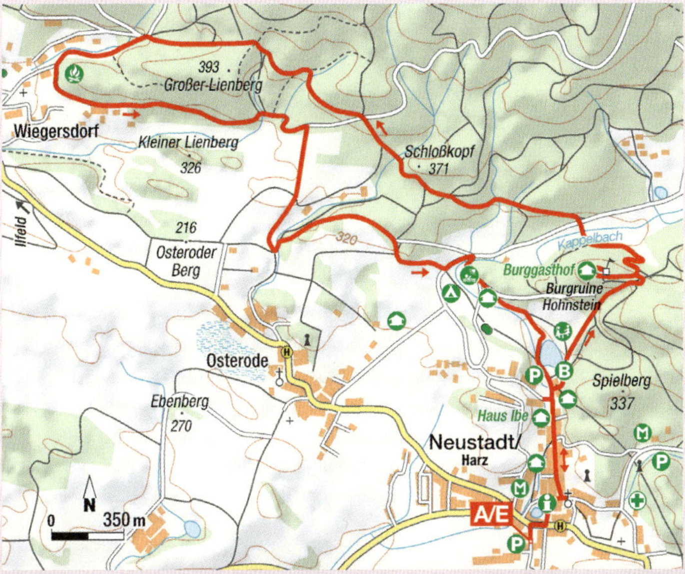

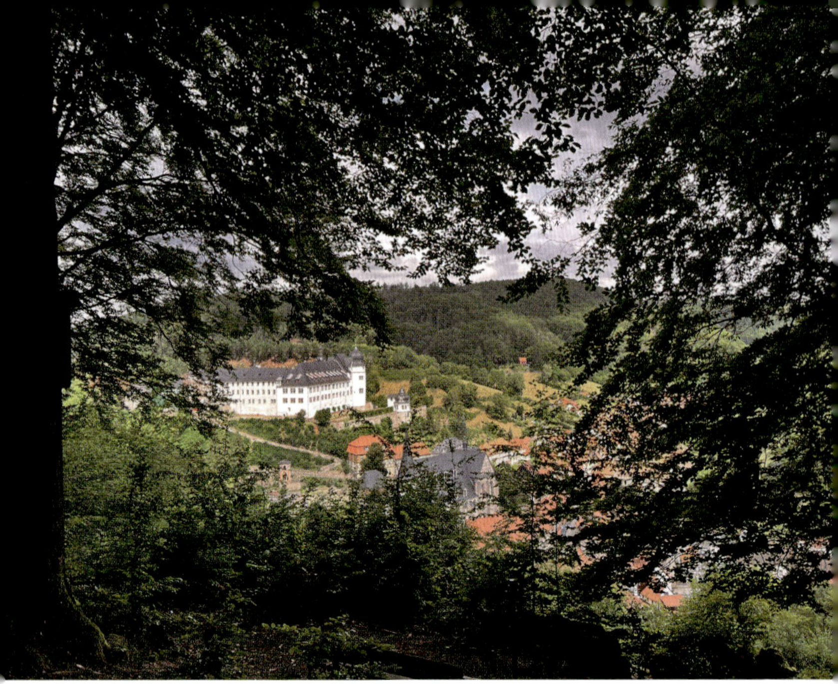

↑ Blick von der Lutherbuche auf Stolberg ↓ Weg durch herrliche Laubwälder

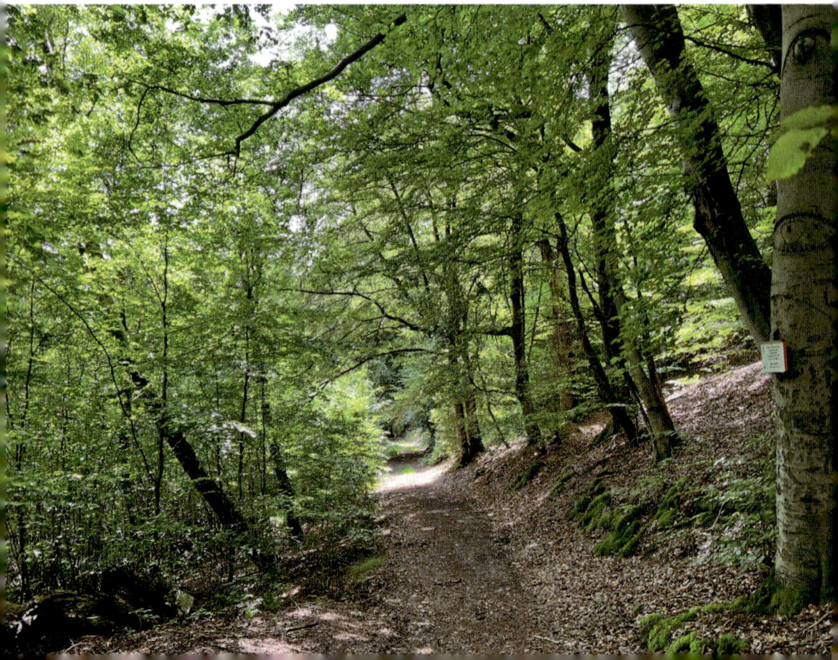

Tour TOUR 29 ohne Uhr

PANORAMAWANDERUNG MIT SCHLOSSBLICK

Über Berg und Tal um Stolberg

Wer im Südharz eine Route mit zwei gegenüberliegenden Punkten plant, sollte ahnen, dass ein stattliches Tal dazwischen liegt. Eindrucksvolle Panoramen auf die Fachwerkstadt Stolberg und verwunschene Pfade durch Laubwälder erwarten uns.

Himmelsleiter Vom Parkplatz am Bahnhof von Stolberg wandern wir zunächst ein Stück Richtung Stadtmitte. Vor dem Bahnhofsgebäude gegenüber der Bushaltestelle führt ein schmaler Weg zur Himmelsleiter. Der Name ist Programm. Mehr als 100 Meter geht es über verwitterte Treppenstufen steil hinauf (bis zu 23 % Steigung). Ein Geländer gibt den Wanderern etwas Halt. Nach insgesamt gut 600 Metern erreichen wir den Unteren Bandweg. Dann erst links halten, dann rechts auf den Oberen Bandweg. Während der Verschnaufpausen auf der Treppe lohnt sich ein Blick zurück ins Tal. Weiter führt ein wunderschöner naturbelassener Pfad durch den Laubwald. Hier oben lässt sich die Stille der Natur genießen. Immer wieder eröffnet sich ein Blick auf das hübsche Stolberg mit seinem imposanten Schloss. Das geschlossene Stadtbild mit seit Jahrhunderten nahezu unverändertem Grundriss sorgt für den Beinamen »Historische Europastadt«. Nach nur einem knappen Kilometer erreichen wir die Lutherbuche

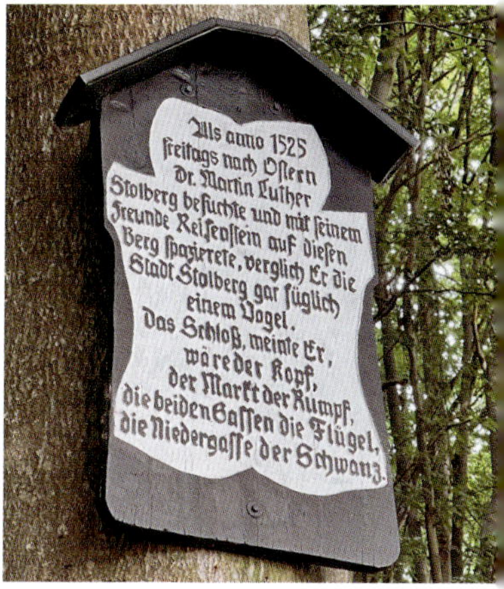

→ **Wie Luther Stolberg beschrieben haben soll …**

(Stempel 216). 1525 weilte Martin Luther zu einer Predigt in Stolberg. Der Legende nach soll er bei einem Spaziergang über die Höhen die Stadt mit einem Vogel verglichen haben. Bereits 1868 war der Platz der Lutherbuche als »Lutherplatz« bekannt. In aller Ruhe genießen wir den Ausblick auf die Stadt – nahezu so, wie sie sich auch zu Luthers Zeiten präsentierte.

Naturgenuss Über einen steilen, naturbelassenen Weg geht es teils im Zickzack hinab. Im Ort angekommen folgen wir nach rechts ein kleines Stück dem Verlauf des Flüsschens Thyra, überqueren sie auf der Niedergasse und biegen rechts in die Hintergasse ein. Etwa mittig der Gasse führen links die Treppen hoch zum Unteren Bandweg und zum Heringskopf. Nach dem Aufstieg halten wir uns halb links und nehmen einen schmalen Weg auf die Höhen um Stolberg. Nach gut 300 Metern erreichen wir den Oberen Bandweg und biegen links ein. Das wechselnde Panorama mit Sicht auf das Tal, die Wiesen und die Berge ist faszinierend. Immer wieder verändert sich der Blickwinkel, doch die Schönheit bleibt. Im Laubwald wechseln sich Sonnenlicht und Schatten spielerisch ab. An der Weggabelung Mägdefleck halten wir uns rechts. Bemerkenswert ist hier das Buchen-Trio, ein Naturdenkmal, wo zwei Buchen mehrfach zusammengewachsen sind. Dann geht es links weiter auf dem Oberen Bandweg. Nach einem guten Kilometer flacht die Steigung ab und wir wandern gemächlich bergan. Der Weg wird zum Schwendaer Stadtweg, von dem aus wir nach insgesamt ca. 3,7 Kilometern links in die Holzchaussee, einem festen Forstweg einbiegen. Gut zwei Kilometer weiter wenden wir uns nach links. Der naturbelassene Pfad führt erneut steil bergauf zum Josephskreuz (Stempel 215).

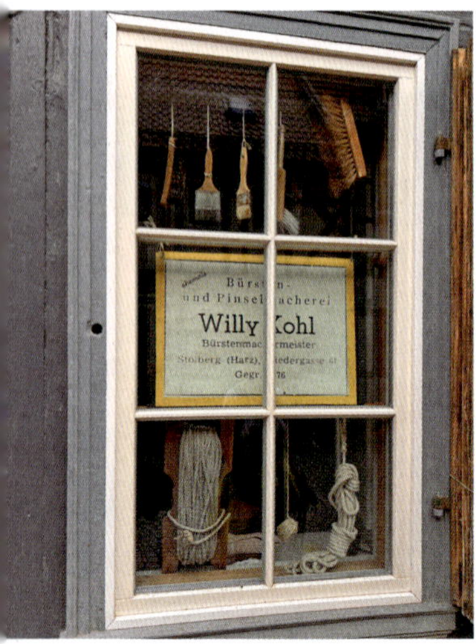

↑ **Schattige Wälder und sonnige Abschnitte wechseln einander ab.**
↓ **Dörfliche Idylle am Rand der Historischen Europastadt**
← **Traditionsreiche Handwerksbetriebe gibt es einige in Stolberg.**

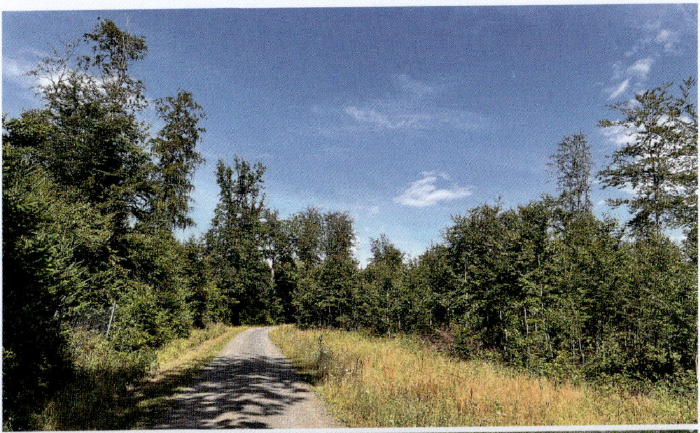

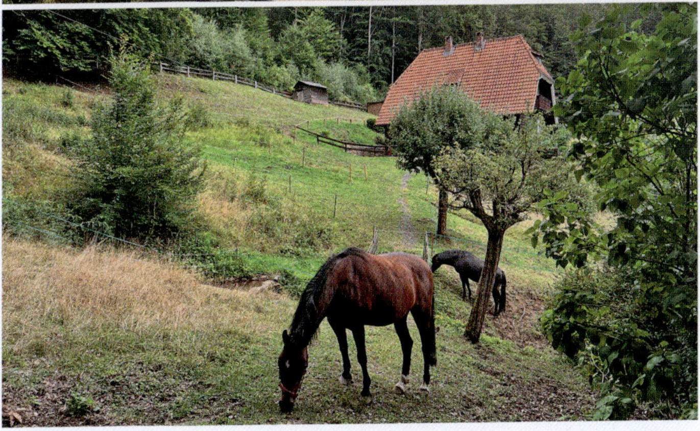

»Leg dich an einem schönen oder auch windigen Tag in den Wald, dann weißt du alles selbst.«

Robert Musil, 1880–1942

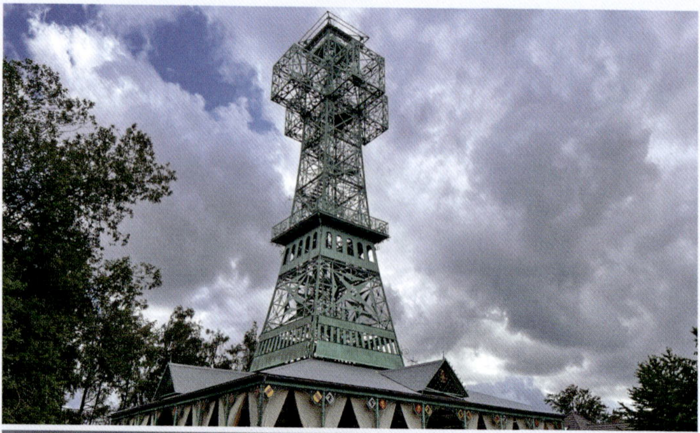

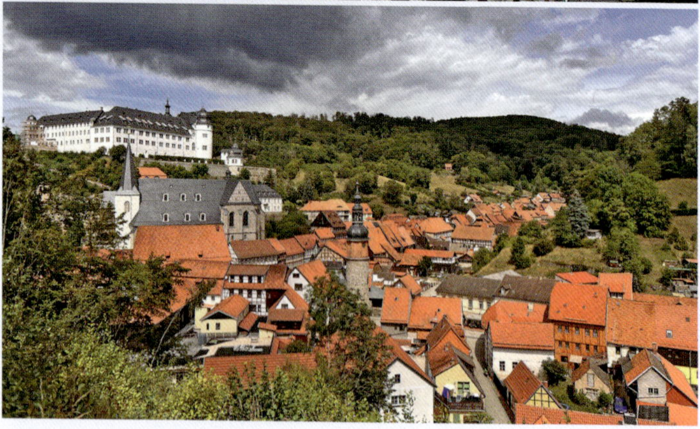

»Auf die Berge will ich steigen,
Wo die frommen Hütten stehen,
Wo die Brust sich frei erschließet,
Und die freien Lüfte wehen.«

Heinrich Heine (1797–1856)–aus »Harzreise«

Josephskreuz Es ist schon ein eindrucksvoller Moment, wenn man das Josephskreuz erstmals durch die Bäume erspäht. Bei diesem Koloss aus Stahl handelt es sich um das größte eiserne Doppelkreuz der Welt. 38 Meter hoch, 125 Tonnen schwer und zusammengehalten durch rund 100 000 Nieten trotzt es seit 1896 Wind und Wetter. Seiner Stahlfachwerk-Konstruktion diente der Pariser Eiffelturm als Vorbild. Wer schwindelfrei ist, der kann (gegen Gebühr) die 200 Treppenstufen hinauf zur Aussichtsplattform erklimmen. Bei guter Sicht sind von hier aus der Brocken, die Türme des Magdeburger Doms und der Große Inselsberg in Thüringen auszumachen. Am Fuße des Kreuzes befindet sich das Bergstüb'l – ein schöner und meist auch gut besuchter Platz zur Einkehr.

Schlossblick Vom Josephskreuz folgen wir ein kurzes Stück der befestigten Forststraße und biegen dann links in einen naturbelassenen Waldweg ein. Ein kleiner, steiler Abschnitt auf losem Untergrund erfordert nochmal etwas Trittsicherheit. Dann geht es die nächsten Kilometer recht moderat bergab Richtung Stolberg. Die Ruhe der malerischen Laubwälder lässt die Zeit vergessen. Etwa 1,5 Kilometer nach dem Josephskreuz biegen wir links in die Alte Poststraße ein. Stutzig wird man als Wanderer, weil der Weg auf einmal wie gepflastert wirkt. So wurden allerdings vor Hunderten von Jahren die damaligen Handelsstraßen befestigt. Ein Flüsschen Namens Kleine Wilde begleitet uns ins Tal. Nach insgesamt etwa 9,6 Kilometern gelangen wir durch das Zechental nach Stolberg und biegen kurzerhand links auf den Unteren Bandweg ein. Von hier eröffnet sich noch einmal ein toller Blick auf das Schloss, das Stammhaus der Oranier. Seit 2002 befindet sich das seinerzeit im desolaten Zustand zurückgelassene Ensemble im Besitz der Deutschen Stiftung

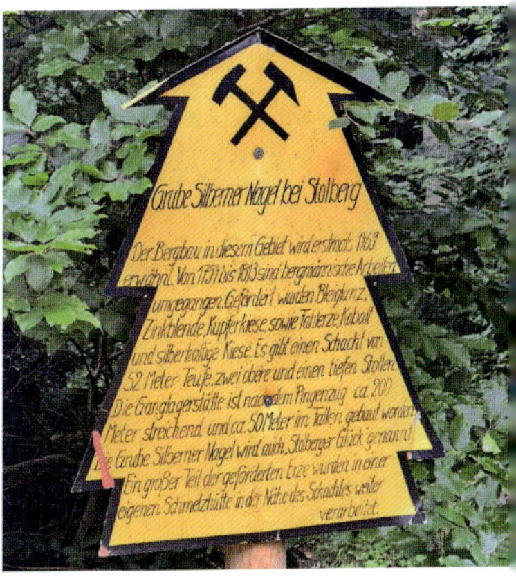

↑ Das Josephskreuz beeindruckt mit seiner eisernen Konstruktion.
↓ Das Schloss und die malerische Fachwerkstadt sind einen Besuch wert.
→ Die Dennert-Tanne informiert über die Bergbaugeschichte.

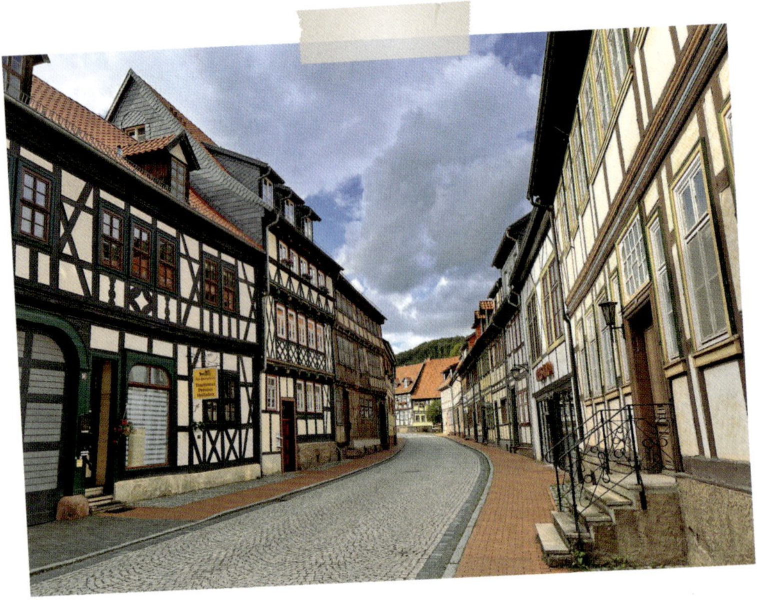

↑ **Die schmalen Gassen und das geschlossene Stadtbild sind einfach schön.**

Denkmalschutz und wird aufwendig instandgesetzt und renoviert. Ein Abstecher ist durchaus lohnend. Die Schlosskapelle und ein Teil des Fürstenflügels sind zu bewundern. Von den Terrassengärten ergibt sich ein weiterer schöner Blick auf die Stadt. Wir bleiben auf dem Unteren Bandweg, der uns oberhalb von Stolberg talabwärts führt. Nach gut elf Kilometern biegen wir rechts ab in den Stadtpark, überqueren die Straße Thryatal und erreichen wieder den Bahnhof und unseren Ausgangspunkt. Die Bahnlinie wird jedoch bis auf Weiteres nicht mehr betrieben.

Tipp

Ein kürzerer Aufstieg zum Josephskreuz ist vom Naturresort Schindelbruch und vom Forsthaus Auerberg möglich. Hier befindet sich der Einstieg zu Gotthilf Fischers »Straße der Lieder« mit zahlreichen Mitsingstationen. Eine exklusive Auszeit mit Wellness und feinen kulinarischen Genüssen bietet das Resort.

AUF EINEN BLICK

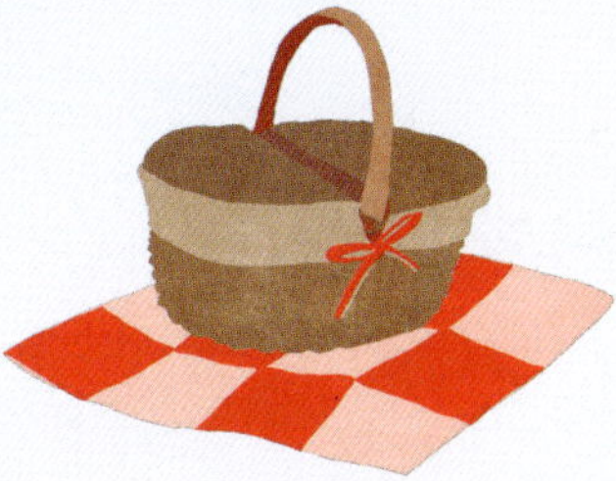

Tour 29: Tour ohne Uhr

Dauer: 3 Std. 45 Min.

Höhenmeter: 410 Hm

Länge: 11,6 km

Schwierigkeit: Mittel

HWN: 215, 216

Tourencharakter: Route mit wunderschönen Panoramen auf häufig naturbelassenen Wegen durch malerische Laubwälder. Beste Wanderzeit April–Okt.

Ausgangs-/Endpunkt: Parkplatz am Bahnhof von Stolberg

Anfahrt: **Pkw:** Aus dem Süden über die A 38 Abfahrt Stolberg. Aus dem Norden über B 242 und L 236 nach Stolberg. Der Bahnhof befindet sich am südlichen Ortsende. **Bahn/Bus:** Aus Sangerhausen/Roßla mit Bus 450 nach Stolberg

Einkehr: Bergstüb'l am Josephskreuz (www.bergstuebl-josephskreuz.de); zahlreiche Cafés und Restaurants im Ort

Information: www.gemeinde-suedharz.de

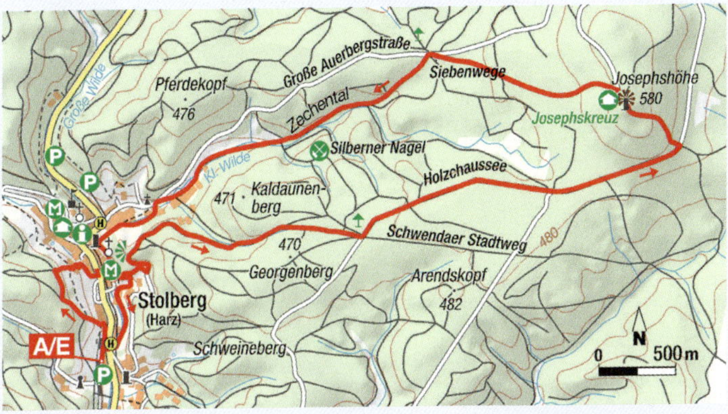

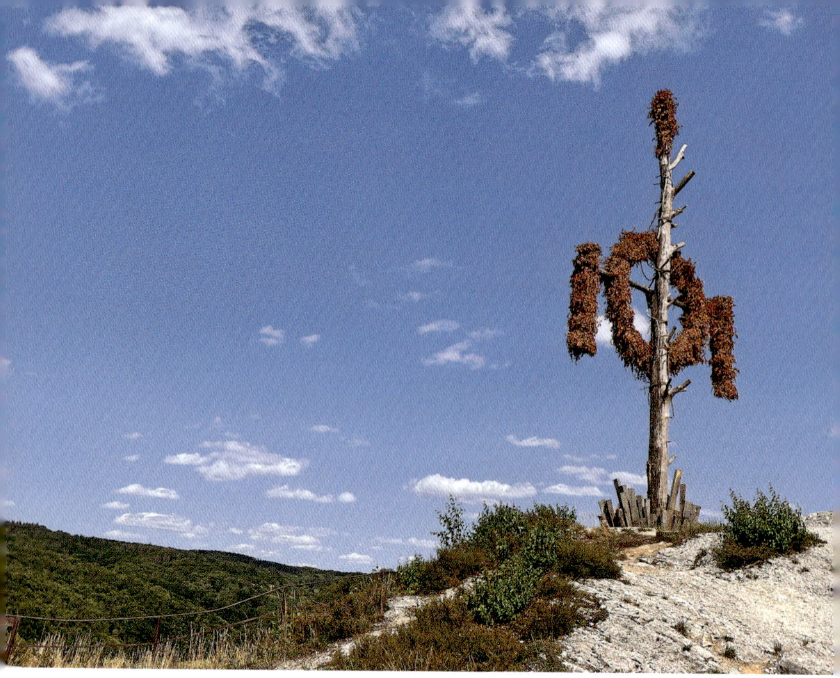

↑ Die traditionsreiche Queste ↓ Blick auf Questenberg

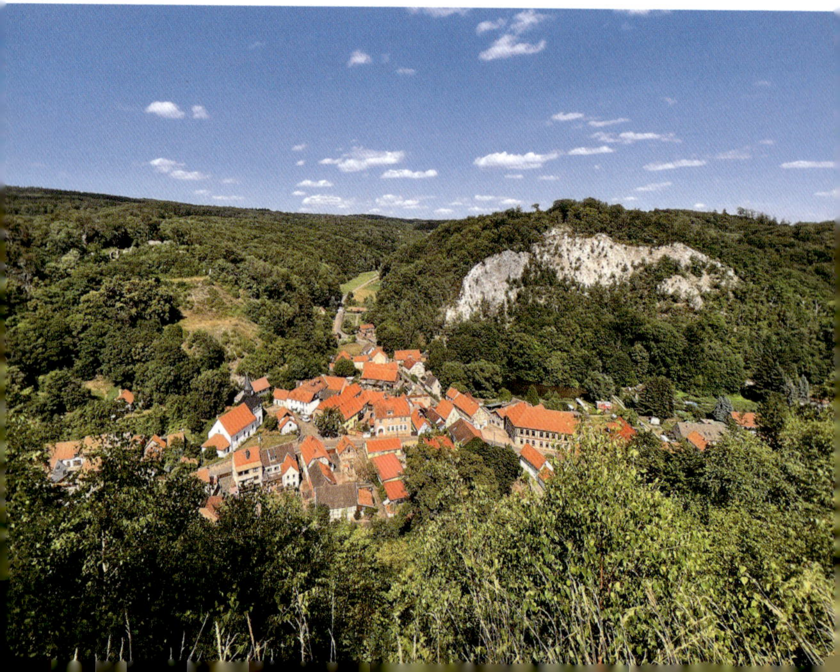

IM BIOSPHÄRENRESERVAT KARSTLANDSCHAFT SÜDHARZ

Tour für
TOUR 30
die Sinne

Rund um Questenberg

Mit leicht alpinem Flair, malerischen Ausblicken und überraschenden Naturphänomenen begeistert diese Wanderung am südöstlichen Harzrand. Eine Tour, die die Sinne schärft, Kraft gibt und den Harz von einer ganz anderen, erstaunlichen Seite zeigt.

Schöne Aussicht Auf einem Wanderparkplatz am Ortsausgang von Questenberg beginnt unsere Tour. Zunächst folgen wir der Questenberger Dorfstraße Richtung Ortsmitte und biegen nach knapp 300 Metern in die Krumme Trift ein. Ein erster steiler Anstieg bringt uns auf die Höhen Richtung Hainrode. Anders als sonst im Harz säumen hier junge Lärchen, Kiefern, Buchen und Sträucher den naturbelassenen Weg. Die Sonne lässt das Grün in unterschiedlichsten Tönen schillern. An den folgenden Weggabelungen halten wir uns links. Hügeliges Weideland, bewirtschaftet mit den typischen braunen Harzrindern, eröffnet einen weiten Blick in die Umgebung. Nach insgesamt 2,75 Kilometern biegen wir rechts ab, um kurz darauf links einem anfangs asphaltierten Weg hinauf zur Schönen Aussicht (Stempel 210) zu folgen. Inmitten des Biosphärenreservats Karstlandschaft Südharz eröffnet sich von hier ein weites Panorama bis hin zum Kyffhäuser mit seinem markanten Barbarossa-Denkmal. Nach einer wohltuenden Rast wandern wir ein Stück den Weg zurück, biegen an der Weggabelung rechts ab und halten uns dann geradeaus.

Karstphänomene Nach der Überquerung des Dinsterbachs geht es links wieder hinab Richtung Questenberg. Das kleine Örtchen mit nur 133 Einwohnern liegt idyllisch zwischen den sanften Hügeln des Südharzes. Wieder im Dorf angekommen, biegen wir rechts auf die Questenberger Dorfstraße ein. Über die Straße Schulberg machen wir einen kleinen Abstecher

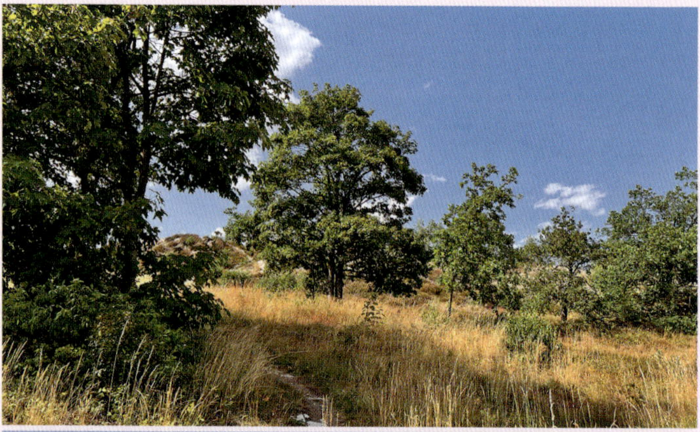

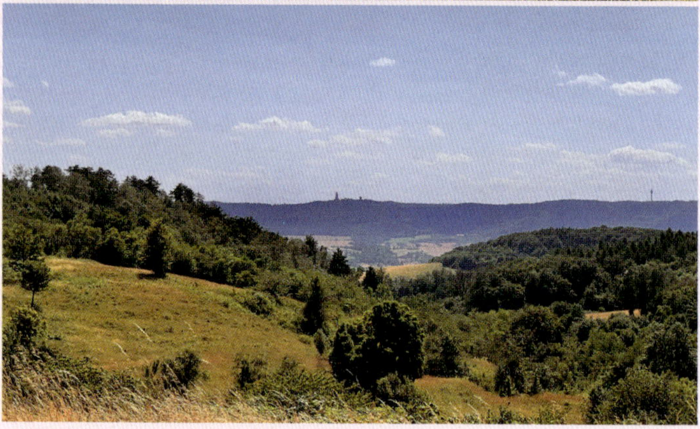

»Was ich nicht erlernt habe,
das habe ich erwandert.«

Johann Wolfgang von Goethe, 1749–1832

hinauf zum Burgberg, wo die Überreste einer mittelalterlichen Feudalburg, der Questenburg, zu finden sind. Von einem Plateau genießt man einen schönen Blick auf das Dorf. An zentraler Stelle im Ortskern erhebt sich zudem unter einer Linde nahe der Kirche eine übermannsgroße hölzerne Rolandstatue. Dieses Symbol der eigenen Gerichtsbarkeit wurde im Jahr 1730 erstmalig in einem Schriftstück erwähnt. Zurück im Ort gehen wir rechts ein Stück die Questenberger Dorfstraße entlang und biegen dann links in die Braugasse ein. Nach sechs Kilometern erreichen wir die Gletschertöpfe. Diese eigenartigen Vertiefungen im Felsen, die wie Töpfe oder Schächte aussehen, sind entstanden durch die laugende Kraft des Wassers in der Bodenschicht über dem vergleichsweise leicht lösbaren Gips. Teils über in Felsen gehauene Stufen geht es die nächsten 300 Meter ziemlich steil hinauf zur Queste (Stempel 212). Vom Gipfel des Questenbergs hat man einen schönen Blick auf das Dorf. Die Queste, ein frühzeitliches Sonnensymbol, steht alljährlich an Pfingsten im Mittelpunkt eines Dorffestes.

Bachschwinde Wir folgen weiter dem Wanderpfad, der teilweise als schmaler Kammweg durch die Landschaft führt. Nach etwa 500 Metern biegen wir links ab. Dem Hauptweg folgen wir nun knapp drei Kilometer Richtung Westen. Wir wandern durch die reizvolle Karstlandschaft mit weiten Wiesen und erreichen am Ende den Bauerngraben (Stempel 213). Dabei handelt es sich um eine sogenannte Bachschwinde, eine weitere Besonderheit der Karstlandschaft: Bachläufe »verschwinden« im Gelände und verlaufen unterirdisch weiter. Grund sind die im leicht lösbaren Gipsgestein ausgewaschenen Hohlräume. Der Bauerngraben wird auch als Episodischer

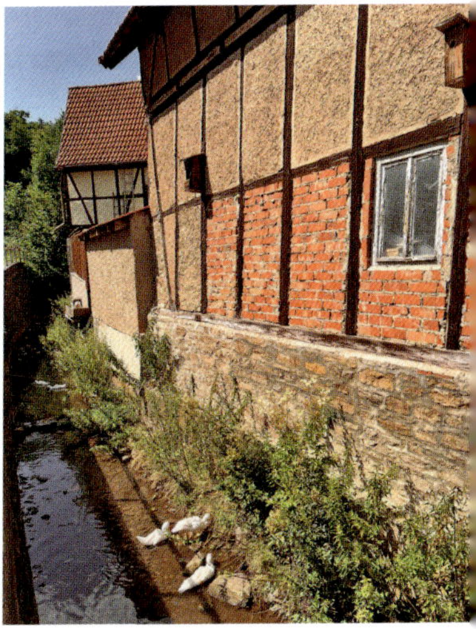

↑ Schmale Pfade führen durch die ländliche Karstlandschaft.
↓ Wahrlich eine schöne Aussicht vom gleichnamigen Aussichtspunkt
→ Questenberg ist ein idyllisches kleines Dorf im südlichen Harzvorland.

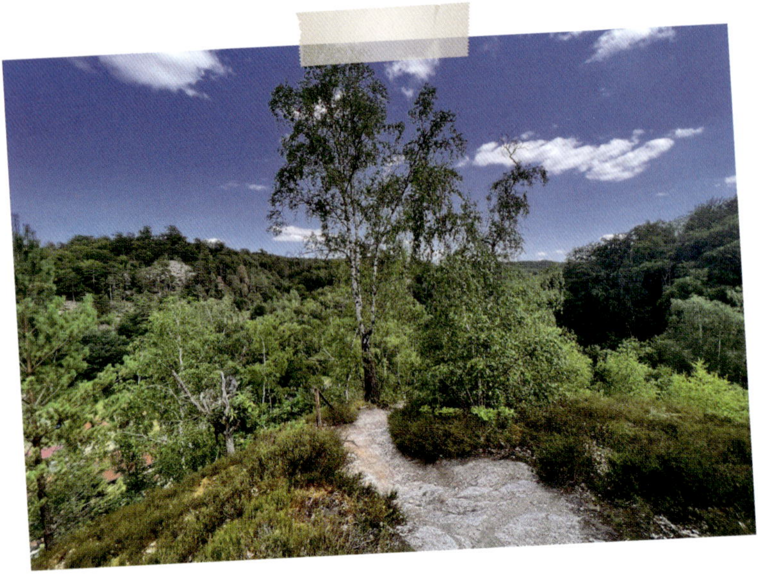

↑ **Durch die eindrucksvolle Karstlandschaft führt die Route.**

See bezeichnet. Manchmal ist er mit Wasser gefüllt, um eine ungewisse Zeit später wieder trockenzufallen. So oder so ist es ein idyllischer Platz und allemal einen Besuch wert. Zurück geht es bis kurz vor der Queste auf der bekannten Strecke. Dann biegen wir rechts in den Questenweg ein. Auf knapp einem Kilometer führt uns der unbefestigte Wanderpfad recht steil wieder hinab zum Ausgangspunkt. Diese Route ist Teil des Karstwanderwegs, der am Südharz entlang auf 265 Kilometern die Besonderheiten der Karstlandschaft miteinander verbindet.

Tipp

Zu Pfingsten geht es rund in dem beschaulichen Ort. Dann wird nach altem Brauch über mehrere Tage hinweg das Questenfest gefeiert. Höhepunkt ist am Pfingstmontag zum Sonnenaufgang das Abnehmen des Questenkranzes. Am Nachmittag gibt es einen Festumzug, und der Kranz wird neu geschmückt und wieder aufgezogen.

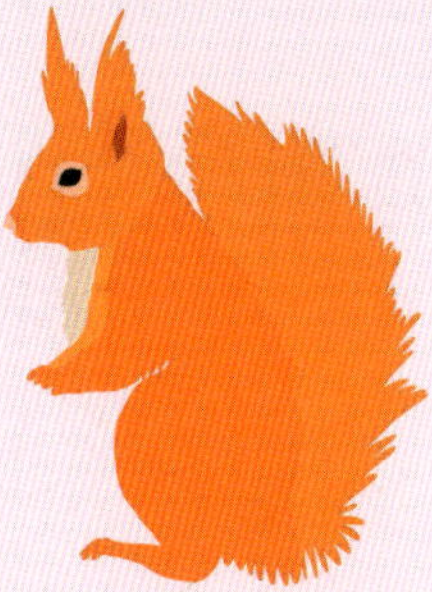

AUF EINEN BLICK

Tour 30: Tour für die Sinne

Dauer: 4 Std. 15 Min.

Höhenmeter: 340 Hm

Länge: 14,2 km

Schwierigkeit: Mittel

HWN: 210, 212, 213

Tourencharakter: Wenig frequentierte Route mit ungewöhnlichen Naturphänomenen der Gipskarstlandschaft. Beste Wanderzeit April–Okt.

Ausgangs-/Endpunkt: Parkplatz am Ortseingang von Questenberg

Anfahrt: Pkw: Über die A 38 (Nordhausen-Sangerhausen), Abfahrt Roßla. Dann über Bennungen und Wickerode nach Questenberg. Der Parkplatz liegt am Ortseingang links. **Bahn/Bus:** Keine Anreise per ÖPNV

Einkehr: Keine Einkehrmöglichkeit entlang der Route; Gasthaus zur Queste, Erlebnisgastronomie, keltische Küche (www.zurqueste.de)

Information: www.gemeinde-suedharz.de

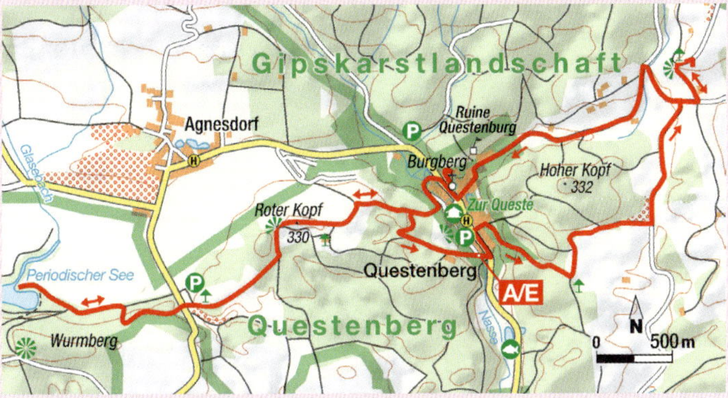

REGISTER

IMPRESSUM

Verantwortlich: Julia Vogl
Redaktion, Lektorat und Layout: Ewald Tange
Umschlaggestaltung und Illustrationen: Eva Wünsch
Kartografie: Bruckmann Verlag GmbH, Heidi Schmalfuß
Repro: LUDWIG:media
Herstellung: Alexander Knoll
Printed in Poland by GCS Printing

★★★★★

Sind Sie mit diesem Titel zufrieden? Dann würden wir uns über Ihre Weiterempfehlung freuen. Erzählen Sie es im Freundeskreis, berichten Sie Ihrem Buchhändler oder bewerten Sie bei Onlinekauf. Und wenn Sie Kritik, Korrekturen oder Aktualisierungen haben, freuen wir uns über Ihre Nachricht an Bruckmann Verlag, Postfach 40 02 09, D-80702 München oder per E-Mail an lektorat@verlagshaus.de.

Unser komplettes Programm finden Sie unter www.bruckmann.de

In diesem Buch wird aus Gründen der besseren Lesbarkeit das generische Maskulinum verwendet. Weibliche und anderweitige Geschlechteridentitäten werden dabei ausdrücklich mitgemeint, soweit es für die Aussage erforderlich ist.

Empfehlung der Redaktion
Sie sind auf der Suche nach weiterführender Literatur? Dann empfehlen wir Ihnen den Titel »Wanderspaß mit Kindern Harz« von Katja Schütze. Oder Sie werfen einen Blick in die Zeitschrift BERGSTEIGER. Hier werden Sie bestimmt fündig.

Bildnachweis
Alle Fotos stammen von Peter Pohl außer: S. 24 Molkenhaus Bad Harzburg, S. 28, 29 u. Roman Müller, S. 30 o. Kathrin Friedling, S. 34 u., 36, 37, 38 Marko-Sandro Schüren, S. 43 o. Pension Sternschnuppe, Treseburg, S. 44 o. Seilbahnen Thale GmbH, S. 50 o. N'Rico Kreim, S. 50 u. Andreas Damm, Ev. Stiftung Neinstedt, S. 60 o. Lucas Winke, Tourist-Information Ballenstedt, S. 72 Alexandra und Thorsten Marx, S. 110 o. Verena Marten, Nationalpark Harz, S. 112 Mandy Gebara, Nationalpark Harz, S. 116 Klaus Dumeier, Harzer Wandernadel, S. 136/137, 168, 170, 171, 172 Stefanie Asper

Die Deutsche Nationalbibliothek verzeichnet diese Publikation in der Deutschen Nationalbibliografie; detaillierte bibliografische Daten sind im Internet über http://dnb.d-nb.de abrufbar.

Infanteriestraße 11a, 80797 München

ISBN 978-3-7343-1828-3